改革开放四十年与中国社会科学丛书

中国社会学四十年

张 静 主编

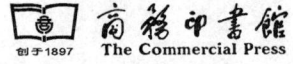

本书由
"中央高校基本科研业务费专项资金"及
"北京大学建设世界一流大学(学科)和特色发展引导专项资金"
资助

改革开放四十年与中国社会科学丛书
编委会

总 顾 问：郝　平　林建华　高　松

总 主 编：王　博　杨　河

编委会主任：杨　河

　　副主任：关海庭　文东茅　汪建成

编　　委（以姓氏拼音为序）：

　　　　　　陈晓宇　贾庆国　李广建　陆绍阳

　　　　　　孙熙国　姚　洋　俞可平　张　静

　　　　　　张守文　郑晓瑛

项目统筹：佟　萌

改革开放四十年与中国社会科学丛书
总　序

杨　河

1978年中国共产党的十一届三中全会,冲破了长期"左"的错误的严重束缚,重新确立了马克思主义的思想路线、政治路线、组织路线,拉开了中国改革开放的大幕。四十年来,中国社会发生了深刻的历史性变化,作为其思想反映和理论概括,中国社会科学也在守正创新中与时俱进。认真梳理其发展的历史逻辑与理论逻辑,总结其历史经验与理论成果,对于我们面向未来,继续砥砺前行,着力构建中国特色哲学社会科学学科体系、学术体系、话语体系,不无裨益。

一

中国传统文化中的学术思想源远流长,但是将它们作为学科即分门别类的知识体系来对待,却是近代以后的事情。发展迄今,有五个重要的转变时期。①

第一个转变时期:从"书院四部"到"学堂七科"。

1840年第一次鸦片战争以后,中国陷入了半殖民地半封建状态,清朝在帝国主义入侵下的节节败退和妥协,将中国两千多年的封建制度带入了穷途末路,作为这个制度的意识形态的儒学随即陷入危机。在向西方学习、谋强图变的努力中,西学东渐进入了中国思想界。

中国古代的学问讲究博通,旨在培养"通才",要求研读经、史、子、集,晚清的政治和社会危机引发了人们对"四部典学"有何"用处"的质疑,转向了"经世实学"的研究,然植根于农耕文明的传统"经世实学"仍难以"匡时济世",19世纪60年代开始的洋务运动提出"中体西用""师夷制夷",在开启大规模翻译输入"有用之学"——西学的同时,也开启了中国教育的学科建设之途。

中国古代的学校,没有学科和层次之分,启蒙教育之后即可进入书院,主要的学问大都包含在儒学之哲学思想中,在与西方学术思想的对话和碰撞中,西学的逻辑结构显示了一种强势的知识力量,中国学术思想一方面被重新解读,另一方面也得以重新整理和组合。这是一个重要的转化过程,有待于与此相适应的教育体系特别是近现代高等教育系统的形成,当这些条件比较具备的时候,已经是1898年京师大学堂的成立了。在这之前,以甲午战争为界,这个转化过程经历了前后两个阶段的演变。

甲午战争前,洋务运动的"中体西用"被理解为中国的人文(伦常名教)为"体",西方的科技为"用",因此,对西学的译介,大都为自然科学诸

---

① 本节的写作主要参考和借鉴了肖朗:《中国近代大学学科体系的形成——从"四部之学"到"七科之学"的转型》,《高等教育研究》2001年第6期;纪宝成主编:《中国大学学科专业设置研究》,北京:中国人民大学出版社,2006年。

学科,如天学、算学(即数学)、重学(即物理学)、热学、光学、电学、化学、地学、医学、植物学、动物学等。为"师夷制夷",一些培养外语人才和军事技术人才的专门学校建立了起来,最初有1862年成立的京师同文馆和1867年创办的福建船政学堂,至1894年前后,又先后有30所左右的此类学堂开办。这些在外来因素诱发下创办的学堂,是中国学人接受"分科治学"的西学观念而展开的最初的办学实践。

冯桂芬在1861年撰写的《采西学议》中,将西学称为有"格致之理"的"舆算之学",分为"算学、重学、视学、光学、化学等",将中学分为经学、史学和古学,这是中国近代最早的学术分科考虑,其要义是以中国伦常名教为原本,辅以西方富强之术。此后,王韬、陈虬、郑观应等又继之对这一问题以及中学西学的教学重点和比例结构进行了探讨。

中国在甲午战争中的失败,暴露了洋务运动的局限。日本的崛起,使中国人转移了向欧美学习的眼光,开始以日本为榜样,从器物层面的图强转向了制度层面的图强,中国教育深受影响。一方面,对西学更为重视,由胡聘之、秦绶章等倡议,经礼部复议后于1896年颁行各省实行的学科方案,将以往的"四部典学"扩充为经学、史学、掌故之学、舆地之学、算学、译学六大门类,除经学、史学外,其余四门皆吸纳了西学的内容;另一方面,开始注重研究中学与西学的融通结合,这与对西学中人文社科地位的重新认识密切相关。

针对洋务运动专注技艺的教育思想,梁启超指出:"中国向于西学,仅袭皮毛,震其技艺之片长,忽其政本之大法,故方言、算学、制造、武备诸馆,颇有所建置,而政治之院曾靡闻焉。"① 张之洞也认为,"西学亦有

---

① 梁启超:《上南皮张尚书书》,《饮冰室合集》,北京:中华书局,1936年,第104—105页。

别,西艺非要,西政为要","大抵救时之计,谋国之方,政尤急于艺"。①这种对"西艺"和"西政"的区分,既是对西学之"用"的认识的深化,也是对近代学科两大知识体系——自然科学技术与人文社会科学分类的最初意识。

1897年,梁启超在《湖南时务学堂学约》中,进一步做了尝试解构中学西学二元结构的努力,将所讲授的课程分为两类:"溥通学"和"专门学",前者包括经学、诸子学、公理学、中外史志;后者包括公法学、掌故学、格算学。两类之中,经学、诸子学、掌故学系中国传统学术,公理学、公法学、格算学系西方近代学术,中西学术在其中融汇结合,这是一个新的综合性学科分类考虑,为新式学堂课程设置开了先河。

1898年,以"西政为要"的戊戌变法在清王朝内部发生,一时风生水起,然保守力量的过于强势使光绪皇帝及其一班学者、大臣的努力终于付之东流,在103天的轰轰烈烈之后,一切似乎又归于旧态,但却为后来的辛亥革命提供了借鉴。1898年至1911年的最后十余年,清王朝做了自我挽救的最后努力,一是在实行"新政"过程中于1905年宣布废除科举,二是在"五大臣出洋"后于1906年宣布预备立宪,虽均为不得已而为之,然却在为中国政治另辟新径的同时也为中国教育的发展开了转折之途。继1895年、1896年、1897年天津中西学堂、上海南洋公学、浙江求是书院先后成立之后,在戊戌变法的风雨中诞生的中国近代第一所国立综合大学——京师大学堂幸存了下来,中国大学教育的学术分科在这里从探索走到了初建。

早在1896年,孙家鼐在奉命筹办京师大学堂上奏的《议复开办京师大学堂折》中,就按照"总古今、包中外、该体用、贯精粗"的方针,拟定了

---

① 张之洞:《张文襄公全集》第4卷,北京:中国书店,1990年,第545、570页。

分天学、地学、道学、政学、文学、武学、农学、工学、商学、医学十科立学的章程,确立了京师大学堂分科立学的基本格局。戊戌变法期间,康有为在《请开学校折》中进一步论证,"夫学至于专门止矣,其所谓大学者"[①],只有注重专门,才能"诸学并立,大学岿然,人才不可胜用"[②]。由梁启超执笔的《京师大学堂章程》,将大学堂的教育分为预科和本科,分别学习"溥通学"和"专门学"。预科是基础教育,中西科目兼顾;本科是专门教育,以西学为主。

戊戌变法的失败,使得孙家鼐和梁启超的方案都未能实施,直到1901年在清王朝开始实行"新政"改革时,张之洞等为重开京师大学堂而上奏的《筹议变通政治人才为先折》中,才又以日本大学的学科设置为蓝本,提出京师大学堂分设经学、史学、格致学、政治学、兵学、农学、工学的"七科方案"。

为弥补这一方案中未设"医学"和"商学"的不足,1902年(光绪二十八年),时任京师大学堂管学大臣的张百熙拟订了《钦定京师大学堂章程》即"壬寅学制",将大学分为政治、文学、格致、农业、工业、商务、医术七大学科,这是我国第一个以法定形式颁布的学制,但由于没有将"经学"单独列为一科,被认为有违"中体西用",受到质疑而搁置,未真正实施。

1904年1月13日(光绪二十九年十一月二十六日),清政府公布了由张之洞、荣庆、张百熙主持重新拟定的新学制《奏定学堂章程》即"癸卯学制",将"经学"置于群科之首,形成了经、法政、文、医、格致、农、工、商八大学科四十三门的学科体系。在此基础上,京师大学堂在1910年正

[①] 《康有为政论集》(上册),北京:中华书局,1981年,第306页。
[②] 《康有为政论集》(上册),北京:中华书局,1981年,第307页。

式确立了经科、法政科、文科、格致科(理科)、工科、商科、医科的"七科立学"的教育教学体系,至此,初步完成了从传统"书院四部"体制向近代"学堂七科"体制的转化。

第二个转变时期:从"独尊经学"到"兼容并包"。

当大臣们还在固守"经学"的"至尊"地位时,清王朝已经走到了它的尽头。以"大权统于朝廷,庶政公诸舆论"为原则的预备立宪由于其保守性和欺骗性,加剧了中央与地方之间、满汉之间和各阶级之间的矛盾,引发了社会动荡,加速了清王朝的灭亡,1911年辛亥革命的枪声催生了新的政治制度。

1912—1913年,刚刚成立不久的民国政府教育部在蔡元培的主持下颁布了"壬子癸丑学制",这是我国第一个具有资产阶级教育性质的学制,废除了原有的读经讲经课,充实了自然科学知识,规定了妇女受教育的权利与男女同校制度。

在推行新学制的同时,1912年10月24日教育部颁布了《大学令》和《专门学校令》,次年1月12日又颁布了《大学规程》,规定大学设预科、本科和大学院,以文科、理科为主,凡办大学,必须或者并设文理两科,或者设立文科并法商两科,或者设立理科并医、农、工任一科。

教育部的这三个文件,在新学制的基础上,进一步扭转了"中体西用"在教育上的规范。一是废除忠君尊孔的宗旨,禁用清朝教科书,接受西方近代大学课程体系;二是废除奖励科举身份,实行学位制,以成绩论进退;三是废除官吏制度,设立评议会,实行教授治校。

西方学科的大规模进入,一方面改变了原有的学科格局,西学除了在自然科学中一统天下外,在人文社会科学中也与传统中学平分秋色,西学教育学的理念由此开始深刻影响中国大学的发展;另一方面改造了原有的学术话语体系,西学理性主义的认知倾向、主客二分的思维模式、概念化的逻辑结构、定量的数学分析方法等等,也由此开始深刻影响中国传统学术思想的未来走势,开启了中国教育和中国传统学术的现代转化历程。

当然,正如历史上一切变革的发生一样,这个历程也不可能一帆风顺,辛亥革命后的七年中,先后发生了袁世凯、张勋、段祺瑞的三次文化复古运动,每一次都重提尊孔读经,但皆因逆时代潮流而未能得逞。其中起了重要作用的是中国教育界的那些向西方国家寻求真理的"先进中国人",这里首先要提到的是1912年京师大学堂更名为北京大学后的第一任校长——严复。

作为中国"精通西学第一人"(康有为语)和《天演论》的翻译者,严复在介绍西方民主与科学思想的过程中,悟出了西方近代文明的精华——"自由为体,民主为用",并将它们应用于北京大学的建设。严复提出,大学之根本,在"保存一切高尚之学术,以崇国家之文化",办学之方针,在"兼收并蓄,广纳众流,以成其大"。四年以后,蔡元培主政北大,借鉴德国大学的经验,在北京大学推行教育教学改革时提出的"思想自由、兼容并包",正是对严复办学方针的继承和发扬。循着这一办学方针,蔡元培以北京大学为试点,对学科布局和结构进行了重要调整。首先,在"学"与"术"亦即基础学科与应用学科的关系上,蔡元培提出了"学为基本、术为支干""学重于术"的原则,强调基础知识的重要性;其次,在文科和理科的关系问题上,蔡元培提出改"门"为"系",废除文科、理科之名,分别将两科所属的14门专业调整组建为数学系、物理学系、化学系、地质学系、中文系、史学系、哲学系、经济系、政治学系、法学系、英文系、法文系、德文系、俄文系;最后,在学科教育的层次上,蔡元培提出招收研究生,建立研究生学科教育平台的主张,在北京大学开设了研究生教育课程。始于严复、行于蔡元培的北大改革,开中国近代高等教育改革之先河,其经验和成果影响至今。

1929年,民国政府颁布了《大学组织法》《大学规程》《专门学校组织法》《专门学校规程》,对1912年和1913年的三个文件内容作了进一步的完善,借鉴欧美的中国大学制度基本确立。后来,一是在大学内部管理体制上,又通过一些补充文件进行了充实:规定综合大学设学院、系,为三级管理,独立学院和专科学校为两级管理;二是在学位制度上,规定国立大学可以设立研究机构,以学科为基础的学位分为学士、硕士、博士三级,实行分类分级培养;三是在课程建设上,明确课程建设以学科为中心,按照"厚基础、严质量"的原则,规定了文、理、法、工、农、商六类学院的共同必修课目。这些制度化的建设,直接影响到了1949年以后中国大学制度的改革与发展。

第三个转变时期:从西方模式到"以俄为师"。①

中华人民共和国成立以后,社会制度发生了根本性的变革,高等教育在培养什么人、怎样培养人的指导思想上也随之变化,为社会主义现代化建设服务是基本的要求。

1949年12月,在第一次全国教育工作会议上,时任教育部副部长钱俊瑞提出了教育改革任务,方针是:"以老解放区新教育经验为基础,吸收旧教育的有用经验,借助苏联经验,建设新民主主义教育。"但是在后来的实践中,全面学习苏联教育成了教育改革的主流。1952年下半年,教育部规定全国高校从一年级起采用苏联教学计划和教学大纲,组织力量翻译苏联教材,成立教学研究组,学习苏联教学方法。由此,苏联高等教育模式开始取代过去的欧美高等教育模式进入了中国。以法学为例,1949—1959年间共出版译作165种,基本上都是苏联的法学著作

---

① 参见纪宝成主编:《中国大学学科专业设置研究》,北京:中国人民大学出版社,2006年。

和教科书,这一时期的法学理论、法学体系、法律机制以及法制实践的方法等,无不沿袭苏联。

第四个转变时期:从教育改革到教育革命。

1953年,在苏联的帮助下,中国开始实施第一个五年计划,在编制"一五"计划和引进苏联156个大中型项目的同时,苏联的计划经济管理体制也进入了中国,教育也被纳入其中。

在应用苏联的经验和方法的过程中,出现了一些与中国实际情况"水土不服"的问题。苏共"二十大"后,在调查研究的基础上,毛泽东于1956年4月25日作了《论十大关系》的重要报告,提出了要"以苏为鉴,走自己发展道路",指出:"最近苏联方面暴露了他们在建设社会主义过程中的一些缺点和错误,他们走过的弯路,你还想走?过去我们就是鉴于他们的经验教训,少走了一些弯路,现在当然更要引以为戒。"9月召开的中国共产党第八次全国代表大会总结了探索适合中国国情发展道路的初步经验和理论,作出了党和国家的工作重点必须转移到社会主义建设上来的重大战略决策,提出了促进科学和艺术发展的极为重要的方针——百花齐放、百家争鸣。1956年4月28日在中央政治局扩大会议的总结讲话中,毛泽东就指出:"艺术问题上的百花齐放,学术问题上的百家争鸣,我看应该成为我们的方针","讲学术,这种学术也可以讲,那种学术也可以讲,不要拿一种学术压倒一切。你讲的如果是真理,信的人势必就会越来越多"。① 5月2日,在最高国务会议第七次会议上,毛泽东正式宣布了"百花齐放、百家争鸣"的方针。他说:"现在春天来了嘛,一百种花都让它开放,不要只让几种花开放,还有几种花不让它开放,这就叫百花齐放。百家争鸣,是说春秋战国时代,二千年以前那个时

---

① 《毛泽东文集》第7卷,北京:人民出版社,1999年,第54—55页。

候,有许多学派,诸子百家,大家自由争论。现在我们也需要这个。……在《中华人民共和国宪法》范围之内,各种学术思想,正确的、错误的,让他们去说,不去干涉他们。……有那么多的学说,那么多的自然科学学派。就是社会科学,也有这一派、那一派,让他们去谈。在刊物上、报纸上可以说各种意见。"

1957年2月,毛泽东在《关于正确处理人民内部矛盾的问题》的报告中再次强调:"百花齐放、百家争鸣的方针,是促进艺术发展和科学进步的方针,是促进我国的社会主义文化繁荣的方针。艺术上不同的形式和风格可以自由发展,科学上不同的学派可以自由争论。利用行政力量,强制推行一种风格,一种学派,禁止另一种风格,另一种学派,我们认为会有害于艺术和科学的发展。艺术和科学中的是非问题,应当通过艺术界科学界的自由讨论去解决,通过艺术和科学的实践去解决,而不应当采取简单的方法去解决。"①

在"以苏为鉴,走自己发展道路"这个总的思想的指导下,中国高等教育也开始了扭转全盘苏化的改革进程,但是这个过程很快就出现了曲折。1958年5月中国共产党的八大二次会议提出社会主义建设总路线之后,没经过认真的调查研究,就轻率地发动了"大跃进"运动。"大跃进"中忽视客观规律、急躁冒进的问题也反映到了高等教育的发展中:一方面,高等学校数量盲目扩大,使得办学质量下降较大;另一方面,专业设置盲目增加,又使得高等教育人才培养口径不合理地收窄。

为了纠偏,1961年9月教育部印发了《中华人民共和国教育部直属高等学校暂行工作条例(草案)》,即"高校六十条",在学科设置上,要求"高等学校的专业设置,应根据国家的需要、科学的发展和学校的可能条

---

① 《毛泽东文集》第7卷,北京:人民出版社,1999年,第229页。

件来决定。专业设置不宜过多,划分不宜过窄。每个学校应该努力办好若干重点专业。专业的设置、变更和取消,必须经过教育部批准"。1963年9月经国务院批准发布了《高等学校通用专业目录》和《高等学校绝密和机密专业目录》,这两个专业目录根据"宽窄并存,以宽为主"的原则,一是将1962年已经增加到的627种专业压缩到432种,二是适当调整了一些专业的培养目标。虽然没有完全解决专业过窄的问题,但是作为1949年以后第一个由国家统一制定的高等学校专业目录,还是较好地适应了当时社会经济文化发展的需要,以其较齐全的专业种类设置为以后的进一步补充完善奠定了基础。

1966年发生的"文化大革命"中断了中国高等教育在调整改革中的发展进程。"文革"期间,教育和其他领域一样,受到了严重的破坏,遭遇了严重的挫折。

第五个转变时期:从重新起步到跨越式发展。

1978年12月召开的中国共产党的十一届三中全会,正确总结了"文化大革命"的经验教训,停止了"以阶级斗争为纲"的方针,确立了经济工作的中心地位,开始实施改革开放,在拨乱反正、开创中国特色社会主义道路的过程中,中国高等教育的发展迎来了前所未有的大好机遇。1977年,受"文化大革命"冲击而中断了十年的中国高考制度得以恢复,中国高等教育在"回归"中重新起步。一些在历史上被错误取消的学科如社会学、政治学等得以恢复重建。

1983年10月1日,邓小平为北京景山学校题词"教育要面向现代化,面向世界,面向未来",为整个中国教育的发展指明了方向。1985年,中共中央《关于教育体制改革的决定》指出,"高等教育的结构,要根据经济建设、社会发展和科技进步的需要进行调整和改革",提出要解决"专业设置过于狭窄"问题,这就需要逐步消减和改造一些陈旧落后的专业,增加和创立一些具有重要前沿性和现实性的专业。"如何进行"成为高等学校专业设置的重要课题。20世纪80年代中后期,为了整合资源,中国一些规模较大的高校在学科组织的构建上开始突破"系—教研室"的模式,恢复和创建学院。1998年《中华人民共和国高等教育法》的颁布进一步扩大了高校的自主办学权。为了改变长期以来学科管理条块分割的问题,教育部在推动高校管理体制的改革中进行了自1952年院系调整以来的新一轮大规模院系调整,通过共建、合作、合并等形式,重组了一批高校特别是综合性大学。与此相适应,改革开放以来,高等学校专业目录进行了多次调整,2000年以前有三次较大幅度的调整。

第一次是1987年的调整,这次调整的重点是解决"文化大革命"十年的耽误和改革开放初期匆忙上马分别造成的专业缺口和专业混乱问题,专业总数从1982年的1343种减少到671种,其中人文社会科学214种,理工科325种,农林75种,医药57种。恢复和增设了文科、财经、政法类中一批长期比较薄弱的专业,加强了一些如管理类的新兴、交叉、边缘学科的专业。通过专业目录修订,明确了专业划分与设置的基本原则。这是1963年9月发布《高等学校通用专业目录》后第二次对高校专业目录的全面修订,解决了"文化大革命"所造成的专业设置混乱的问题,专业名称和专业内涵得到整理和规范。

第二次是1993年的调整,这次调整的重点是解决专业归并和总体优化的问题,全部专业分为哲学、经济学、教育学、文学、历史学、理学、工学、农学、医学等十大门类,下设71个二级学科。经过调整,专业总数从之前的813种压缩至504种,其中含有56种跨学科门类的专业,形成了体系完整、统一规范、比较科学合理的本科专业目录。

第三次是1998年的调整,这次调整的重点是改变过去过分强调"专业对口"的教育观念和模式,按照"科学、规范、拓宽"的原则,本科专业目录的学科门类调整为11个，专业类为71个，增设了管理学门类，专业种数由504种调减到249种，其中跨学科门类专业31种。这次调整的力度较大，为培养面向21世纪需要的复合型、创新型高层次专门人才做了准备。

进入21世纪以后，比较大的是2012年的调整，这次调整的重点是要适应中国经济社会可持续发展的需要，按照科学规范、主动适应、继承发展的原则，经过分科类调查研究、专题论证，将学科门类分为哲学、经济学、法学、教育学、文学、历史学、理学、工学、农学、医学、管理学、艺术学12个，新增了艺术学学科门类，专业类由修订前的73个增加到92个；专业由修订前的635种调减到506种，推进了学科布局的总体优化配置。

二

改革开放四十年来中国高等教育学科专业的调整，是中国高等教育走向世界强国的客观要求，贯穿在这个调整中的根本问题是培养什么人，怎样培养人，需要处理好的基本关系主要有五个：一是政治与学术的关系，这里涉及的是马克思主义对学术研究的指导问题；二是中学与西学的关系，这里涉及的是古今中外的问题；三是"通才"教育与"专才"教育的关系，这里涉及的是人才培养的知识结构问题；四是基础性研究与应用性研究的关系，这里涉及的是学术发展"源"与"流"的问题；五是专业性研究与跨学科研究的关系，这里涉及的是学问的深度与广度以及新的知识成长点的问题。推动这种调整的基本力量主要来自三个方面的现实需要：一是中国特色社会主义经济、政治和文化发展的现实需要；二是世界科技进步和现代化进程的现实需要；三是世界高等教育发展的现实需要。从总的趋势上看，中国高等教育在调整中对五个基本关系的认识是越来越趋向于辩证综合,而不是简单地肯定一个方面、否定另一个方面。

这些调整,既存在于自然科学学科,也存在于哲学社会科学学科,从调整的内容和形式上看,哲学社会科学学科的调整更为突出,这主要在于:第一,从历史上看,中国高校学科建设的一个重要问题是走出"中体西用"的束缚,融通古今中西,哲学社会科学一马当先,改革开放推进了这种进程,提出了新的要求;第二,从实践上看,改革开放以来中国社会在历史性转型的过程中呈现了大量社会矛盾和社会问题,需要哲学社会科学加以研究和回答;第三,从学科关系上看,自然科学的发展出现了越来越多的关于人的生存价值等问题,要求哲学社会科学予以诠释。

恩格斯讲过:"社会上一旦有技术上的需要,则这种需要会比十所大学更能把科学推向前进。"自然科学如此,哲学社会科学也是如此,以法学的发展为例,党的十一届三中全会完成了指导思想上的拨乱反正以后,工作重点转移到社会主义现代化建设上来,法制在国家与社会治理体系中的重要性被充分认识。① 十一届三中全会公报指出:"为了保障人民民主,必须加强社会主义法制,使民主制度化、法律化,使这种制度和法律具有稳定性、连续性和极大的权威,做到有法可依,有法必依,执法必严,违法必究。"在新的观念体系、制度环境和建立社会主义市场经济的改革开放实践中,一方面,持续性的社会主义法制建设全面展开,大量的基本法律陆续得以制定。从1978年全国生效的法律(包括宪法)只有8部到2018年国家层面的法律262部、行政法规680部、地方性法规8000部、政府的规章11000部,形成了一个覆盖众多社会生活领域的以

---

① 参见陈甦:《当代中国法学的历程:〈当代中国法学研究〉导论》,《中国社会科学院研究生院学报》2010年第6期。

宪法为基础、以七个部门法为分支的完整的中国特色社会主义法律体系,用四十年的时间走完了西方用三百多年才走完的立法道路;另一方面,中国法学摆脱了对苏联法学的理论依赖,也走出了原有的政治学结构,开始作为一个独立的理论体系和一门独立的专业学科走上自己的路。在澄清了法的阶级性与法的其他属性之间的关系、脱离了"以阶级斗争为纲"的基本研究范式之后,中国法学确立了自身的研究对象、逻辑起点、推演方法与展开路径,逐渐形成了与中国的法制实践和法制建设相适应的法理学、宪法学、行政法学、刑法学、民法学、经济法学、诉讼法学、环境法学等基本的二级学科、众多的三级学科和许多边缘交叉学科组成的枝形学科体系,文献引证、学术批评、学术评审、学术道德等规范化程度不断提升。全国630多个法学院系的建立,200多种法学期刊的出版,大量法律实用人才和法学研究人才的培养,为依法治国、推进中国的现代化事业提供了重要的理论支撑和人才支撑。

邓小平指出:"我们要赶上时代,这是改革要达到的目的。"改革开放四十年来,随着中国经济的快速发展,高等教育实现了跨越式的发展。教育部的数据显示,1978年,中国的高等教育毛入学率只有1.55%,1988年为3.7%,1999年高校扩招后,2001年毛入学率达到11%,2014年,在校生规模达到3559万人,居世界第一,毛入学率达到37.5%,2017年在校生规模3779万人,毛入学率达到45.7%,2018年高等教育在校生规模达到3833万人,毛入学率48.1%。按照目前国际上比较公认的看法,中国的高等教育已经进入大众化阶段,这是中国实行科教兴国战略、优先发展教育的大政方针的历史结果。高等教育的发展提高了全民族素质,推进了科技创新、文化繁荣,为经济发展、社会进步和民生改善做出了重大贡献,是中国实现从人口大国向人力资源大国转变的重要途径。

三

未来的发展，在实现现代化的总体要求下，中国教育发展的方针是，以育人为本作为教育工作的根本要求，以改革创新作为教育发展的强大动力，以促进公平作为国家基本教育政策，以提高质量作为教育改革发展的核心任务，加快解决经济社会发展对高质量多样化人才需要与教育培养能力不足的矛盾、人民群众期盼良好教育与资源相对短缺的矛盾、增强教育活力与体制机制约束的矛盾，完善中国特色社会主义现代教育体系，办好人民满意的教育，建设人力资源强国。

对于中国高等教育来讲，在教育改革中提高质量具有特殊的意义，关系到高素质高层次人才的培养。为了带动全局工作，国家启动了"双一流"即建设世界一流大学和一流学科的规划，这是继"211工程""985工程"之后的又一国家战略，旨在提升中国高等教育综合实力和国际竞争力，为实现"两个一百年"奋斗目标和中华民族伟大复兴提供有力支撑。

"双一流"的基础是一流学科建设，没有世界一流的学科，就没有世界一流的大学。从哲学辩证法的观点讲，任何命题都是一般与个别的统一，"世界一流"也是如此，只有具体的"世界一流"，没有抽象的"世界一流"。在中国要建成世界一流的高校和世界一流的学科，必须从中国的实际出发，具有中国的特色。中国高校的学科建设，从最初的清末学欧洲，然后学日本，到民国逐渐转向学美国，1949年以后从最初学苏联，到重新借鉴美欧，一路走来，几经磨难，在否定之否定以后还是回到了自我。

学科的底蕴是学术，中国学术古来就有着高度的自觉和自信，"为天地立心，为生民立命，为往圣继绝学，为万世开太平"是中国知识分子的学术志向和传统。鸦片战争以后,这个学术志向和传统融入了民族复兴的大业,成为教育兴国、知识报国的自觉意识。中国高校的学科建设历史,形式上是学科设置规划的调整变化,内容上却是中国学术的砥砺前行,学习和借鉴外来的东西,实现的还是中国学术的自我发展。

改革开放四十年来,中国政治、经济、文化发生了巨大变化,习近平总书记在庆祝改革开放四十周年大会上指出:"改革开放是我们党的一次伟大觉醒,正是这个伟大觉醒孕育了我们党从理论到实践的伟大创造。改革开放是中国人民和中华民族发展史上一次伟大革命,正是这个伟大革命推动了中国特色社会主义事业的伟大飞跃!"这场伟大觉醒、伟大革命、伟大飞跃为中国高校的学科建设特别是哲学社会科学的学科建设开辟了新的发展道路。一方面,改革开放这场中国历史上最为广泛而深刻的社会变革和人类历史上最为宏大而独特的实践创新,给哲学社会科学的理论创造、学术繁荣提供了强大动力和广阔空间;另一方面,改革开放所敞开的思想解放视域使中国高校的哲学社会科学学科建设能够更深入地了解世界高等教育的历史与现状、问题与挑战、特点与规律,在路径选择上有了更多的机会和机遇。

面向未来,我们既需要只争朝夕的精神,也需要任重道远的定力。习近平总书记在哲学社会科学工作座谈会上指出:"面对新形势新要求,我国哲学社会科学领域还存在一些亟待解决的问题。比如,哲学社会科学发展战略还不十分明确,学科体系、学术体系、话语体系建设水平总体不高,学术原创能力还不强;哲学社会科学训练培养教育体系不健全,学术评价体系不够科学,管理体制和运行机制还不完善;人才队伍总体素质亟待提高,学风方面问题还比较突出,等等。总的看,我国哲学社会科学还处于有数量缺质量、有专家缺大师的状况,作用没有充分发挥出来。

改变这个状况,需要广大哲学社会科学工作者加倍努力,不断在解决影响我国哲学社会科学发展的突出问题上取得明显进展。"

解决这些前进中的问题,一是要坚持马克思主义的指导,因为人类社会至今仍然生活在马克思所阐明的发展规律之中。实践证明,无论时代如何变迁、科学如何进步,马克思主义依然显示出科学思想的伟力,依然占据着真理和道义的制高点。因此,要探索人类社会发展前景,我们必须向马克思求教,以现实问题为导向,努力揭示我国社会发展、人类社会发展的规律和趋势。二是要传承中华优秀传统文化,因为它是我们国家和民族的精神血脉和文化基因。历史和现实都表明,一个抛弃了或者背叛了自己历史文化的民族,不仅不可能发展起来,而且很可能上演一场历史悲剧,因此,要加强对中华优秀传统文化的挖掘和阐发,使中华民族最基本的文化基因与当代文化相适应、与现代社会相协调,把跨越时空、超越国界、富有永恒魅力、具有当代价值的文化精神弘扬起来,推动中华文明创造性转化、创新性发展。三是要吸取世界所有国家哲学社会科学取得的积极成果,因为社会主义、共产主义本身就是世界历史的产物,只有站在时代潮流前列,才能使社会主义保持生机活力,而只有广泛吸取人类文明的积极成果,才能站在时代潮流的前列。人类思想史告诉我们,任何一种文化的长足发展,都离不开人类文明发展的大道,离不开对其他文化的吸取和借鉴,因此,既要坚持古为今用,也要坚持洋为中用,不忘本来、吸收外来、面向未来,对一切有益的知识体系和研究方法,都要研究借鉴,不能采取不加分析、一概排斥的态度。

习近平总书记在哲学社会科学工作座谈会上还指出:"当代中国的伟大社会变革,不是简单延续我国历史文化的母版,不是简单套用马克思主义经典作家设想的模板,不是其他国家社会主义实践的再版,也不是国外现代化发展的翻版,不可能找到现成的教科书。我国哲学社会科学应该以我们正在做的事情为中心,从我国改革发展的实践中挖掘新材料、发现新问题、提出新观点、构建新理论,加强对改革开放和社会主义现代化建设实践经验的系统总结,加强对发展社会主义市场经济、民主政治、先进文化、和谐社会、生态文明以及党的执政能力建设等领域的分析研究,加强对党中央治国理政新理念新思想新战略的研究阐释,提炼出有学理性的新理论,概括出有规律性的新实践。这是构建中国特色哲学社会科学的着力点、着重点。一切刻舟求剑、照猫画虎、生搬硬套、依样画葫芦的做法都是无济于事的。"

当前,经济全球化、政治多极化、文化多样化正在持续发展,新的科技革命所展现出的巨大潜力正在孕育世界高等教育新的理念和新的改革,认真回顾和总结中国哲学社会科学学科建设改革开放四十年以来走过的道路,对于我们规划未来,必然大有裨益。从中国的实际出发,抓住机遇,迎接挑战,守正创新,努力构建中国哲学社会科学的学科体系、学术体系、话语体系,是民族复兴和现代化事业赋予中国哲学社会科学工作者的历史使命,我们应当承担起这份历史责任。

为此目的而组织撰写的"改革开放四十年与中国社会科学丛书",涵盖法学、政治学、社会学、国际政治与国际关系学、新闻传播学、图书馆情报与档案管理学、马克思主义理论、教育学、经济学、人口学等社会科学学科,由郝平、林建华、高松任总顾问,王博、杨河任主编,杨河兼任编委会主任。十卷本的具体组织撰写者为:《中国法学四十年》(张守文)、《中国政治学四十年》(俞可平)、《中国社会学四十年》(张静)、《中国国际政治与国际关系学四十年》(贾庆国)、《中国新闻传播学四十年》(陆绍阳)、《中国图书情报学四十年》(李广建)、《中国马克思主义理论四十年》(孙熙国)、《中国教育学四十年》(陈晓宇)、《中国经济学四十年》(姚洋)、《中国人口学四十年》(郑晓瑛)。

  由于能力所限,呈献给读者的文稿与我们的初衷会有不小差距,不足之处在所难免,请大家不吝赐教。

2018 年 12 月 17 日

目 录

第一章	社会学的恢复和重建	杨善华	1
第二章	理论研究:探索与争鸣	谢立中	23
第三章	回应社会变革:中国实践为转型理论提供了什么	张 静	38
第四章	产权理论的社会学探索	刘世定	59
第五章	社会政策与社会工作服务	王思斌	80
第六章	社会的技术化发展	邱泽奇	99
第七章	政府行为研究	周飞舟	123
第八章	集体行动及其治理	应 星	141
第九章	社会分层与流动	吴愈晓	159
第十章	性别与社会发展	佟 新	181
第十一章	宗教信仰:生态论和中国化	吴 越 卢云峰	202
第十二章	探寻"多民族中国"的可能性:"民族研究"的"本土化"实践	王 娟	220
第十三章	历史与社会	田 耕	241
第十四章	《社会》:学科启蒙与引领	肖 瑛	258
第十五章	《社会学研究》:主题沿革	向 鸿	276
参考文献			294

第一章 社会学的恢复和重建

杨善华

对于改革开放之后社会学的恢复与重建,中国社会学界的共识是,应从1979年3月中国社会学研究会成立开始算起。杨心恒先生在《说说中国社会学的恢复与重建》一文中提到:"1979年3月15日至18日,'社会学座谈会'在北京召开,中国主管意识形态的马克思主义理论家胡乔木在会上讲话说:'否认社会学是一门科学,用非常粗暴的方法来禁止它的存在、发展、传授,无论从科学的、政治的观点来说,都是错误的,是违背社会主义根本原则的。'"①应该说,当时身为中国社会科学院院长胡乔木的这一讲话,是为1952年被取消的社会学这门学科恢复了名誉。②据中国社会学研究会主办的《社会学通讯》报道,会议期间,经过酝酿、讨论,通过了《中国社会学研究会工作条例(草案)》,选举成立了50人的理事会,推选费孝通为会长,田汝康、陈道、杜任之、李正文、罗青、林耀华、雷洁琼为副会长,并聘请于光远、陈瀚笙、吴文藻、吴泽霖、李

---

① 杨心恒:《说说中国社会学的恢复与重建》,《炎黄春秋》2015年第1期。
② 高鉴国、孙淑霞:《中国社会学的恢复与重建——访徐经泽教授》,《山东大学学报》(哲学社会科学版)2008年第4期。

景汉等为顾问,宣告了中国社会学研究会的成立。① 杨心恒先生在同篇文章中接着说道,在"座谈会结束第二天,即3月19日《人民日报》(海外版)首先发了消息,海外社会学家尤其是华裔社会学家非常高兴,奔走相告"②,纷纷传递中国社会学恢复的消息。

至于为什么要采用"恢复和重建"这样的说辞,杨心恒先生曾发表过这样的看法:这首先是因为当时还健在的一代社会学家,基本上都是从旧中国过来的,他们经历过1952年社会学学科被认定为"资产阶级社会学"而加以取消的事件,之后他们中的绝大多数人在1957年又因为呼吁恢复社会学,而被戴上"资产阶级右派分子"的帽子,在其后发生的"无产阶级文化大革命"中,更因为之前这样的个人历史而惨遭迫害。所以在1978—1979年改革开放的春天来临的时候,他们仍然心有余悸。由于这样的原因,这些劫后余生的社会学家不敢提"恢复",因为他们还是摘帽右派,尚未平反,怕被指责为"复辟",这样就得说"重建"。但中国在1949年之前明明有社会学这个学科,学科已成规模,研究成果累累。因此不说"恢复"是割断历史,也不符合实际。故而在单独提"恢复"与"重建"两难的情况下,最稳妥的办法是两者并提,于是就有了"中国社会学的恢复与重建"的提法。③

第二个原因是意识形态方面的。马克思主义是当时中国社会居主导地位的意识形态,对于中国共产党内的马克思主义理论家来说,辩证唯物主义和历史唯物主义,是指导社会主义革命和社会主义建设的理论指南,它足以解决在认识社会和改造社会方面一切理论和实践的问题。而以前国内担任社会学教学和研究任务的社会学者,大都留学欧美资本

---

① 《中国社会学研究会第一届理事会会长、副会长、顾问、理事名单》,《社会学通讯》1981年第1期。
② 杨心恒:《说说中国社会学的恢复与重建》。
③ 杨心恒:《说说中国社会学的恢复与重建》。

主义国家,他们习得的社会学不管是理论还是研究方法,都是与马克思主义相悖的,因而必然是资产阶级的,这也是当年为何取消社会学以及批判社会学之原因。虽然胡乔木同志代表党中央为社会学恢复了名誉,但是鉴于之前中国社会学的状况,他们对社会学平反之后可能的发展趋向依然心存疑虑,担心这些承担重建社会学任务的学者走老路,回到之前的"资产阶级社会学"的轨道。所以他们只愿意提"重建",而不愿意说"恢复"。

一、布局:"五脏六腑"与开放引进

不过,虽然有以上种种问题,但是由于初始阶段参与恢复和重建的社会学者,绝大多数都在欧美接受了相当系统的社会学训练,从20世纪二三十年代回国后到社会学被取消前,都已经有至少十余年的教学和研究经验,对于一门学科应该如何建设和完善也有相对成熟的见解和清醒的认识,这就为社会学的恢复和重建提供了一个较为坚实的学术基础。

1979年3月被推举为中国社会学研究会会长的费孝通教授,在回顾自己的学术经历时提到对他学术思想影响较大的几个老师:"我的几个老师当中,第一个影响我的是吴文藻先生,第二个是潘光旦先生","我从这些老师身上得到些什么呢? 关于吴文藻先生,……他在中国提出来了两个重要思想,一个是社会学中国化,一个是把社会学和人类学结合起来,运用人类学的方法发展中国的社会学,从实际调查中出思想,出理论。潘先生对我影响比较重要的思想是'两个世界',一是人同物的关系的世界,一是人同人的关系的世界。我在潘先生思想的基础上提出了'人文世界'这个概念"。① 我们可以通过中国社会学这些年来的发展轨

---

① 费孝通:《费孝通文集》第十四卷,北京:群言出版社,1999年,第373页。

迹，来印证承担引领学科发展责任的学术宗师其既有的学术思想，对社会学发展产生的影响。

吴泽霖教授在1981年6月1日为第二期社会学讲习班学员所作的讲座中，着重谈了学科和学科建设的问题。他提出，学科是"组织化的知识"，它把这一部分知识"系统化、理论化"；学科里有"出版书籍，组织化的系科"，可以把这门学科"进行教学，宣布出去"，这就成了学科，"学科与科学不等同"，如宗教，"不是科学，但可有宗教学"，一个学科"一定要有自己的内容"，要有"具体的理论，具体的方法和自己的研究对象"。①

正是在这样的基础上，费孝通教授在社会学恢复和重建伊始就借用"五脏六腑"的通俗说法，讲了学科恢复和重建必做的一些事，用现在的话来说，费先生这样的做法就是布局。郑杭生教授曾在《费孝通先生对中国社会学的巨大贡献》一文中回忆，1981年11月他在去英国伦敦的飞机上聆听费先生对他讲"五脏六腑"的设想。所谓"五脏"，是指"培养人才、建立机构等五项措施"，具体来说，是指建立学会、研究所、社会学系、图书资料中心、刊物和出版社。所谓"六腑"，是指"大学的社会学专业要开好六门基本课程：社会学概论、社会调查研究方法、社会心理学、城市社会学、比较社会学和国外社会学理论"。郑杭生教授认为，"后来中国社会学的恢复和重建之路，基本上就是这么走过来的"②。

除了成立学会，③对于开展学术研究、培养人才来讲，最重要的载体

---

① 此段引文摘自杨善华当年的课堂笔记。
② 郑杭生：《费孝通先生对中国社会学的巨大贡献——纪念费孝通先生从事学术研究七十周年》，马戎等编：《费孝通与中国社会学人类学》，北京：社会科学文献出版社，2009年，第227—228页。
③ 中国社会学研究会在1982年更名为中国社会学会。

就是社会学研究所和高校的社会学系了。1980年1月,经国务院批准,中国社会科学院社会学研究所正式成立,费孝通被任命为所长,王康被任命为副所长,陈道(时任中国社会科学院科研规划局局长)担任社会学研究所党支部书记。研究所下设社会理论、婚姻家庭和城乡社会三个研究组。

同年4月,上海复旦大学分校(今上海大学)在原来政教系的基础上成立了社会学系,袁辑辉教授担任系主任。与此同时,南开大学、中山大学和北京大学的相关教师和机构,在费孝通教授和雷洁琼教授的支持和帮助下,开始筹建社会学系。据苏驼教授回忆,费先生认为,五大要件(五脏)中至关重要和最急迫的还是培养专门人才。1980年费孝通来到南开大学,在学校领导和有关同志参加的会议上,费先生希望南开大学能设立社会学专业,培养社会学人才。时任哲学系主任的苏驼教授在与相关领导商量之后,决定从文科各系学满三年的学生中选拔一批学生进行社会学专业教育。这一想法得到了费孝通教授和时任南开大学副校长滕维藻教授的大力支持,也得到了教育部和中国社会科学院的大力支持,最后这一想法变成了高教(一)字第104号文件:教育部和中国社会科学院共同委托由南开大学开办社会学专业班的决定。① 这就是被社会学界称为黄埔一期(之一)的南开班的来由。②

地处广州的中山大学邻近香港,因为有费先生当年燕京大学社会学系同学、美籍华裔社会学者杨庆堃教授的大力支持,在社会学师资方面可以借助香港中文大学社会学系的部分力量,故在1981年就成立了以何肇发教授为系主任的社会学系,成为教育部所属的重点大学中第一个

---

① 在此基础上,1982年秋经学校批准,南开大学社会学系正式成立。
② 苏驼、刘军强:《费孝通与南开大学社会学系的创立》,马戎等编:《费孝通与中国社会学人类学》,第145—146页。

建立社会学系的学校。

据雷洁琼教授生前回忆,①北京大学社会学系的成立,是她偕同费孝通教授去与当时的北京大学党委书记韩天石同志面谈,得到韩天石同志大力支持的结果。出于种种考虑,学校决定先设社会学专业,开设社会学课程,待条件成熟再建立社会学系。1980年8月19日,北京大学致函教育部获得批准,暂设社会学专业于国际政治系内。② 在北京大学社会学系重建工作中,培养师资是个大问题,和全国社会学重建的工作相联系,主要采取了三种方式:一是前面所说的社会学讲习班,抽调各高等学校和研究机构里年富力强的教师与研究人员加以培训,北京大学的夏学銮受命参加;二是将5名北大本科生派往南开参加南开大学承办的社会学专业班;三是送学生外出学习,顾宝昌被派往美国。到1981年底,北京大学社会学专业已调集师资13人,建立社会学系的条件已经具备。1982年4月,校长办公会议讨论决定正式成立北京大学社会学系,袁方教授任系主任。③

这样,到1982年底,已经有4所高校成立了社会学系,地方社科院也有不少成立或筹建了社会学研究所,"五脏"中的机构问题得到了初步解决。当然,在解决设立社会学研究与教学机构问题的同时,费孝通教授一直紧紧抓住培养专业人才这一核心问题。具体办法,除了南开大学承办的社会学专业班之外,还有在北京由中国社会科学院社会学研究所举办——被称为黄埔一期和二期——的两期社会学讲习班。

---

① 雷洁琼教授生前同王思斌、杨善华多次谈到这一点。
② 这里一个重要原因是"文革"后期,雷洁琼教授与严景耀教授从"干校"回来后被安排在北京大学国际政治系工作。
③ 参见北京大学社会学系、社会学人类学研究所:《再起》,http://www.shehui.pku.edu.cn/second/index.aspx?nodeid=19,2018年10月30日。

两期讲习班的具体组织者之一,时任中国社会科学院社会学研究所副所长的王康教授,在《社会学人才的培养》一文中回忆了两期讲习班的情况。王康先生指出,"培养人才需要师资、教材,也需要必要的教学条件。社会学在重建中恰恰缺少这些"。但因为"时间逼人",所以"只能根据这个特殊学科的特殊情况另辟蹊径"。总起来说,讲习班是"一种特殊的速成的教学方式"①。

哈尔滨社科院社会学研究所来参加学习的李德滨学员,概括了第一期讲习班的如下特点:一流的先生+浓缩的课程+反刍的学法。所谓"一流的先生",即请当时健在的老一辈社会学家吴文藻、吴泽霖、杨堃、费孝通、雷洁琼、王康、张之毅、袁方及著名学者于光远、杜任之、戴世光、张芝联、李友义、汪子嵩、吴昊等到班上作专题讲座。而"浓缩的课程",则是"课时浓缩,提纲挈领,讲精华"。至于"反刍的学法",是指"课堂上以轰炸式灌输为主,而消化吸收则留待讲习班结束后,自己慢慢去咀嚼反刍"。因为讲习班是集中授课,每门课的时间有限,故"每天都是上下午满堂灌",甚至"有时晚间也安排来中国的学者讲学"。②

根据安排,讲习班的课程"由两大板块构成",一块是"中国社会学与相关学科",这一块课程由中国国内的学者担当。另一块是"现代社会学概念和方法",③由于当时中国大陆社会学这门学科已经被取消了28年,当年从事社会学教学和研究的社会学者至少已达古稀之年,且均已脱离专业多年,故这是急需"引进"的一块,亦是新入社会学之门的学人最需

---

① 王康:《社会学人才的培养》,李德滨统稿:《我与中国社会学20年——中国社会学第一期讲习班回顾》,沈阳:沈阳出版社,2000年。
② 李德滨:《岁月匆匆,往事悠悠》,李德滨统稿:《我与中国社会学20年——中国社会学第一期讲习班回顾》,第67页。
③ 李德滨:《岁月匆匆,往事悠悠》,第68页。

学习的一块。这时费孝通教授当年燕京大学的老同学和老朋友——美国匹兹堡大学社会学系的杨庆堃教授在费先生向他求助的时候毫不犹豫地伸出了援手。

中国大陆1952年取消了社会学这门学科,这让毕生以社会学为志业的杨庆堃先生痛心疾首,但他坚信社会学在中国总有恢复的一天。据香港中文大学社会学系教授李沛良回忆,1965年初夏,时任匹兹堡大学社会学系教授的杨庆堃以校外考试委员的身份访问香港中文大学社会学系,当时他已取得匹兹堡大学社会学系系主任涅尼瓦萨(Jiří Nehněvajsa)教授的同意,从香港挑选一名年轻人到匹大进修社会学博士课程并给予资助。李沛良先生最终幸运入选。在得知李沛良获选后,杨先生曾语重心长地向李沛良指出,中国社会学虽然已被取消,但终有重建的机会,他计划以香港为基地,为国家现代化尽一份力量,为日后中国社会学的重建播下种子,而李沛良就是"第一颗种子,必须努力耕耘,不许失败"。[①] 在李沛良之后,香港中文大学社会学系还有刘创楚等来匹大深造。现在,这些学者都可以用上了。

中国社会学研究会成立之后不久,1979年3月30日,在中共中央召开的理论工作务虚会上,邓小平发表了《坚持四项基本原则》的讲话,提到"政治学、法学、社会学以及世界政治的研究,我们过去多年忽视了,现在也需要赶快补课"[②]。这就为社会学的学习、研究和对外交流进一步敞开了大门。在此背景下,1979年12月,根据中美学术交流协定,美国匹兹堡大学社会学代表团一行4人访问中国并受到姚依林副总理接见。杨庆堃教授就是其中之一。这样,杨先生就有了与费先生携手重建中国

---

① 参见李沛良:《廿载情缘》,李德滨统稿:《我与中国社会学20年——中国社会学第一期讲习班回顾》,第8页。
② 邓小平:《坚持四项基本原则》,《邓小平文选》第二卷,北京:人民出版社,1993年。

社会学的机会,当时杨先生的承诺就是聘请课程的境外主讲教师,并支付国外及香港地区来的教师的国际机票及旅途生活开支(包括筹措讲习班所需外汇),①他申请到了岭南基金会的资助,解决了这些问题。

1980年5月25日,第一期讲习班开学。来自全国12个省市的高校、科研机构以及政府部门的40名学员来到地处西直门的国务院第一招待所,参加为期两月有余的学习。匹兹堡大学社会学系教授杨庆堃的同事霍尔兹纳(Burkart Holzner)和涅尼瓦萨两位教授负责讲授"社会学和现代化"课程,香港中文大学李沛良教授主讲"社会调查与统计分析"课程,香港中文大学刘创楚教授主讲"社会学概论"课程,"社会学专题研究"这门课程则以讲座形式由主办方中国社会科学院社会学研究所邀请国内学者来讲授。学员们虽然是处于社会学的"扫盲"阶段,但仍冒着酷暑,以高涨的积极性投入学习。显然,到讲习班结业的时候,社会学的种子已经在这些学员心中播下了。

主办方趁热打铁,在杨庆堃教授的大力支持下,于1981年同样的时间,又在北京日坛全国总工会招待所办了第二期讲习班。这次来自美国3所大学的5位教授开设了"社会问题研究""社会研究方法""社会心理学""社区分析"和"应用人类学和教育的社会文化观点"共计五门课程,来自香港的5位学者开设了"抽样调查与资料分析""人口统计学""集体行为研究"和"都市社会与都市社会学"四门课程。这次的学员数也超过了第一期讲习班,达到51人,加上注册旁听的35人,共86人,②教室内济济一堂,座无虚席。这些学员回去后,大都成为本单位社会学教学和研究的骨干。至此,费孝通教授速成培养社会学人才的设

---

① 参见王康:《社会学人才的培养》。
② 以上资料引自杨善华保存的第二期社会学讲习班教学日程表和讲习班简报第一期。

想实现了一大半。

还有一部分自然是南开大学的社会学专业班。这个班的教学也是靠开放和引进完成的。据天津社会科学院原院长王辉教授的回忆,这个班上的两门主课,"社会学理论(社会学说史)"和"社会学方法",聘请了两位美国一流的学者,他们是哥伦比亚大学社会学系教授彼得·布劳(Peter Blau)和著名的美籍华裔教授林南。① 除此之外,还有其他4位外籍教授。② 第一位是美国华盛顿天主教大学的美籍华裔教授李哲夫,主讲"社会统计学"。第二位是德国比勒菲尔德大学的伯格(Klaus-Dieter Bock)教授,主讲"欧美社会学流派"。第三位是德国柏林自由大学的社会学副教授贺碧力,主讲"社区分析"。第四位是纽约市立大学人类学教授帕斯特纳克,主讲"人类学"。③

经教育部批准,这个专业班从北京大学、中国人民大学、北京师范大学、复旦大学、复旦大学分校、武汉大学、华中工学院、云南大学、兰州大学、山东大学、中山大学、四川大学、南京大学、厦门大学、华东师范大学、吉林师范大学、湘潭大学和南开大学等18所高等学校中选拔了43名1977级本科生作为学员。他们来自哲学、经济学、中文、英语、历史和政教等专业。另外还招收了旁听生11人,多为在职人员。④ 这些学员毕业后,留在国内的迅速成长为中国大陆社会学界的中坚力量。

---

① 据南开社会学专业班学生回忆,布劳和林南的课分量最重,每个人都至少讲了20次。参见张龙:《社会学"南开班"(1981—1982)》,硕士学位论文,北京大学社会学系,2016年。
② 据王辉教授回忆,授课的外籍教师还有美国斯坦福大学专门研究社会现代化的英格尔斯教授,但是笔者在北京大学社会学系张龙的硕士学位论文《社会学"南开班"(1981—1982)》中,据南开社会学专业班当年的学生笔记复原的课程表上,没有查到英格尔斯讲课的记录。
③ 参见张龙:《社会学"南开班"(1981—1982)》。
④ 据李友梅回忆,上海复旦分校(今上海大学)还争取到了3个非正式学员的进修名额。参见张龙:《社会学"南开班"(1981—1982)》。

在积极培养专业人才的同时,费孝通教授也没有忘记作为学科建设重要组成部分的教材编写和出版。作为具有丰厚学术积累的老教授,他深知"六脖"中最基础、也是最重要的课程非"社会学概论"莫属。据杨心恒教授的回忆,第一期讲习班快要结束的时候,"费老召集高等学校来的学员座谈,我们向费老反映,我们对社会学只是初步接触,知识很少,回去讲课有困难,能不能在讲习班结束之后再集中一段时间,共同编出一本教材来。费老答应向教育部建议"①。后来教育部接受了费孝通教授的建议,请他主编《社会学概论》。在1984年由天津人民出版社出版的《社会学概论(试讲本)》前言中,费先生自己是这么说的:"我勉为其难地承担了这项工作。解放前我虽在一些大学里教过社会学的课程,但我个人的主要兴趣在于社会调查,在学校里所讲的大多是一些能利用我的调查资料的专题课程,对于社会学整个领域缺乏有系统的全面研究。""要我主持和指导这个《社会学概论》的编写小组,实在是力所不及的。""但是我也明白,除非忍心让社会学停顿下去,各大学迟早要办社会学系,办社会学系的第一门必修课必然是《社会学概论》。""这是恢复社会学系必须突破的第一关。""明知这是用我之短,明知现在客观上还不具备足够的条件编出一本使一般读者满意的教材,明知这是件不会见功只会取咎的事,我经过踌躇之后接受了这个任务,愿意为建立新中国的社会学出一点微力。"②

任务接下来后,成立了由南开大学杨心恒、中山大学丘士杰、复旦大学刘豪兴、上海大学沈关宝、北京大学夏学銮、中国人民大学贾春增、武汉大学周运清和新疆社会科学院何炳济等8人组成的编写组。据北京

---

① 杨心恒:《我与南开社会学专业》,李德滨统稿:《我与中国社会学20年——中国社会学第一期讲习班回顾》,第117页。
② 费孝通:《社会学概论(试讲本)》,天津:天津人民出版社,1984年,"前言",第2—3页。

大学社会学系夏学銮教授的回忆,编写组的工作得到了北京大学的大力支持,学校把编写组作为一个独立的教研室放在国际政治系,并为编写组安排了宿舍,以方便编写组在北京大学的生活和工作。北大图书馆则向编写组开放了所有有关社会学的中英文图书资料,为编写组"思考、讨论和决定《社会学概论》的写作框架提供了充分的思想资料"①。就在这样的条件下,编写组在北大工作了3个月,写出了整本书的大纲,同时也写出了各人的分配章节的大纲。在费孝通教授和其他一些老一辈社会学家的具体指导下,《社会学概论(试讲本)》经过多次集体讨论和修改,终于在1983年暑假由费孝通教授定稿,交由天津人民出版社出版。所以,我们可以把《社会学概论(试讲本)》看成中国社会学恢复和重建早期中国社会学界共同努力的成果,也是中国社会学界开放引进的一个成果。

当然,像费孝通教授这样的社会学宗师对此书的学术价值亦有着清醒的认识:"试讲本现有的水平必然反映当前初创时的实际情况。本着'先有后好'的精神,不怕起点低,只怕发展慢。再过几年,能有水平较高的教材出现才显得我们有了进步。"②

二、"创建新中国的社会学"

"积极创建新中国的社会学"是费孝通教授在1981年5月25日第二期社会学讲习班开学典礼上讲话的题目。在社会学恢复和重建差不多两年之后,面对当时国内外的社会情势,中国的社会学如何形成自己

---

① 夏学銮:《我是怎样走上社会学之路的》,李德滨统稿:《我与中国社会学20年——中国社会学第一期讲习班回顾》,第153—155页。
② 费孝通:《社会学概论(试讲本)》,"前言",第6页。

的特色,走出一条新路是他在考虑的问题。如前所述,与1979年社会学刚恢复和重建时,老一代社会学家的心有余悸,党内马克思主义理论家也心存疑虑的那种状态相比,社会学作为一门学科,恢复和重建的势头似已不可阻挡。而且,国外社会学界同仁(尤其是华裔社会学者)对中国社会学恢复的支持和帮助,以及加强联系和交流的愿望,也令以费先生为代表的老一辈社会学家们倍受鼓舞。学科重建一定需要确立自己的生存空间,所以费孝通教授当时的想法是,既然社会学作为一门学科需要自己具体的理论、具体的方法和自己的研究对象,那么作为马克思主义一部分的历史唯物主义,对社会学来说所起的应该是指导作用,而不应该是替代作用——即将之等同于社会学。

　　费先生多次提及吴文藻教授当年所做的工作。他在1995年北京大学社会学人类学研究所成立10周年纪念会上所作的题为《开风气　育人才》[①]的讲话中又一次提及了这一点。费先生说,"身教重于言传",吴文藻老师孜孜以求的,"不是使他自己成为一代名重一时的学人在文坛上独占鳌头","他着眼的是学科本身,他看到了他所从事的社会学这门学科的处境、地位与应起的作用"。"他在65年前提出来的'社会学中国化',是当时改革这门学科的主张",这是因为吴文藻老师看到,当时大学里社会学是"始而由外人用外国文字介绍,例证多用外文材料,继而由国人用外国文字讲述",因此"仍不脱为一种变相的舶来物"。故吴老师"清醒地觉察到中国原有的社会学需要一个彻底的改革,要开创一种新的风气,但是要实行学术风气的改革和开创,绝不是一个人所能做到的,甚至不是一代人所能做到的"。所以,必须"主要是培养能起改革作用和能树立新风气的人才"。这是因为,"学术是要通过学人来传习和开拓的,学

---

① 费孝通:《开风气　育人才》,《北京大学学报》(哲学社会科学版)1996年第1期。

人是要从加强基础学力和学术实践中成长的"。① 因此,"社会学中国化"绝不是在嘴上喊喊而已,必须付诸实践,除了自己亲力亲为,还必须带动大家一起来做。

笔者认为,这就是费孝通教授当年提出"创建新中国的社会学"的学术背景。当然,现在想来,费先生提出"创建新中国的社会学",如上所述,具有将社会学中国化,反对生吞活剥西方社会学理论教条的意涵,因而在暗中印证了社会学界是在学习将马克思列宁主义的普遍真理与中国革命的具体实践相结合的方法,故而这不是走"资产阶级社会学"的老路,由此回应党内马克思主义理论家的各种担心。这即使是从当年的政治生态来看,在政治策略上也是成功的。

那么,什么是"新中国的社会学"?费孝通教授认为,"新中国"包含两层意思:第一是中国的,第二是新的,是社会主义的。"早年的社会科学,以西方为中心,以为西方社会得出的结论,可以普遍运用到世界各地,强调一致的方面,搞标准的西方化。现在西方社会学家也承认这样是行不通的,也开始承认各国各民族都有自己的特点。""马克思主义就着重一方面要看到共性,一方面要看到个性,尤其要看到两者的关系。""要看到一个社会的个性,要了解它不同的具体历史条件。我们不能脱离那个历史条件,随便抽出一个概念望文生义。"当然,"我们同时承认个性、特殊性后面有共性、有规律性的东西。但只有通过研究具体的有个性的事物才能理解一般性的概念"。② 这样,费孝通教授就在马克思主义的辩证法中,为自己创建"新中国的社会学"找到了理论依据。

至于如何创建,诚如费先生在回忆吴文藻老师对自己的影响的文章

---

① 以上引文参见费孝通:《开风气　育人才》。
② 以上引文参见费孝通:《积极创建新中国的社会学——5月25日在第二期社会学讲习班开学典礼上的讲话》,《社会学通讯》(试刊)1981年第1期。

中讲的,首先是"要有人","这在当前是个大问题"。① 他当时深深感到这个问题的紧迫。这也是为什么他坚决支持举办第二期讲习班的原因。待到两期讲习班结束,学科布局基本完成,费孝通教授就把"付诸实践,带动大家一起来做"当成急需完成的工作。

据1945年入西南联大社会学系学习、1980年进入中国社会科学院社会学研究所的张仙桥研究员回忆,讲习班结束,他就去北京宣武区联系,想在那里找一个居民小区建立社会调查的基地。费先生听说此事,欣然表示支持,亲自去和宣武区委书记洽谈。最后选择了椿树街道东河沿居委会作为调查基地,并同意由张仙桥、薛寅、沈崇麟和王容芬常驻东河沿,进行社会调查,他还多次带领这4人在东河沿入户访问,做调查的示范。② 沈崇麟研究员在《我与社会统计学》一文中提到,费孝通教授听说纽约市立大学人类学教授帕斯特纳克在天津两个居委会做市民家庭婚姻的问卷调查,认为可以拿过来在东河沿居委会重新做一遍,以借鉴国外的先进方法,提升国内研究人员处理数据资料的水平。费先生介绍沈崇麟等与华中工学院(今华中科技大学)自动化系的相关技术人员合作,用他们的电子计算机来处理调查所获得的数据。这是中国社会学界最早使用电脑来做数据的统计分析。③ 同时它也成了位列国家"六五"哲学与社会科学规划重点项目的"五城市家庭研究"的前奏。

差不多与此同时,费孝通教授准备在1981年12月实施"四访江村"。与1981年10月他同姐姐费达生的三访江村不同,这次他希望有

---

① 费孝通:《积极创建新中国的社会学——5月25日在第二期社会学讲习班开学典礼上的讲话》。
② 参见张仙桥:《我与社会学的三次结缘》,李德滨统稿:《我与中国社会学20年——中国社会学第一期讲习班回顾》,第28页。
③ 参见沈崇麟:《我与社会统计学》,李德滨统稿:《我与中国社会学20年——中国社会学第一期讲习班回顾》,第198—199页。

更多的中青年学者参加。因为这样的实地调查机会,对于这些初出茅庐、尚未入社会学之门,又准备从事社会学研究的学者(学生)来说,太难得了。

最终结果是,来自中国社会科学院社会学研究所、复旦大学分校(今上海大学)社会学系,南京大学哲学系,江苏社会科学院社会学所、哲学所、情报所、经济所,南京师范学院政教系,江苏省委党校,南开大学哲学系,复旦大学,上海社会科学院社会学所等单位共17人(其中绝大多数为青年学生或学者),参加了这次为期约一个月的调查。按照费先生的想法,这次调查应该是一次对他45年前在江村调查的追踪,他口授了一个非常详细的调查提纲,调查时段涉及1949年前后各个时期(抗战前后、解放战争、土改、合作化、人民公社),调查内容包括人口与生育、土地制度、经济(农业和工副业)、家庭婚姻、社会风俗等。① 故"四访江村"课题组列出的调查提纲,涉及人口、土地、教育、家庭婚姻、干部、农业、家庭收入、工副业、商业等。但由于缺乏社会调查和农村工作的经验,课题组成员虽然想了很多觉得该问的问题,实践时却发现用处不大。不过,他们还是在这样的调查中了解了农村和农民。笔者记得在深刻感受"大锅饭"下原先富庶的苏南农村的贫穷与凋敝之后,自己曾与调查负责人之一的沈关宝老师私下议论,30余年来我国在农村政策上的成就不大。而这也恰恰反衬出费先生"志在富民""让农民吃饱肚子"主张的现实紧迫性。

在1981年12月17日调查开始的当天,"四访江村"课题组成员考察了吴江县(今苏州市吴江区)盛泽镇的丝绸工业。盛泽丝绸工业给课题组成员留下了深刻印象。现在看来,这应该是费先生从苏南小城镇的经济发

---

① 笔者还保留着费先生口授调查提纲的油印件。

展切入,为中国农村探寻一条富民之路的序曲。① 这也是费先生主张的社会学本土化(中国化)的社区调查在社会学恢复重建之后的第一次实践。

社会学要"学以致用",这是费孝通教授、雷洁琼教授与其他老一辈社会学家的一致想法。费先生"学以致用"的一个具体表现,就是将社会学与中国社会实际相结合,为中国农村和农民探寻一条致富之路。而苏南小城镇给他的启发是,苏南乡镇工业的发展可以解决农村剩余劳动力"离土不离乡"式的转业,从而以小城镇的发展来解决中国农村城市化的问题,让更多的农村劳动力通过乡镇工业化走上致富之路。他的这一想法引起了当时党中央领导人的重视。与此同时,从天津和北京开始的城市居民家庭调查,也演变成"五城市家庭研究"课题。以上两个课题和袁方教授主持的"中国人口问题研究"在1983年4月于成都举行的全国社会学"六五"规划会议上被确定为重点项目,费孝通教授、雷洁琼教授和袁方教授分别成为这三个重点项目的学术指导。中国的社会学到了出成果的时候了。

三、"重建社会学的又一阶段"

1986年3月26日,《光明日报》发表了费孝通教授的《重建社会学的又一阶段》②一文。在此文中他指出:"自从1979年重建社会学以来已经有六个年头了。目前初建的第一阶段可告结束,我国社会学开始进入了第二阶段。形象地说,就是戏台已经搭好,班子已初步组成,现在是要演员们把戏唱好了。"所谓"把戏唱好",是指学科建设要到位,这就是费孝

---

① 吴大声在《小城镇研究与社会学的创建》一文中也认为费孝通教授重视小城镇问题是在他1981年冬四访江村之时。参见吴大声:《小城镇研究与社会学的创建》,《江苏社联通讯》1986年第11期。
② 此文为费孝通教授在1985年冬季于广州举行的"社会学专业教学改革研讨会"上的发言记录。

通教授所说的"先有后好"的意思,即在理论、方法方面都要在探索的基础上有所创新。这个时候,社会学专业学术杂志的重要性就开始凸显。

在中国大陆社会学恢复和重建之后,最早发行的是上海的《社会(社会学丛刊)》,它于1981年创刊,由复旦分校社会学系主办,双月刊。囿于当时社会学研究队伍的整体水平,刊发相对较多的是调查报告、杂议等。由于当时社会学研究方面的规范还没有在国内学术界建立起来,所以发表的文章在研究规范方面与现在的要求相比,尚有较大差距。

中国社会科学院社会学研究所出版的《社会学研究》杂志,它的前身是中国社会学会和社会学研究所联合办的内部刊物《社会调查与研究》(在1981—1984年间杂志名为《社会学通讯》),以正刊、增刊和活页三种形式不定期出版,至1985年12月共出刊8期,外加两个活页。刊物的水平也与初创阶段的研究水平相匹配。到了1986年1月,《社会调查与研究》改版为《社会学研究》,正式出版,公开发行。这是一件至关重要的事件。其意义在于,它给全国从事社会学研究的科研人员和高校教师,提供了一个了解国内外研究动向和实现学术交流的平台。

《中国社会科学院社会学研究所所志(1980—2007)》在记录这一段历史时作了这样的表述:此时期正值中国社会学学科发展补课阶段,以从中国社会实际出发,开展社会学的理论、历史、方法和应用等各方面的研究为特点,侧重引进、介绍西方,尤其是当代美国社会学理论与方法,并刊发了大量对当代中国社会现状的调查报告。[①] 笔者亦认为,在这一阶段,由于"美国是当代社会学的世界首领"[②],故在理论和方法方面给予中国社会学界以最大影响的当属美国社会学。

[①] 参见《中国社会科学院社会学研究所所志(1980—2007)》。
[②] 邓方:《中美社会学的十年交流对中国社会学的影响》,《社会学研究》1989年第3期。

1989年,邓方在《中美社会学的十年交流对中国社会学的影响》一文[①]中,回顾了美国社会学对恢复重建后的中国大陆社会学的影响。邓方认为,这种影响,首先体现在中美两国社会学学者的互访方面。"据不完全统计,最近两年来,中国社会科学院社会学所共接待外国社会学家26人,其中一半来自美国。在来访的美国代表团中,规模最大的是1984年2月,由美国国家科学院组织,包括10名著名学者的美国社会学和人类学代表团。""中国著名的社会学家费孝通、王康、袁方、何肇发和苏驼等,也曾先后出访美国。"当时高校社会学系开设课程没有可以承担课程的师资,在各系负责的老一辈社会学家就通过自己的关系,请美国社会学家到自己的系里帮助讲课。比如,北京大学社会学系袁方教授就曾请美国爱荷华大学社会学系的教授克朗兰和张奚之来讲"社会调查研究方法",请纽约州立大学奥本尼分校社会学系的林南教授来讲"社会结构与网络"的课程。[②] 另一方面,是加紧国外教材的翻译和引进工作。当时"不少大学的社会学系还以美国社会统计学专家布莱洛克(H. Blalock)的'社会统计学'和贝利(H. Bailey)的'社会研究方法'为教材"[③]。可以说,对中国社会学界来说,20世纪80年代是美国社会学在理论、方法和教材方面被引进相对最多的年代。其中,中国社会科学院社会学研究所在1983年创办的《国外社会学》[④],在介绍和引进美国社会学理论和经验研究的最新成果方面也起到了重要的作用。

[①] 邓方:《中美社会学的十年交流对中国社会学的影响》。
[②] 杨善华:《袁方教授和社会学系的对外合作和交流》,吴宝科、佟新编:《袁方纪念文集》,北京:北京大学出版社,2005年。
[③] 邓方:《中美社会学的十年交流对中国社会学的影响》。
[④] 原名《国外社会学参考资料》,1986年起改用《国外社会学》。

如果我们现在重新回顾当年的引进和介绍,那么就会发现,美国社会学的芝加哥学派和哥伦比亚学派的影响可以说是最重要的。芝加哥学派说起来跟中国社会学还有历史渊源。20世纪20年代初,芝加哥学派的主要代表人物罗伯特·E.帕克(Robert Ezra Park),曾应吴文藻教授的邀请访问了燕京大学社会学系。吴文藻教授对芝加哥学派的社区研究方法赞赏有加。19世纪末20世纪初,美国经历着农村社会向城市社会的变动。当时的芝加哥城把这场变革的主要特点展现得淋漓尽致。故芝加哥学派以城市社会问题为研究重点,它的研究方法是社区调查、参与性观察和定性分析等。待到美国完成了从农村社会向城市社会的转化,芝加哥学派也逐渐衰落。①

哥伦比亚学派起始于20世纪40年代,它的研究重点不再是城市社会问题,而是个人行为问题。20世纪40年代继农村社会向城市社会的转变之后,美国社会又经历着另一场变动,这是社会结构从地方互动到全国互动的一种转变,全国市场的出现是这一转变的主要特征。故哥伦比亚学派的研究重点转向个人行为问题,研究方法也随之改变为抽样、问卷调查及统计定量分析等。② 邓方认为,哥伦比亚学派的主要领导人之一是拉扎斯菲尔德(P. Lazarsfeld),他是一位数学博士,后来兴趣转向社会学,③故他以统计及定量分析见长。

但笔者认为,哥伦比亚学派另一个重要代表人物罗伯特·金·默顿的中层理论,为统计分析和定量研究提供了理论依据。默顿中层理论的提出,首先源于他对帕森斯结构功能主义理论的反思。默顿认为,帕森斯的理论实际上只能算作一种哲学体系而非社会学理论。他认为,社会

---

① 邓方:《中美社会学的十年交流对中国社会学的影响》。
② 邓方:《中美社会学的十年交流对中国社会学的影响》。
③ 邓方:《中美社会学的十年交流对中国社会学的影响》。

学试图建立一种可解释所有社会行为、组织和变迁的宏观理论的时机尚未成熟。现在理论社会学的任务,应该放在发展一些可以应用到实际研究工作的概念架构上的特殊理论。他在这样的反思基础上提出了中层理论。依他的看法,中层理论是介于日常研究里很丰富的小型却必需的工作假设,与用以解释社会行为、社会组织和社会变迁的一切可观察并包容全体的系统性理论之间的理论。因此,中层理论不仅可以验证,还是抽象的,它由一群相互关联的理论命题组成,但又无意于解释所有的社会行为或结构。20世纪80年代,中国大陆社会学在经验研究层面广泛采用的问卷调查方法与统计分析技术,可以认为是深受哥伦比亚学派这种方法论思想影响的表现。

当然,深受芝加哥学派社区研究方法论思想影响的费孝通教授,在支持社会调查可以采取问卷调查的形式以便于统计分析的同时,还依然坚持自己的社区研究的做法。1982年10月,笔者随费孝通教授五访江村时曾问过费先生如何看帕森斯的结构功能主义理论。费先生略为沉吟后答道:"我不喜欢帕森斯,帕森斯的理论是见林不见木,但社会学一定要见人。"[①]

社会学作为一门学科的成长一定需要鉴别和比较,当然这样的鉴别和比较也一定需要相对开放和宽松的学术环境。值得庆幸的是,整个20世纪80年代,社会学的学术环境对学科的恢复和重建有很大帮助。按照邓方的说法,"重建后的中国社会学从中美学术交流中获益匪浅","中国社会学在重建中获得迅速发展,根据截至1988年7月的统计,中国已有社会学的专职教学、科研人员1000多人,社会学学会35个,全国已有12所高校设立了社会学系(专业)","在1986年10月提出的'七

---

① 此为笔者当年的笔记。

五'期间全国哲学社会科学规划中,社会学又承担了 13 项国家重点课题"。①

与此同时,与社会学密切相关的"社会工作"作为一门学科和一个专业也开始复苏。"文化大革命"10 年,中国社会工作发展进入休眠期。但社会学的复苏也给了以前从事社会工作学术研究的学者恢复与重建学科的信心。雷洁琼教授在 1980 年第一期社会学讲习班曾讲授"社会工作"。她在 1983 年 1 月为民政部干部所作的培训讲话中明确指出,我们将来可能成立社会工作系,或者在社会系下设社会工作专业。之后,民政部管理干部学院曾开设社会政策相关课程。1985 年 12 月,当时的国家教育委员会在广州召开"社会学专业教学改革研讨会",雷洁琼等学者呼吁重建社会工作专业。经过调查研究和充分论证,国家教育委员会决定在社会学学科中试办社会工作与管理专业。在此期间,中山大学与香港大学合作开办社会工作课程,民政部召开的"马甸会议"也促进了社会工作教育的发展。1988 年初,北京大学、吉林大学、中国人民大学三所高校获批试办社会工作与管理本科专业。在民政部的大力支持下,北京大学从 1989 年起招收社会工作本科生,同时招收社会工作方向的硕士研究生。②

---

① 邓方:《中美社会学的十年交流对中国社会学的影响》。
② 参见本书第五章王思斌著《社会政策与社会工作服务》。

第二章 理论研究:探索与争鸣

谢立中

改革开放以来,在"社会学理论"方面开展的研究工作大体包括三个方面:对中外已有社会学理论成果的学习、消化和吸收;构建中国人自己的社会学理论取向;围绕若干理论问题展开探索和论辩。限于篇幅长度,以下讨论简要涉及第一、第二方面,重点放在第三方面。

一、对中外已有社会学理论的学习和研究

对中外已有的社会学理论(包括国外已有社会学理论和国内社会学前辈已经创造的社会学理论)进行学习和研究,是当代中国社会学理论学者的一项重要工作。

(一) 对西方已有社会学理论的学习、研究和继承

中国学者对西方社会学理论的译介和研究工作并非自当代开始。但总体上看,对西方社会理论真正大规模的译介和研究工作,还应该说是从社会学恢复重建之后开始的。经过四十年的努力,中国学者可以说在学习、研究西方社会学理论方面已经取得了良好的成绩。具体表现为以下几个方面:1. 包括最新前沿理论在内的西方社会学理论,不同时期

各个主要流派及其代表人物都已经在不同程度上得到了中国学者的译介和研究,围绕着这些理论流派和代表人物产生了数以千计的研究论文及著述;2.产生了一些具有一定深度的西方社会学理论研究成果,这些著作有一些已经达到较高的学术水平,在国内外同行中得到了较好的评价,产生了较大的影响,如苏国勋的专著《理性化及其限制》;3.编写出版了一批由中国人自己撰写的西方社会学理论教材。若暂不考虑对西方社会学理论叙述的深度和精度,仅就叙述内容的广度而言,这些教材应该已经接近西方学者撰写的同类教材。总体上看,迄今为止,我国学者对西方已有社会学理论的学习、补课工作可以说已经大体完成。但进一步的考察也让我们发现一些明显的不足之处:1.西方社会学理论代表性作品的翻译方面存在着相对的不平衡。翻译的重点或热点主要集中在古典和当代两个时期,而对现代诸多主要代表人物如帕森斯、达伦多夫、霍曼斯、布鲁默、加芬克尔等人作品的翻译出版却相对不足,呈现出"两头重中间轻"的失衡局面;2.介绍、研究和探讨方面的不平衡,无论是从总体上来看还是从年代上来看,韦伯(Max Weber)都是中国学者所关注的热点中的热点,其次是布迪厄、涂尔干和吉登斯,这四位社会学家差不多覆盖了中国学者的视野;3.有研究深度和学术高度的成果不多,大量论文属于介绍/述评和应用性的,而在研究性的论文中,也存在着各说各话、缺乏有深度的辩论、重复性研究较多等问题。

(二)对中国已有社会学理论的学习、研究和继承

虽然自20世纪80年代以来,当代中国社会学工作者就已经撰写出版了几种系统梳理、总结中国社会学发展史的著作,一些学者还就中国社会学史方面的若干问题进行了长时间的热烈讨论和论辩。但总体上看,这方面的研究成果不仅从数量上看比较少,而且对此类主题的研究兴趣也主要存在于少数专门从事中国社会学史研究的学者当中。进入

21世纪后,不仅以早期中国社会学家及其思想为对象的研究文献在数量上迅速增长,而且这方面的研究人员也大大超出了专事中国社会学史的学者范围,扩散于众多不以中国社会学史研究为业的学者当中。人们对早期中国社会学家及其思想进行研究的目的,也已经超出简单的史学研究的范围,有了更高的目标和更大的理论抱负。粗略回顾一下四十年来当代中国学者对包括理论成果在内的早期中国社会学的研究,可以看到在这方面也取得了一定的成绩。1.对包括理论成果在内的早期中国社会学的系统梳理已经取得了较丰硕的成果,出现了一批有分量的教材或学术专著;2.部分早期中国社会学家的思想已经开始得到较多人的关注和研究;3.产生了一些富有深度的研究性成果。但至少也可以指出两个比较明显的不足之处:一是研究者对诸多早期中国社会学家的关注、研究方面还存在着较大的不平衡;二是虽然如上所述,对于早期中国社会学家的思想遗产方面一些有深度的见解和思路已经出现,但这些见解和思路暂时还停留在概要的层面上,既有深度、又有厚度的研究成果还有待时日。

二、理论取向探索

建构中国人自己的社会学理论,是许多中国社会学理论工作者长久以来的追求。早在20世纪上半叶,中国老一辈社会学家就在这方面做出了持久的努力,并取得了不俗的成绩,涌现了各种抽象、完善程度不同的社会学理论。这样一种追求,同样出现在社会学恢复重建以来的中国社会学理论工作者当中。早在20世纪八九十年代,就有不少学者以自己对社会学研究对象或基本问题的看法为基础提出了一些关于"社会学理论体系"的构想。进入21世纪后,中国社会学者在建构中国社会学理论方面的追求变得更为自觉。

费孝通教授结合自己对于中国农村社会研究的实际,对自己从老师那里学来的理论进行反复思考、补充和修正,试图将马林诺夫斯基(B. Malinowski)的理论,转化成适用于研究和解释中国社会的理论工具。这种理论上的反思工作虽然在他从伦敦回来后就已经开始了,但比较集中带有自觉意识的总结和阐述,则主要还是在中国社会学恢复重建之后。自20世纪80年代以来,费老通过一系列的文章和谈话,将自己对马林诺夫斯基功能主义理论的理解,以及多年来对它的反思进行了系统回顾,从而将一个中国化的新型功能主义社会学、人类学理论框架逐渐展现在世人面前。

郑杭生教授是社会学在中国恢复重建以来第一个自觉倡导建立中国人自己的社会学学派的中国社会学家。自20世纪80年代中期至21世纪初,郑杭生教授及其团队撰写了一系列专著、教材和论文,对自己的理论进行了系统的阐述。这一理论将社会学界定为"关于现代社会良性运行和协调发展的条件和机制的综合性具体科学"。以这一定义为指引,郑杭生等人围绕着"社会良性运行和协调发展"这一主线,对社会运行的基本类型和区分原则、社会良性运行的基本条件、社会运行的主要机制等进行了细致的探讨,并以此为基础,进一步对现代以来特别是改革开放以来中国社会从传统型向现代型的转变过程,在这一过程中日益凸显出来的个人和社会的关系问题,以及中国社会学在学科建设中如何处理本土化与西方化、国际化、全球化之间的关系等问题进行了深入的考察,形成了一个由"社会运行论""社会转型论""学科本土化"和"社会互构论"四部分组成的宏大理论体系。这是社会学在中国恢复重建以来迄今为止,中国学者自己建构的内容最为丰富、体量最为庞大的一个社会学理论体系。

"过程—事件分析"(或"实践社会学")是中国社会学家自觉倡导并

试图加以论证的另一种一般社会学理论框架。2000年以来,孙立平教授比较系统地阐述了该理论取向的基本观点、思路和理由。其基本观点是:社会现实并不像涂尔干(E. Durkheim)一类社会学家所想象的那样是一种"固态的、静止的、结构性的东西",而是一种"流动的、鲜活的、在动态中充满着种种隐秘"的实在,它更多地是由人们通过具有自身独特逻辑的实践过程不断地构建出来的。因此,社会现实不能单纯用结构、制度一类因素来加以解释,而应该将其置于可以展示建构社会现实之实践逻辑的事件性过程中去,将"过程"因素作为一个相对独立的变量,用其来解释社会现实的形成和变化。"过程—事件分析"理论的基本要点,是"力图将所要研究的对象由静态的结构转向由若干事件所构成的动态过程",最终目标是走向一种面向实践的社会学即"实践社会学"。

第三种由中国学者自己明确命名的取向,当是"结构—制度分析"。这是社会学恢复重建以来绝大多数大陆社会学者实际采用的一种研究视角,许多重要研究成果可以说都是在这一理论视角的引导下取得的。根据学者的阐释,这一宏观理论视角可以区分为一些更具体的取向,如陆学艺的"结构社会学"取向,李培林的"社会结构转型"取向,李强、李路路、张静等人的"结构—制度分析"取向。陆学艺提出,社会结构才是社会学的核心论题,要用社会结构这一因素来解释当代中国社会转型过程中的诸多现象,从社会结构调整入手解决当前中国社会转型过程中产生的诸多问题。李培林更明确提出,"社会结构转型"是政府和市场之外的另一种可以对资源配置产生作用的力量,需要用这一因素来解释当代中国社会转型过程中的诸多现象。张静则不仅扼要阐释了"结构—制度分析"研究模式的特点和基本理论假设,指出"结构—制度分析"的基本特征,是将人们的行为及其实践视为结构和制度约束的产物,而且还就人们对"结构—制度分析"视角所作的一些批评逐一进行了回应,对"结构—制度分析"视角进行了最为坚定的辩护。

第四种得到自觉阐释的社会学理论,是关于"中国人日常社会"的理论。这一理论的特点之一,是强调从中国社会历史的本土资源出发,来开展关于中国人的社会学研究。受到港台学者社会科学本土化运动的影响,翟学伟试图通过对"人情""脸""面子""关系"等本土概念的研究,揭示中国人日常社会生活中的行为逻辑,解释社会现实。其特点之二是关注"日常社会",倡导"从微观研究出发来分析日常社会及其行为规则",以"使社会学的宏观理论的解释力增强"。翟学伟提出了一种与人们通常所谓的"本土化"思路有所不同的社会学"本土研究"思路。这一思路既反对简单套用西方现成的概念、理论和方法来解释中国人的行为和社会现实,也反对简单地回到中国传统学术模式中去,用中国传统学术模式来排斥西方现代社会科学,而是主张在了解西方学术思想,接受现代学科框架的同时,从本土的现象和问题出发,从本土资源中寻求解决问题的途径、方法,由此形成一种既来源于中国本土资源,又可能具有普适性的社会学概念、理论和分析框架。

针对理性选择理论,刘少杰提出了"感性选择"理论。他批评传统的理性选择理论忽略了作为基础而存在的感性意识,并因此对人们的选择行为仅仅开展逻辑层面的抽象研究,把人们在实际生活中大量发生的由感性意识支配的选择行为排斥在视野之外。而实际上,在现实生活中,理性选择只是一种理想模式,实际发生的选择行为在很大层面上超越了理性选择的界限。感性选择是有别于理性选择的另一种选择方式,它指那些在模糊的、被动的、尚未进入逻辑思维层面的感性意识活动支配下的选择行为。同理性选择一样,它也是人们广泛使用的一种基本的选择方式,在社会生活中具有基础的地位和作用。

第六种社会学理论框架,是杨善华、孙飞宇等人的"日常生活的现象学社会学分析"。这一分析的特点,是将韦伯的理解社会学和舒茨的现象学社会学的一些基本概念,应用于日常生活现象的分析,试图超越各种实证主义理论取向过于重视对社会行为与社会过程之客观层面的研究,忽视社会行为和社会过程之主观层面的缺陷,努力深入支配行动者之行动过程的主观意识当中去,从被访者的生活世界与生命史当中去寻求事件的目的动机、原因动机、主观与客观方面的意义,以期对事件或者问题作出判断,进而对被访人作出"类"的概括并达到对访谈内容的普遍意义的认识。

第七种社会学理论框架是中国"社会学马克思主义"。"社会学马克思主义"是美国著名社会学家布洛维(A. Burawoy)提出的一种马克思主义理论框架。他的基本观点是认为传统马克思主义缺乏一种对"社会"的恰当分析,不能很好地说明资本主义社会和社会主义社会的动态过程,因此,我们必须用"社会学"关于"社会"的学说来补充马克思主义的不足。社会学马克思主义的核心概念是一种既独立于"国家"又独立于"市场"的"社会"("公民社会"/"能动社会"),布洛维试图借助这一概念来重新解释20世纪资本主义社会和社会主义社会的变迁。在《社会转型与工人阶级的再形成》等文章中,沈原致力于将"社会学马克思主义"引入中国,并试图结合中国的情况对其进行补充修正,在推动"社会学马克思主义"理论中国化的道路上迈出了第一步。

第八种社会学理论框架是笔者近年来倡导的"多元话语分析"。它试图借鉴传统话语分析的一些技巧,将其与多元主义视角相结合,构成一种以"话语分析"和"多元主义"为特征的社会研究思路。"多元话语分析"理论认为,作为我们研究对象的任何"实在"都是由特定话语建构起来的一种"话语性实在";一切知识话语都不是对某种给定性实在的再现,而是人们在特定话语系统及其规则约束和指引下完成的话语建构;

处于不同话语体系下的人可以对同一"对象"作出完全不同的话语建构，对于这些话语建构之间的真假对错，我们很难作出绝对的判断。以此为基础，"多元话语分析"期待在社会研究的对象和方法方面实现一种转换：一方面将研究对象从所谓的社会实在"本身"，转换为对"社会实在"的话语建构过程，另一方面将研究方法从传统的实证、诠释和批判方法，转换为一种经多元主义改造过的话语分析方法，形成"把话语既当作主题又当作社会学分析的手段"的社会研究范式。

最后一种社会学理论探索，我称之为"生态博弈论"。这是郑也夫在其所著《神似祖先》(首版名为《阅读生物学札记》)一书中尝试提出的一套社会学理论，其基本特征是试图将生物学和生态学的一些概念及观点，与博弈论等社会科学理论的概念及观点结合起来，形成一套能够对人类行为，以及包括当前中国大陆的有关社会现象(如"信任缺失"等)在内的诸多社会现象进行全新分析的研究框架。作者在书中明确提出：人不是天使，是动物；不是机器，是生命；人类的这种本质特征决定了，生命科学将比一切非生命的科学给予社会科学更大的启示。这一取向在思路上与美国社会生物学家威尔逊(E. O. Wilson)、道金斯(R. Dawkins)等人倡导的"社会生物学"理论有许多相通之处，是继潘光旦先生"社会优生学"之后的另一个明确以生物学理论为思想渊源的社会学理论。

三、围绕若干理论问题展开讨论和论辩

围绕一些理论问题展开探索和论辩，是改革开放以来中国社会学理论发展的另一个重要方面。以下仅对笔者认为比较重要的几个争论作一简要回顾。

(一)社会学的研究对象

社会学的研究对象到底是什么？这是社会学恢复重建后中国社会

学者激烈争论的第一个问题,也可能是迄今为止参与讨论人数最多、延续时间最长的问题。20世纪80年代,社会学刚刚恢复不久,人们围绕着社会学的研究对象问题给出了诸多不同的回答,将社会学的研究对象分别界定为"现实社会的综合研究""社会问题""除其他社会科学研究的特定领域之外的全部社会问题、社会现象""社会结构及其发展规律""社会整体的结构及其发展规律""社会现象及其相互联系""社会关系""社会良性运行和协调发展的条件和机制""社会行为以及行为所造成的社会结构"等等。这些不同的说法中,得到人们较多认同的主要是"社会整体说"和"社会关系说"。

进入20世纪80年代后期至90年代,学者除了对上述不同观点继续加以辨析之外,还出现了一些对之前的讨论进行系统梳理和反思,试图将对研究对象的讨论推向深入的论文。此一时期讨论的一个重要成果,是谭明方后来所谓的继"社会整体说"和"社会关系说"之后的第三种主要观点,即将人和社会之间的相互关系视为社会学研究对象。谭明方对"社会整体说""社会关系说"和"人与社会的关系说"三种观点各自的合理之处和不足之处进行了分析,认为它们的递次出现,表明了社会学者在社会学研究对象方面的逐渐深入。进入21世纪以来,讨论进一步深入,出现了一些富有启示的新见解。谭明方提出,应该将"社会行为"与"制度文化"之间的关系作为社会学的研究对象。赵利生则试图在区分研究对象与研究视角的基础上,论证"社会学的永恒对象是现实社会"这样一种看法。孙津提出了"社会学的规范对象"概念,认为社会学的规范对象在不同时期会有不同的含义变化。郭大水梳理了多年来国内学者在讨论社会学对象问题上所面临的七个困惑,并从"单一侧面视角"提出了将一个社会学研究对象的新看法作为解困的方案。安晖和吕世辰从社会哲学的层面认为"社会学的研究对象是一定社会的人或其代表者对社会价值所作的评价、选择和对所作选择的实施"。肖瑛、蔡禾等人则认为社会学是一门没有确定的对象边界,而是根据独特的方法论体系或理论范式进行自我界定的学科,笔者则以一篇笔谈短文对这类看法明确地表示了反对。

(二) 社会学的基本问题

"社会学的基本问题"是 20 世纪 90 年代后期以来引起争论的另一个重要理论问题。1993 年,杨心恒和刘豪兴提出应该把宏观和微观社会学共同关心的"个人和社会之间的关系问题"作为社会学的研究对象才能克服以往各种观点的片面性。陈祖耀则提出社会学的基本问题是"社会行为和社会利益"。谭明方则直言社会学恢复以来的研究角度、研究对象乃至研究范式都"存在着较大偏误",如将社会学的研究角度说成"整体角度",将社会学的研究对象界定为"社会整体"或"社会系统""社会良性运行的机制和条件""社会生活"等,究其原因,主要就在于研究者忽视了对社会学基本问题的研究。谭认为应该将"行动者个体之间的相互作用,其与社会共同体的相互作用和关系",确定为社会学的基本问题。郑杭生教授之后撰文指出了谭文的问题,如包含内在矛盾、设定基本问题的理由不充分等。谭明方的回应,一方面指出郑杭生有误解并试图加以澄清,另一方面对郑文中有关社会学基本问题的看法提出了商榷,他坚持认为,"个人和社会的关系"应该是属于社会哲学而非社会学层面的问题。郑杭生教授再次撰文进一步阐释了自己关于社会学基本问题的思想,坚持"个人和社会的关系问题"既是社会学的"元问题"也是"基本问题"。冯仕政、杨刘保等人先后发表文章,对将"个人和社会关系问题"视为社会学基本问题表示赞同。针对双方的争论,郭大水撰文进行了评论,认为双方可能都犯有方法论方面的错误,他阐述了自己的看法:社会学的基本问题,应该是对"社会的"这个核心概念的理论自觉与方法揭示。

(三) 价值中立问题

在社会学研究中,研究者是否应该恪守价值中立的原则,这一问题源自韦伯,也是社会学恢复重建以来曾经激烈辩论的一个理论问题。20世纪80年代,郑杭生教授提出"社会学是关于现代社会良性运行和协调发展的条件和机制的综合性的具体社会科学"观点后,受到了一些人的批评。其中苏国勋教授的批评引起了郑杭生教授激烈的回应。苏对郑的批评之一,是认为郑的社会学定义引入了"良性运行"一类带有价值判断的概念,会损害科学认识的客观性。郑对此批评明确表示反对,认为社会学定义是客观性、科学性同价值性的统一,要建立"价值中立"的社会学是不可能的;"价值中立"说把科学性与价值性对立起来,在理论上是片面的,在逻辑上是矛盾的,在实践上是有害的。苏郑之间关于价值中立原则的争论引起了诸多学者的兴趣,引发了一批相关文章的出现。一些人不同程度地认同郑的观点,如周蔚华、侯钧生、郭星华、钱满素、王海燕等,主张价值中立既不可能又不可取;另一些人则不同程度地坚持认为,社会学研究应该贯彻"价值中立"原则,如李金、景天魁、周晓虹、朱红文、王效仿、高薪等。其中李金的文章被视为中国学者对"价值中立"原则作出最系统和大胆辩护的一篇文章。双方论者围绕着价值中立原则的含义、价值中立原则与价值关联原则之间的关系、价值中立原则与马克思主义的关系等问题进行了激烈的论辩。还有一些学者则撰文对韦伯关于价值中立的论述、价值中立原则的演变等问题作了更深入、细致的梳理和辨析,试图通过这类梳理和辨析工作,来帮助人们澄清对价值中立原则的认识。

(四) "过程—事件分析"视角的合理性问题

在恢复重建以后延续至今的研究工作中,社会学者探索性地提出了一些理论架构。其中得到人们较多关注和讨论的,是孙立平提出的

"过程—事件分析"。周晓虹等人认为"'过程—事件分析'可以为切入实践的研究找到有效途径",张静则对阐释"过程—事件分析"框架时将其与"结构—制度分析"截然对立的预设表示了异议,她认为,这两种研究视角之间的差异,主要与研究者关心的问题,以及各自拥有的知识背景、学术训练、个人经验,乃至哲学观念和价值信仰有关。研究者到底应该选择何种分析视角,与它们的对错无关,而是与研究工作的抽象程度等因素有关。从这个意义上说,恰当的原则应是,"因不同的问题关怀及所得资料的性质"来尝试选择不同的分析方法。张永华提出,"过程—事件分析"虽有其价值,但也有明显的缺陷,如"戏剧性事件"往往是在发生之后才被注意和研究的,通常只能通过各种技术手段加以"追述",从而可能带有各种歪曲;"事件性"过程仅是实践过程中的一小部分,大部分实践过程都是不引人注目的,故不能单纯只注意对事件性过程进行分析。郑杭生和杨敏则质疑道:第一,对"事件性过程"的选择可能会具有主观性;第二,如果研究者过于强调"事件性过程",就会忽视甚至放弃非事件性过程,而后者才是社会生活的常态;第三,以有限的、局部的、微观的事件来解释整个社会,难免陷入还原论的逻辑。李化斗也批评"过程—事件分析"存在孤立地研究行动的缺陷,由于忽略了社会抽象性的一面,大大影响了它的解释力。笔者则充分肯定"过程—事件分析"视角的提出对于中国社会学的发展具有非常积极的意义,但我认为从多元话语分析的角度来看,期待通过"过程—事件分析"来更好地"接近实践状态的社会现象",发掘社会生活实践逻辑的目的则是难以实现的。淡文军在考察"过程—事件分析"的缘起、现状时,指出了该研究模式现存的一些问题,包括具体运用方面的修辞化、空洞化,将"事件"从"过程"中截取出来并作静态化处理等,并对该研究模式的前景作了展望。

(五) 理解中国的社会转型

随着改革开放的不断深入,中国社会的结构和形态也在发生巨大的变化。如何理解正在发生的这一社会转型?围绕着这一问题,社会学者产生了严重分歧。其中,最重要的分歧发生在郑杭生教授、孙立平教授和沈原教授等人之间。进入 21 世纪以来,在参考借鉴泽林尼(Ivan Szelenyi)等人所创"市场转型理论"的基础上,孙立平对中国的社会转型过程进行了一系列深入研究,他比较了中东欧国家市场转型与中国市场转型之间的共同点和区别,在中国情境下推进了该理论。泽林尼、孙立平等人的"市场转型理论"在学界产生了一定影响,但也很快受到了一些批评。如郑杭生等人批评,"市场转型理论"将改革开放以来中国的社会转型过程,理解为从"社会主义社会"向"资本主义市场社会"或"后社会主义"的转变,因而既不能对中国当前的社会转型过程作出适当解释,又可能导致对中国社会转型前景以及对古典社会学理论的曲解。沈原则致力于从布洛维的"社会学马克思主义"立场出发来理解当前中国的社会转型过程,批评泽林尼等人的理论否认"社会主义"是人类社会发展的前景,忽略工人阶级在转型进程中的历史作用等。沈原的观点也受到了郑杭生教授等人的批评。郑杭生等人认为,"社会学马克思主义"对中国当前社会转型的理解同样具有不少问题,其中最主要的就是将"社会主义"与"市场经济"相对立,从而把社会主义解释为绝对否定和拒斥市场经济的,这是在固守片面的、僵化的社会主义旧模式。

(六) 阶层分析,还是阶级分析?

社会学界最近展开的一场理论讨论,涉及的是社会分层视角。随着社会转型的逐步深入,中国社会的"阶级(层)结构"也发生了巨大的变化。面对改革开放之后的新形势,应该采用何种社会分层模式来观察、描述和分析当代中国的社会分层结构才是更为适当的选择?由于西方社会学的影响,在当代中国社会学界,相对而言,源自韦伯等人的分层模式其实更为流行。21世纪之初,尽管马克思主义意义上的"资产阶级"和"无产阶级""半无产阶级"都日渐成型,但上述局面并未改变,反而更趋明显。包括陆学艺、郑杭生在内的诸多社会学者,都在不同程度上认为,传统马克思主义的阶级分析模型已不适于用来描述和分析新形势下的中国社会,这逐渐引起了一些学者的忧虑。仇立平教授首先表达了这种忧虑,他明确提出20世纪90年代以后,面临新的阶级对立,马克思主义社会阶级理论分析方法也许更能揭示社会结构的内在本质。当然,为了使马克思主义阶级分析模型更好地适用于当代,也需要对其作一些修改。继此之后,沈原提出要把工人阶级带回社会学分析的中心,冯仕政呼吁要"重返阶级分析",认为鉴于20世纪90年代后期以来中国社会形势日趋紧张,只有重新引入阶级分析视角,才能对中国社会不平等的结构和形成,作出更有洞察力和前瞻性的分析。潘毅和陈敬慈则认为中国知识分子的当代实践和关于社会分层的研究扼杀了阶级话语,抵消了在快速变迁的中国社会中形成的对阶级冲突的新理解。笔者则认为,马克思主义/新马克思主义的阶级分析和韦伯主义/新韦伯主义的阶层分析,是两种不同的社会分层话语体系,无论从揭示社会分层现象的"本质",还是从"够用"或"适用"方面来说,两者之间都难分伯仲,用其中的一个去否定或贬斥另一个,应该都是不可取的态度。

综合以上简要叙述,我们大体可以认为:在构建中国人自己的社会学理论方面,除了早期中国社会学家所作的那些努力之外,当代中国社会学者也已开始进行了一些有价值的探索,产生了一些本土化和完善程度不一的理论体系或构想。虽然从整体上看,这些理论体系或构想多数还处在初步表述阶段,与成熟的体系还有一定的距离,尚难以发挥与西方社会学理论体系相媲美的影响,但只要中国社会学者在这方面持之以恒地加以努力,在不远的将来,当能形成一些足以让我们自立于世界社会学理论之林的学术成果。围绕着一些重要的理论问题,当代中国的社会学者也展开了深浅程度不一的争论。虽然这些争论并没有为人们所争论的问题提供最终的答案,但一方面,这些争论还是对人们更为深入地思考这些问题提供了一定的启迪,另一方面,在一个不尚争论的国度和时代里,这些为数不多的争论也为人们养成学术论争的良好风气做出了贡献。总而言之,纵观将近四十年的发展,中国的社会学理论研究已经取得了一定的成就,但与我们期待的目标尚有不小的距离。我们真心地期待当代中国的社会学理论工作者继续努力,百尺竿头更进一步,争取在不远的将来能够取得更好的成绩。

第三章 回应社会变革：
中国实践为转型理论提供了什么[①]

张 静

过去几个世纪中，不少国家先后经历了社会变革。变革时期的一个常见现象，是社会冲突大幅度上升。研究者发现，在一些国家，社会冲突没有威胁到变革中新秩序的形成，而另一些国家却长期处于持续不断的社会动荡当中。怎样解释这种差别现象，一直吸引着研究者的兴趣。而中国历时四十年的改革开放实践，提供了一个难得的案例，使政治社会学有机会目睹并寻求解答。

中国的改革开放在20世纪90年代进入加速阶段。在乡村，土地承包制得到全面推行；在城镇，企业兼并、转轨改制广泛开展。经济改革引发的一系列变迁，以前所未有的速度深入社会组织和制度层次。经济改革从前期的零散摸索，向相互关联发展，逐渐出现了一个系统的基本方向：扩大市场经济的比重，让市场成为配置资源的重要力量。这极大地激发了社会的活力，个人和组织各尽所能，纷纷投入"致富"的行列中。

[①] 本研究得到北京大学社会学基地2016年重点项目"社会治理：理论、组织与方法"的支持。

改革的结果令人瞩目:全国城镇从业人员的部门所有制构成发生了前所未有的变化。在20世纪90年代中期之前,公有制部门的就业人口,还占到城镇人口的70%以上,而1997—2003年短短的几年时间里,这个比例下降到30%以下。1992—2016年,中国城市中的私营企业主和投资人,由13.6万人上升至2229万人。民营经济作为一种补充形式活跃兴起。令人印象深刻的还有社会财富的增加速度:中国家庭可支配的财产——城市家庭的住房拥有率,从1996年的不到50%,上升到2005年的78.2%,从2011年的79.9%,上升到2015年86.6%;到2015年,有14.12%的城镇家庭拥有第二套住房,13.3%的城镇家庭拥有金融资产。① 毫无疑问,中国在不长的四十年中经历了快速的经济和社会变革。

国际学界在承认这些巨大成就的同时,也对中国社会的认识充满分歧。争议源于若干未解之惑,人们发现似乎相悖的事实:一方面,中国的社会矛盾随着改革的深入逐渐紧张,这似乎符合快速变革与冲突同步的常规变迁现象;而另一方面,和其他变革社会相比较,这些常态似乎没有显现同一结果。比如,变革过程中出现的社会和政治冲突,减缓了一些前社会主义国家的经济发展进程,削弱了社会向心力,瓦解了主流意识形态和社会组织架构,维系体制的社会基础出现快速收缩,但在中国,这一社会基础的基本成分,却从较为单一的"无产者"群体扩展到多种类别,包括新兴经济中涌现的大大小小有产者群体。对此,一些曾经对中国前景抱悲观态度,预言它将会面临"危机崩溃"的学者也承认,对于中国体制为何出现"韧性""所知甚少",还有"太多的研究要做"。②

---

① 吴晓刚:《静悄悄但革命性的社会变迁》,2018年5月29日,https://www.thepaper.cn/newsDetail_forward_2159558,2018年10月30日。
② Andrew J. Nathan,"Authoritarian Resilience," *Journal of Democracy*, vol. 14, no. 1 (January 2003).

这一问题,激发了政治社会学对变革研究的活跃,参与的学者来自政治学、社会学、人类学、经济学、公共管理学、法学,甚至历史学,他们从不同的训练背景出发,希望对这一问题作出学术反应:在中国,改革开放四十年来出现了大量社会矛盾,触发了各种群体利益不平衡,但为何没有出现强大的对抗改革的社会力量?为什么在变革中,中国社会保持了基本的内聚力?它是如何保持的?社会和政治冲突在不少国家的变革期发生,它们导致一些执政权威结束了政治生命,但为何中国执政所依赖的社会基础仍得到扩展?对于变革与秩序基本关系的解释理论,中国实践能够提供什么新的知识?

在20世纪90年代的中国,一些被称为"新"的分析框架,发挥了重要的方法论影响。它们主要是:传统与现代社会结构(韦伯)、体制现代化与瓦解(艾森斯塔德)、社会转型的动力(泽林尼)、国家与社会关系(倪志伟、魏昂德)、团体冲突与结构整合(施密特)、第三世界国家的社会变迁与制度革新(亨廷顿)。这些研究十分重视现代性的生长、资源流动、结构关系、利益组织化、控制权等要素的变化对于变迁秩序的意义,这深深形塑了政治社会学研究的问题意识。大量的研究运用上述框架来解析中国变革的动力和特点,希望通过对照有关变革的常规知识,发现中国社会变革的基本特征。

一、变革的动力、方向及特点

中国社会变革的基本方向及特点是什么?为什么它获得了持续性的动力?这是20世纪90年代政治社会学研究首先聚焦的问题。

(一)社会变革的特征

对于政治社会学而言,中国社会变革的性质,不仅仅是经济发展,更是一场有方向的社会转型:一些新的组织类别、社会身份及关系结构出现,个人与组织的关系也经历着1949年以来的第二次大规模重组。① 这一重组的基本方向,是从全面的行政再分配组织体制中,生长出了资源分配的市场组织体系。社会学者对这一变迁普遍持肯定态度,认为改革开放推动了社会结构和财产支配关系的历史性进步。这些进步表现在以下方面:

首先,资源的自由流动空间开始出现,这包括财产、资本和人力资源,它们从相对受限的固定分配形态,部分转向受限更低的市场流动形态。② 大量的人从定居职业进入自我选择的流动职业,务农者变为务工者,各种新型职场从业者出现——自雇业主及合伙创业者、网商和独立零售户、房地产开发及租赁组织、市场经纪人、物流业主及雇工、金融股市、证券分析、第三方认证、商业智库、电子游戏业、旅行健身业、电子传媒平台,等等。他们广泛分布于民商企业和社会服务业,涉及商业金融、法律服务、社会教育等多个从前无法进入的领域。原有社会中很少,甚至基本不存在的行业,正在吸纳越来越多的城镇工作人口。人力资本的价值,在全社会得到空前提升。

其次,普通人面对的机会结构出现分化,从较为单一的发展机会向多元机会发展。这可以解释中国为何相继出现下海潮、进外企潮、出国潮、考公务员潮以及进国企潮。这些"潮流"分别反映了人们利用体制内外不同制度资源的行为。原因在于这两个体系的资源控制和分配机制不同:前者有较多的等级分配、垄断和保护特点,后者则有较多的交易灵活性,通过优胜劣汰获得竞争优势;前者的资源来源主要靠组织计划供

---

① 张静:《个人与组织关系的历史改变》,社会转型与历史北京论坛分组论文,北京,2017年11月。
② 孙立平:《"自由流动资源"与"自由活动空间"——论改革过程中中国社会结构的变迁》,《探索》1993年第1期。

给,后者则必须靠市场绩效竞争;前者可以依靠组织庇护和特殊政策,后者得依靠奋斗去发展市场和人脉。用社会学的概念说,单一机会结构中主要遵循的是继承机制,而多元机会结构中则盛行自致机制。①

最后,劳动者地位获得的模式开始变化。从主要依靠政治表现和组织分配,到越来越多地依靠知识和能力;从主要根据资历排序,到越来越多地根据自身努力和贡献。通过将政治资本和人力资本的作用进行比较,社会学研究发现,在改革开放进程中通过人力资本获得的回报出现了上升趋势,大量没有其他地位优势的普通人,通过个人的市场能力获得了地位上升。这一模式的变化,孕育了社会转型的基本动力:多数劳动者看到,绩效竞争给个人能力带来更多的发挥机会,所以有关的变化受到中国劳动者的普遍欢迎。②

用政治社会学的眼光看,四十年来的经济体制改革,显然并不仅仅是经济革命,它同时也是一场社会革命——组织和结构的分化,从而改变了社会关系;更是一场政治革命——释放选择、机会、权益和资源,从而改变了影响力关系。虽然社会受益程度还存在不小的差别,尚无法令所有人满意,但不可否认的是,多数人从这场社会变革中受益,他们欢迎改革中出现的新型价值原则,这是改革获得广泛社会支持、具有持续动力的基本原因。

(二)路径依赖

上述常规特征与其他变迁社会的理论描述相似,但尚不足以概括中国社会变革的独特性所在。因为中国出现了不同于转型理论预测的结果:相对于政治资本,人力资本在社会地位上升中的作用,并没有

---

① 李路路、边燕杰主编:《制度转型与社会分层》,北京:中国人民大学出版社,2008年。
② 怀默霆(Martin K. Whyte):《中国民众如何看待当前的社会不平等》,《社会学研究》2009年第1期。

出现超越性优势。如何解释这一点？社会学者发现，转型理论低估了变革对原有社会组织结构的"路径依赖"。这些组织历史上的资源获取和分配模式，不仅参与了竞争，出现了新的形态，而且在变革中发挥着影响。

在中国的计划经济时期，资源分配通过国家科层组织，按照企事业单位的等级系统进行再分配。作为一种特殊的经济资源，人、财、物在一定程度上由单位支配。在这种情况下，享有和使用资源的主体不完全是个人，还有个人所在的组织单位，因而单位的地位和级别，仍然能够很大程度上影响市场对资源分配的效力。学者对于上海案例的定量研究表明，在20世纪90年代的中国大城市中，文凭和政治资本都是社会地位的主要基础。① 在人们的收入分配中，行业部门的地位（而不完全是个人能力），起到了更大的决定性作用：

> 1988年，……行业部门变量（对于收入）几乎没有起到什么作用。而到了1995年，行业部门变量的作用不仅变得显著了，而且成为一个比较重要的因素。它在几个比较重要的"非基本工资收入"中，位于决定因素第四，排在城市、性别和所有制类型之后，但排在教育水平、职业和自立等大多数因素之前。这说明，在国家规定的薪水和基本工资之外，一种分割群体的类型——行业部门——决定收入分配的作用在不断增加。②

---

① 边燕杰、卢汉龙：《改革与社会经济不平等：上海市民的地位观》，边燕杰主编：《市场转型与社会分层》，北京：三联书店，2002年，第509页。
② 王丰：《分割与分层：改革时期中国城市的不平等》，杭州：浙江人民出版社，2013年，第115页。

显然,中国社会变革的特有现象是,普通人的社会地位受到已经制度化的组织身份影响,这一点使很多现象呈现变异。比如,社会的收入差异,与所有制类型和行业部门显著相关;①人们的家庭收入不一定仅仅来自工资,美国的穷人没有任何财产,而中国的穷人没钱却可能有房产。②这意味着,人们的财产拥有及变化情况,不完全取决于个人的劳动能力,它们部分甚至很大程度上,与其从前所在的组织身份有关。曾在单位分配有房、村庄分配有土地的人,通过市场交易和用途转换,具有财产性收入的概率大增。随着临近城市或铁道公路的房产价值不断提升,人们的收益差异逐渐拉大。而这些财产的拥有者,实际上来自他们原先和体制内组织的历史关系。

  利用 2010 年至 2012 年的追踪调查数据,来比较是否在体制内工作对家庭财富存量和增量积累的作用,(我们发现)……全国有 64.8% 的家庭财产都有增长,35.2% 的家庭财产未变动或减少。而在体制内工作的家庭财产发生了增长的比例为 71%,高出在体制外工作的家庭 5 个百分点。同时,在体制内工作的家庭财产增长比例达到 36%,高于在体制外工作的家庭的增长幅度(30%)。③

显然,改革前后的"新旧"身份和组织状况,共同创造了社会群体的分类差异。其中特别关键的是社会身份"新"等级的再造,除了经济收入,更

---

① 王丰:《分割与分层:改革时期中国城市的不平等》。
② 谢宇:《中国社会的特色到底在哪里?》,2016 年 5 月 10 日,http://www.aisixiang.com/data/99459.html,2018 年 10 月 30 日。
③ 谢宇:《中国社会的特色到底在哪里?》。

有资源利用资格和已经制度化的组织关联的作用。比如体制内外职工养老金体系的差异,是一种结构变迁和政策运行的宏观结果,并非完全可以经由个人或机构努力,或者单纯的收入提升来改善。以职工基本养老保险制度为例,它基本上局限于城镇职工,灵活就业人员及农民工群体尚未被纳入。截至2009年末,中国有50%以上的从业者没有为正式的养老保障制度所覆盖,60岁及以上老人中,约一半没有任何养老金。①这些由于组织和制度差异导致的身份类别,是中国社会变革的特殊现象。

(三)组织资格与地位差异

上述现象给政治社会学提出了新问题,研究者认识到,利用资源的资格优势不是单纯的经济现象,它和社会的组织结构状况有关,社会不平等不完全由经济竞争导致,而是可能由制度环境导致。比如,对于公共(国家)资源的利用资格,体制内的普通劳动者有时比体制外的高级管理人员优势更多。为何会如此?因为不同组织和国家中心体制的制度化关联不同,这导致不同组织中的人实现权益的渠道和效能不同。② 如果特别注意制度运行的实践机制,而非它的"理论"预测,就不难发现组织关联和社会地位差异的关系。

中国社会组织间关联的行政架构,是由1949年的社会重组奠定的,这个组织在资源分配方面设置的等级架构,形成了今天社会的代表系统、信息传递通道、利益表达路径以及资源要求配置的制度性基础。比如,各类社会"代表"的产生渠道,主要是通过体制内的组织推荐,代表分布(名额)与组织系统和地位有关。显然,这些代表并非代表个人或者自

---

① 贾玥:《专家建议:公职人员退休养老待遇与工资增长脱钩》,2011年3月7日,http://2011lianghui.people.com.cn/GB/214392/14083727.html,2018年10月30日。
② 张静:《通道变迁:个体与公共组织的关联》,《学海》2015年第1期。

发的群体,而是代表职业、单位、地区或者工作组织。这样,体制内组织和变革中新生长出来的体制外组织,虽然看上去名称相似,但它们分别处于不同的组织化等级体系中。不在体制内的组织系统,或者尚未纳入这一系统的组织,其信息传递、利益表达和资源配置的制度化通道,就会明显少于前者。① 比如,"那些在党政机关单位工作的人,比没有单位的人,解决个人问题的能力高 8.5 倍"②。

作为一种制度环境,这一差别影响着体制外人员和组织的资源利用。民企、外企、自雇者、创业者、新型的经济机构——这些职业处于体制外的位置,缺少与行政体制的结构关联,而各种竞争机会、资源分配及财政政策的受益链,主要沿着公务系统或是与其有关联的部门伸延,由此加剧了利益获得机会结构的不平衡。③ 这可以解释为何众多社团组织不愿意脱离对挂靠单位的依赖,④而体制外的企事业组织,也不得不以更大的竞争,付出更多的费用,甚至是通过贿赂建立非正式的政治关联,来争取机会和保护。这些现象的广泛出现,推动了民营商业和行政权力之间的资源交易,结果不是瓦解和削弱,而是继续巩固了再分配权力。

从整个社会体系看,上述情况预示着,经过四十年经济改革,一种独特的社会组织化结构业已出现:在体制内,经由单位的社会政治职能,把社会成员组织进国家公共体系中;在体制外,大量的社会个体没有通过组织渠道连接国家体系的结构身份。而后者吸纳的 18—69 岁的就业人

---

① 张静、董彦峰:《组织分化、政治整合与新时代的社会治理》,《文化纵横》2018 年第 4 期。
② 唐文方:《个人意见的公共性:中国六城市居民调查》,北京大学社会学系编:《北京大学社会学学刊》第一辑,北京:北京大学出版社,2004 年,第 48—72 页。
③ 张静:《通道变迁:个体与公共组织的关联》。
④ 张静、吴肃然、焦长权:《社会团体:公共利益组织化问题》,张静主编:《社会组织化行为:案例研究》,北京:社会科学文献出版社,2018 年。

口,目前已经在城镇就业人口中占比82.6%。①20世纪90年代,事业机关的人到体制外下海经商挣钱更多,但还是感觉地位"掉价"了不少。这不是指级别高低,而是和公共体系的关系发生了改变:他们不同程度地失去了方便使用制度化的组织通道之身份。

上述研究的一个重要贡献,是以中国的证据对转型理论作出部分修正。沿着泽林尼和倪志伟的预测走向,结论必然是再分配经济中的身份差异将在市场经济体制中得到大幅度削弱,但中国的经验现象没有支持这一结论。是哪些特有的条件使情况发生变异?基于对中国社会组织结构的深入认识,政治社会学研究提供给转型研究的新证据,是特定的社会组织化条件产生的影响:它可能改变转型理论预测的变革趋势,造就新的身份差异。这说明,人们社会地位的变化,不仅仅是收入、财富和生活方式问题,它还与已经制度化的特有组织结构有关。这些组织结构的作用,影响着社会再度分层化的新结果。所以社会学者提示,在中国"应当注重单位地位,而不仅仅是职业地位"②。

二、社会变革的稳定性来源

中国的社会变革吸引政治社会学研究的另一问题,是有关变革秩序的稳定性来源,这就是:相对于其他社会,为何中国的社会转型没有出现大规模的社会动荡?

基于第三世界国家的比较研究,政治学者亨廷顿曾经给出一个理论解答:当制度化(合法化)水平落后于经济发展速度,并且大幅度提高了

---

① 李春玲:《新社会阶层的规模和构成特征——基于体制内外新中产的比较》,《中央社会主义学院学报》2017年第4期。
② 边燕杰主编:《市场转型与社会分层》,北京:三联书店,2002年,"序",第10页。

社会预期时,社会动荡就会发生。① 社会冲突和动荡,被认为是高速变化社会的必要成本,20世纪90年代中期前后在很多国家出现过。中国的制度化进展也明显相对滞后,但为何结果出现了例外?在一篇影响广泛的文章中,黎安友(Andrew J. Nathan)试图解释这种"韧性"现象。沿着亨廷顿的思路,他列举了中国几项政府组织的改进:规范政府行为的约束增加、人事晋升能力标准的制度化、吸纳不同团体、促进组织功能的专业化发展,等等。他认为,是这些制度的演进,增强了威权体制适应社会变革的弹性。②

这种解释的"进步"之处,在于从制度基本不变的旧假设,转变为注意"制度的适应性变化"方面,这些适应性变化是在不经意中逐渐发生的。和从前相比,适应性变化往往是非正式的,不容易呈现新与旧的确定分界线,但并非没有重要意义。

政府组织的正式"制度化"发展当然值得注意,但仅以此作为解释变量,显然还不能使政治社会学者感到满足,因为政治社会学更关注那些非个人、非预期的,具有长程、系统性特点的基础性变迁,只有这样的变化,才可能具有结构和组织上难以逆转的意义。所以,不同于合乎法律条文,或者合乎主流意识形态证明"合法性"来源的做法,政治社会学者的着力点在于探索社会认受性:认识那些并非主观刻意,却在客观上"支撑"着体制的社会基础的因素,为何它没有被高速的社会变革所削弱。因为体制的合法性支撑,不仅来自法律条文的规定,或知识精英的评判,或主流意识形态的阐明,更关键的还在于广泛的社会实践之非预期后果。所以,不能只看书面条文"怎样说",必须深入地方的实践过程,从人

---

① 亨廷顿:《变化社会的政治秩序》,上海:上海世纪出版集团,2014年。
② Andrew J. Nathan,"Authoritarian Resilience".

们"怎样做"中寻找答案。

政治社会学研究发现,和其他转型国家出现的情况类似,中国的高速变革也加剧了社会关系的紧张、矛盾的积累,甚至"社会断裂"[①],它们侵蚀着社会向心力的凝聚。但是这些状况没有从根本上扭转变革的大局,原因是存在着其他发展起到基础性的中和平衡作用。这些发展,可以从几个方面得到阐明。

(一) 发展型意识形态

1992年,邓小平南行推动了以经济发展巩固政治合法性的进程,以利益效能为基础(而不是仅以意识形态为基础)构建社会秩序的共识逐渐深入人心,并得到全面建立。对财富进行合理追求与积累,以经济发展为工作中心,在社会各界引起积极反响。"在改革以前,中国被看作一个依凭政治建构起来的社会。这个社会依据主要领导人对一个社会应该是什么的认知而组织起来,并且通过强有力的组织武器来实现。"[②]但改革开放改变了这一逻辑。

新秩序的共识性基础,依赖社会上下对发展型意识形态的积极接受,"发展是硬道理"成为人们的奋斗指南。各级政府的角色也随即转向推动和实施经济建设,一种独特的干部激励模式——晋升锦标赛在各个地方出现。地方GDP也可以包含地区收入、招商引资、出口创汇等因素;脱贫摘帽、社会稳定、环境保护等因素,都可能被制定为绩效指标,成为衡量工作成就的依据。经济发展作为最直观有力的政绩指标,成为干部提拔晋升的主要参考。辅之年轻化、知识化、专业化等其他人事标准,设定学历、任期和年龄限制,下管一级管理等纷纷出现,干部通过经济成

[①] 孙立平:《断裂——20世纪90年代以来的中国社会》,北京:社会科学文献出版社,2003年。
[②] 郑永年:《全球化与中国国家转型》,郁建兴、何子英译,杭州:浙江人民出版社,2009年,第68页。

就获得晋升的速度加快。为了推动绩效判定,地方各级政府普遍设立了专项考评的组织机构,设置两类基本的考核目标:发展目标和工作目标。前者包括经济建设、社会管理和发展潜力三大类共 34 个指标,后者包括年度重大工作目标的完成情况以及整改情况。① 组织考评涉及几乎所有基层行政部门,每年定期举行,考评结果可以影响到单位和个人的奖金及项目申请、资源发放的排序。让仕途与经济绩效挂钩,将官员的晋升利益进一步和国家发展的目标关联起来,②这全面推动了基层政府按照发展的意图行动,解决了由上而下的监督和激励难题。

发展型意识形态与社会"甩掉穷帽子"的热望不谋而合。随着招商引资成为地方政府的主要工作目标,企业家群体和政府的合作得到广泛发展,政商互助互利变得实际上正当。一个新现象出现了,当企业达到一定规模时,部分民营企业家开始进入体制内,争取获得人大代表或政协委员的位置,以求保护财产安全,同时获得特殊政策和信息以帮助开拓市场。政府部门也主动吸纳他们的代表。这种合作和发展型共识,客观上推动了执政的社会基础的扩展:由单个的无产者群体,扩展到多个有产者群体,从而使得转型中国"避免了东欧和苏联的政治动荡"③。

(二) 绕过制度障碍

实践中的做事原则正在改变,但由于正式制度的变化相对滞后,所以上述合作的顺利开展,必须寻找各种方法规避制度障碍。大量绕过障碍的实践催化的"创新行为"在地方层面广泛发生:通过嫁接的方式,让

---

① 杭州市综合考评委员会办公室材料,http://kpb.hz.gov.cn/showpage.aspx?id=264, 2018 年 10 月 30 日。
② 周黎安:《中国地方官员的晋升锦标赛模式研究》,《经济研究》2007 年第 7 期。
③ Bruce J. Dickson, *Red Capitalists in China: The Party, Private Entrepreneurs and Prospects for Political Change*, London: Cambridge University Press, 2003, pp. 3-4.

新的做法绕过现有制度;或者以因地制宜的理由,让正式制度适应地方需要。这些实践所采用的规则不同于正规制度,但普遍得到行动者的承认,它们并不直接挑战现存制度,而是"将现有的制度运用于新的或其他目的"①。

有关的创新源于政府与经济行动者在具体实践上的互动,②它们往往发生于相关方面都拥有共同利益的地方,二者都可以获益,灵活的安排就可能超越现有正式制度的监管。③ 显然,没有以共享利益为基础的社会秩序,相对稳定和平的互动是不可能的。④ 这些互动过程创造出大量灵活性,它们绕过制约,克服障碍,客观上降低了经济活动和正式制度之间的紧张。这样的做法普遍发生,成为人人接受的常态,就可以在不危及正式制度的情况下,让正式规则在实践中的作用"实际上发生了变化"⑤。

对社会冲突的处理也遵循了这一模式,学者称之为"二元整合秩序",即在保留原秩序的形式下,实施新的行动规则,以降低实际规则变革的冲突性。学者通过集体与个人财产纠纷案的法律解决过程,发现了基层社会秩序达成的途径:先基于规定和红头文件,确认集体产权的正当所属,而后又基于民间公正观,就实际财产的分配进行调解,将多数赔偿款分配给实际投资一方,最终达成当事各方的同意。在法院的判决中,延续了正式制度承认的公优先于私的原则:确认村集体组织(而非私

---

① Thelen Kathleen, "Timing and Temporality in the Analysis of Institutional Evolution and Change," *Studies in American Political Development*, vol. 14, no. 1(April 2000).
② 蔡欣怡:《绕过民主:当代中国私营企业主的身份与策略》,黄涛、何大明译,杭州:浙江人民出版社,2013年,第29页。
③ 蔡欣怡:《绕过民主:当代中国私营企业主的身份与策略》,第35页。
④ 郑永年:《全球化与中国国家转型》,第71页。
⑤ 蔡欣怡:《绕过民主:当代中国私营企业主的身份与策略》,第38页。

人投资者）为产权人，他们作为财产所有者而非公共服务的提供者而活动。但在涉及财产赔付的实际利益时，法院调解又根据市场原则——谁投资谁获益——进行了分配。如果没有这样看似"矛盾"的处理，不可能产生双方同意的秩序。法院的处理将产权归属问题和利益补偿问题分开，显示出基于双重原则的秩序达成方式：它由权利声称和利益分配两个层次组成，前者的作用是合法化正式的制度结构，后者的作用则是达成社会成员的同意。①

这样做，实际上没有否定正式制度的规定，又在操作上承认和维护了产权人的利益。这类实践广泛存在的意外结果，是法院从声称保护公有产权的角色，转变为可以保护私人产权的角色。这一变化的本质，是国家角色悄无声息的改变（但并非主动或有意识的，甚至没有正式制度的宣称）：从代表单一群体，变成不同群体间利益的中性调停者：它不总是保护某一方，而是在不同的群体间协调平衡，以中和各方由于机会、权利、利益和资源差异、不平等、垄断体制、竞争不充分等原因产生的对立。国家的这一新角色及其与社会的新关系，使之能够摆脱仅代表单一集团而容易与其他社会集团对立的位置。

（三）绩效合法性

任何一个国家都必须为大众提供一些基本的公共物品。在现代社会，国家所需提供的公共物品包括：教育供给、经济发展、养老保障、医疗卫生、交通、治安、法律、环保、国土安全、道德表率，等等。提供这些公共物品的能力，是国家合法性的一个重要来源："如果国家统治的正当性，源自国家为大众提供公共物的能力，这个国家的统治基于的（就）是绩效合法性。"而韦伯和亨廷顿的"合法性来源"分类体系，都没有包含这一最

---

① 张静：《二元整合秩序：一个财产纠纷案的分析》，《社会学研究》2005年第3期。

为基本的方面。①

过去四十年,中国上述部分公共物品的提供责任,正在从乡村和城镇的生产生活组织逐步转移到政府部门。随着20世纪90年代中期的分税制改革,政府财政汲取能力大大增长,巨量的政府财政资金,提供了发展经济和民生支出的基本条件。这段时期中国进行了一系列公共预算体制改革:一方面,进一步完善了中央(上级)对地方(下级)的专项转移支付体系,另一方面,全面推进了部门预算改革。② 公共财政的配置发生了改变,从按照惯例分配和"跑部要钱"制,变为逐级项目申请、分包和绩效评估制。

这些变化显著增强了资金使用的中央调配权,一些基础性的国家支付改革随即出现:全国从1997年开始建立城镇社会保障体制,起初是针对国有企业职工,而后逐渐扩展到所有城市职工,再后扩展到城乡居民。2000年开始,国家逐步取消了农业税和相关的农业收费,③增加了对农民的种粮补贴,严格限制并禁止基层政府向群众收取各种非正式费用,通过降低农民负担缓和了乡村干群关系。为弥补税改后基层财力的不足,"中央开始大幅增加对地方的转移支付,教育、医疗、社保、三农等民生支出逐年增加"④。1998—2006年,中国的政府抚恤金和福利救济费支出增长了4.30倍,行政事业单位离退休经费增长了3.70倍,社会保障补助支出增长了13.58倍,社会保险基金支出增长了2.96倍,小口径

---

① 赵鼎新:《国家合法性和国家社会关系》,2016年10月16日,http://www.aisixiang.com/data/101714.html,2018年10月30日。
② 焦长权:《项目制与政府行为研究》,博士学位论文,北京大学,2017年。
③ 王晓鲁:《四十年改革与中国经济的未来》,2018年6月28日,http://finance.sina.com.cn/roll/2018-06-28/doc-iheqpwqx7909063.shtml,2018年10月30日。
④ 刘明兴、陶然:《中国民生与稳定的政治难题》,2015年2月25日,http://news.ifeng.com/a/20150225/43217574-0.shtml,2018年10月30日。

社会保障支出增长了 6.27 倍,大口径社会保障支出增长了 3.85 倍;2007—2015 年,中国预算内社会保障与就业支出增长了 2.49 倍,社会保险基金支出增长了 3.94 倍,两者合计平均增长了 3.35 倍。①

虽然这些支出的地区平衡和覆盖率尚存在不小差异,但不能忽略有关发展对于宏观政治的整合作用:社会保障逐渐从家人负责、私人慈善、社区救助、单位和地方企业支付,变为各级政府的社会责任;支付标准和居民收入信息从分隔多样,到逐渐统一;山区最贫困的人口开始进入"脱贫攻坚战"的惠及范围……由国家掌握系统分配依据,意味着国家开始进入国民生存风险的保护领域,这客观上在重塑政府与社会、中央政府与地方政府、政府与国民的关系,有利于强化政府的责任和权威,并巩固国家的合法性来源。②

(四) 利益组织化结构

有关转型秩序,还有一个重要问题尚未解答:中国的改革触及利益分配格局的变化,但改革能够成功,得益于没有形成巨大的反对力量。为何如此?

有研究指出,中国社会利益组织化的特有结构有助于发现答案。不同的社会,实际上以不同的形式传递组织化利益并展开冲突,这就是社会学所谓的"异形同质"(isomorphism)问题。因而,我们可以通过识别利益组织化在中国的特别结构,来认识社会冲突发生以及秩序构成的特有模式。结构不同,不仅发挥作用的原理不同,形成秩序的结果也有异。

---

① 柯卉兵:《中国社会保障支出水平与结构:1998 年—2015 年》,《地方财政研究》2017 年第 11 期。
② 徐晓新、高世缉、张秀兰:《从美国社会保障体系演进历程看现代国家建设》,《经济社会体制比较》2013 年第 4 期。

政治社会学一般认为,在现代社会中,利益组织化的基本单位(unit)是各种次级群体,比如阶级、政党、公民组织、非营利团体、专业成员团体、非政府组织、行业、协会、俱乐部等。这些群体作用于内聚公共利益并将其组织化,再通过社会竞争和参与活动,将多元利益传递到决策过程,影响政策和法律制定。基于这些一般理论,国际社会转型研究的一个重点,就是试图发现社会团体和(中产)阶级力量的发展。

但中国显示了不同的情况。虽然中国社会群体在收入、声望、教育、资源和机会等方面的差别增大,说明"阶级"和"分层"现象也在中国出现,但它们主要是作为经济收入或生活方式现象,而非利益组织化现象而存在。与其他社会的情况不同,在中国,整体性的对抗社会变革的"阶级"力量并不明显,阶级和阶层很少在社会冲突中发挥政治性作用,必然有独特的结构性原因使然。

理解这一问题,有两个因素是关键性的:一个是组织现象,即20世纪中叶的社会再组织化进程;一个是文化现象,即中国人传统的社会关系网络。两个现象都和历史有关,前一现象涉及过去70年的历史,而后一现象涉及过去几千年的历史。

首先,1949年以来的社会再组织化进程,改变了自然选择和流动的社会类别,"阶级"自然分化的过程中断,新的利益组织化单位产生:人们注册或参加工作的具体行政单位。这项变化按照不同的标准,重新调整了人们的地位分类,于是社会中划分身份的根据,并非仅仅限于资产占有,还有组织位置。每个单位组成了新的利益团体,管理、代表、应责和回应内部不同阶层的人员需求,单位类似组织中介的功能,将人们统统整合进国家中心体制。

第二个因素有关中国的社会关系特点:公共和私人关系并非各自独立、互不相关,而是功能互用的,资源流动较少发生障碍。因此,在不同地位和背景的群体之间,通过非正式关系建立桥梁、交换利益相对容易。在某种程度上,这种社会关系结构缓解了不同人群恒定的、基于身份差别的利益对立程度。

这两个因素的关键作用,是构建新的利益结构,形成新的社会分类单位:有纵向行政等级的、跨阶级差异的团体利益、单位利益、地方利益,这是一种不同于阶级(同质内聚)的"非同质内聚"现象。从政治社会学角度看,这一特殊结构的后果是分割了社会横向进行组织化联合的动力,从结构上抑制了对抗变革的各种自组织力量的兴起。[1] 因此,不同于经典结构主义的理论逻辑,中国的社会变革经验,没有出现结构主义者想要看到的那种以自发阶级或社团组织为基础的动员方式,因为这些力量被中国特有的组织和关系结构重新形塑了,它们被现实政体以非正式方式包容进去,就"难以产生对抗的动机"[2]。

(五)基层调解和控制机制再生

与其他的变革社会相似,中国的高速变革也引发了大量社会矛盾。其中最常见的,是对资源的新控制权与历史控制权的矛盾。比如城市扩张和铁路建设需要拆迁征地,必然和原土地权利方形成权益纷争,政策的不断变化及其不确定性,更加剧了政策反应型社会冲突的积生。

应对这些问题,基层社会的议事与调解机制再度兴起。和运用警力的"行政维稳"不断引发矛盾有所不同,基层调解的基本目标是止讼解纷,防患于未然,颇似于传统社会宗族长老的斡旋和解活动。很多城市社区出现了"和事佬"工作室、"老娘舅"调解站、"银发"劝导组,不少乡村建立了村民议事会、老乡说理平台、村嫂化解团……这些发展的特点,是

---

[1] 张静:《利益组织化结构:非同质内聚》,《社会冲突的结构性来源》,北京:社会科学文献出版社,2012年,第120—128页。
[2] 蔡欣怡:《绕过民主:当代中国私营企业主的身份与策略》,2013年,第24页。

运用传统资源如邻居、亲属、熟人、乡贤、老人等社会信任关系,区别于法律的硬性标准裁决,采用更为弹性、为民间熟悉和接受的原则化解矛盾。

另一项新生的矛盾控制机制也在发展。它主要由行政力量推动,运用利益制衡的原理,对公职人员和基层党员的"现实表现"评定记分,结果用于增加、减少或扣除年终绩效奖金标准计算,并作为个人任职晋升的参考信息,施加组织压力,对人们的行为进行约束。通过分值设置资料,可以发现新的控制机制强调几项表现:第一,配合中心工作的义务,按照要求积极配合,做好邻里或亲属的工作(比如自己及亲属中无房屋违章违建,无旧式殡葬活动);第二,维护社会稳定的义务,不参加集体上访,特别是敏感时期不越级上访,不阻挠或影响重点工作正常开展(比如征地、拆迁、新农村建设),不扰乱会场秩序或无故退场,不拒绝签署承诺书,等等。[①] 作为一项新的信息收集和管理制度,这些控制机制广泛动员了社会商业组织(比如商务楼宇物业管理公司)及个人(比如党员、公务员和干部),使之参与信息输送、配合工作、预防冲突和社会治理,目标是做到大小事情不出社区(村),矛盾不上交,尽量将问题在基层就地化解。

综上,中国的社会变革实践证明,渐进转型的巨大动力和稳定性力量,来自调动传统资源、整合社会力量、运用非正式规则,而不是等待正式制度的主动变革。社会实践以灵活的方式绕过障碍,使正式制度既保持了延续,又不得不作出适应性改变,或者使之名义上存在,实际上丧失效力。中国的社会变革主要不是依靠正式制度的演进,而是依靠历史路径——特有的组织结构和文化传统——它们有利于社会中不同的类别

---

① 资料来源:1.浙江基层访谈;2.浙江嵊州下王镇石舍村党员先锋指数积分量化对照表(2018)。

的身份群体形成广泛的互赖关系,大规模地互换或共享资源,促使社会矛盾分隔存在、零散解决,宏观上降低了各种冲突的广泛长期聚集。社会中广泛存在的非正式渠道,促进了商谈和私下的利益联盟产生,这成为稳定变革所赖的社会支撑资源。通过这一独特的方式,国家中心体制与各个社会群体"心照不宣谋发展"的关系——某些方面的利益一致性以及相互的需要——得以建立。这是过去四十年执政之社会基础得以缓慢扩展的基本原因。这种基础性结构的作用,成为社会变革的稳定器,实际上促进了非正式政治整合的发生。

转型理论将变革和体制设定为对立关系,且不可能发生适应性改变,但中国的变革经验,尤其是来自基层的实践,对这一理论提供了补充性解释——不少行事规则名义上未变,但在实践中发生了适应性改变——这解答了体制连续性与快速变革为何会同时共存的原因。这一补充不仅可以回应上述黎安友的"体制韧性"困惑,更重要的是揭示了社会变革的多重路径:它既可以沿着对抗——制度此消彼长的正面冲突方式,也可以以迂回——避免正面冲突的"名实分离"①方式演进。

---

① 周雪光提出名与实的分离问题。参见周雪光:《行政发包制与帝国逻辑:周黎安〈行政发包制〉读后感》,《社会》2014年第6期。

第四章　产权理论的社会学探索

刘世定

产权结构改革是当代中国近四十年体制改革中的重要组成部分。农村联产承包责任制、乡镇企业发展和改制、国有企业改革、土地确权和流转、城市化进程中的土地征用和城中村改造等，无不和产权相联系。产权结构的变迁不仅深刻地改变着中国的制度结构和社会生态，而且为学术研究提供了重要的实践资源。紧紧追随中国社会变迁进程进行研究的社会学者，也将产权纳入他们的研究视野。

社会学者涉及产权的论文和著作繁多，概括起来有以下几类。第一类是以产权结构的变革为背景研究其他主题；第二类是以产权结构变革为主题进行的描述性研究，但并不试图推进产权理论；第三类是结合经验研究推进产权理论的发展。① 本文把注意力集中于第三类研究，特别是在产权理论上作出的推进。由于社会学者对产权的研究不

---

① 第三类可以分成两个子类。一个子类是作者在自身实地调查获得资料的基础上进行的案例和理论分析，另一个子类是对第一子类的再研究。后者参见渠敬东：《占有、经营与治理：乡镇企业的三重分析概念》，《社会》2013年第1、2期；曹正汉：《产权的社会建构逻辑——从博弈论的观点评中国社会学家的产权研究》，《社会学研究》2008年第1期。

仅侧重点不尽相同,概念、用语、基本理论假定、分析框架亦有差异,本文在保持他们各自研究特色的前提下,尽可能在这些研究之间建立起一些联系。

一、占有的社会认可

产权可以从不同角度去研究。经济学的产权研究的主要关注点是产权结构与经济效率间的关系,或者说不同的产权结构会导致怎样的效率。而社会学者的产权研究关注的基本问题是,产权是如何在社会成员的互动中被界定的,如何在社会成员的互动中变迁的。①

一些社会学者注意到,在资源占有的社会认可方面,中国存在复杂的多种机制,包括法律认可、行政强力认可、官方意识形态认可、民间通行的普遍规范认可、特殊人际关系网络中认可等。而且,不同机制的认可结果既可能是相容的,也可能是不相容的。与此相联系,实践中往往广泛出现占有认可的"问题"现象,比如:在一定的社会群体中认可而政府未认可、在某些社会群体中认可而另一些群体不认可、政府认可而一定范围的民众不认可、被政府的某些层级或某些部门认可但另一些层级和部门不认可等等。对于政府变通行为的研究;②对于当事者认知的产权边界和法定产权边界差异的研究;对于在法定产权的不完全之处,当事者的认知权利边界存在着交叉或冲突的研究;有关"戴红帽子"的企业

---

① 刘世定在《占有制度的三个维度及占有认定机制——以乡镇企业为例》中将此作为关注点之一,参见潘乃谷、马戎主编:《社区研究与社会发展》(下),天津:天津人民出版社,1996年,第1364—1401页;折晓叶、陈婴婴在《产权怎样界定——一份集体产权私有化的社会文本》中更明确了这一主题,参见《社会学研究》2005年第4期。
② 制度与结构变迁研究课题组:《作为制度运作和制度变迁方式的变通》,《中国社会科学季刊》(香港)1997年冬季卷。

运行的研究;①对于企业改制中的冲突研究;②等等。都显示出占有的认可不是一件简单的事情。中国社会学者试图理解这些现象和产权之间的关系,并寻找分析性的概念。其中的一个概念化表述是,产权是获得社会认可的占有。③ 这不仅是对产权概念的一个形式化定义,而且预示着将社会认可作为核心问题的研究取向。

占有在不同场合的使用中本是一个存在歧义的用语。在上述概念化表述中,占有首先被理解为行为主体对经济物品的利用或控制,这是人和经济物品之间的关系。当然,社会学并不研究人和经济物品之间的自然属性关系,它关注的是人们之间通过怎样的社会关系来确定他们和经济物品之间的关系,换言之,社会学关注的是人们以对经济物品的占有为媒介而形成的社会关系。

从社会关系角度研究占有时,人们不难发现,并非任何占有状态都是得到社会认可的。如果没有获得其他社会成员认可,仅凭自身对经济资源的占有而谈论产权是没有意义的。科尔曼(James S. Coleman)曾指出,权利存在于社会共识之中。只有当人们就权利是否存在形成一致的肯定意见时,权利才能存在。④ 对权利的这样一种理解,大概在社会学者中分歧不大。将这一理解置于经济资源的占有分析上,可以得到的认识是,只有获得社会认可的对经济资源的占有,才成为产权。

当研究者在给定产权的前提下进行研究时(经济学家常常这样做),事实上隐含地假定存在对占有的一致赞同的社会认可。这一假定对于

---

① 刘世定:《科斯悖论和当事者对产权的认知》,《社会学研究》1998年第2期。
② 朱晓阳:《面向"法律的语言混乱"——从社会与文化人类学视角》,北京:中央民族大学出版社,2008年,第110—163页。
③ 刘世定:《经济社会学》,北京:北京大学出版社,2011年,第311—313页。
④ 詹姆斯·科尔曼:《社会理论的基础》,邓方译,北京:社会科学文献出版社,1992年,第52—58页。

研究那些具有产权神圣不可侵犯的历史文化传统的社会来说,或许不失其高现实性,或许是天经地义。但是,对于身处社会变迁中的中国社会学者来说,具有一致赞同的社会认可假定不能令人满意。原因是中国的社会制度变迁存在大量非一致认可的现象,有待学术界发展非完全认可条件下的占有和产权界定理论。①

从占有的非完全社会认可自然会得到不完全产权概念。社会学对不完全产权的理解,和以交易成本为理论基础的产权经济学家对不完全产权的理解有所不同。二者的差异在于,后者主要是指由于信息获取的困难、实施产权保护的困难及未来的不确定性,已经确定的产权会存在界定上的和实施中的漏洞;而前者则指在一定社会范围内,对经济资源的占有即使就现状而言(当然,涉及未来时也存在同样问题)只是在部分成员间得到相互认可,而没有在所有社会成员间形成一致认可。这种差异,会导致进一步研究中的主要关注点、理论走向的不同。

在中国社会学界,产权是获得社会认可的对经济资源的占有这一概念,展示出两个进一步深化研究的方向:一个是对占有的研究;另一个是对社会认可,包括非完全社会认可占有的研究。

二、占有的三维度结构

产权经济学家在研究产权结构时的一个流行处理方式是,将完全排他和高度自由行使作为产权的基本特征,或作为产权的理想型。以此理想型为基准,去理解那些更复杂的占有特征,特别是将那些难以清晰描述和说明的部分,作为对基准概念的某种偏离来处理,比如采用产权模

---

① 张静:《土地使用规则的不确定:一个解释框架》,《中国社会科学》2003 年第 1 期;《二元整合秩序:一个财产纠纷案的分析》,《社会学研究》2005 年第 3 期。

糊、产权残缺等概念来加以刻画。用这种方式来考察中国的经济资源占有状况时，产权模糊、产权残缺自然就成了基本认识。

这种研究方法，是借助理想型以及与理想型偏离的各种状态来认识事物的方法。建构这样的理想型，并采用产权模糊、残缺的概念来描述中国改革前乃至改革中的诸多财产现象时，的确有一些研究上的优点。优点之一是便于与在欧美学界流行的研究范例和在此范例中已取得的研究成果相衔接、比较。但是，中国社会中大量的资源占有现象这个理想型差异相当大，变革中的中国经济系统很难被看成一个由自由行使和完全排他性产权构成的集合体，将它们笼统地归入"模糊""残缺"中并没有增加多少理论知识。当然，社会学者不是质疑理想型的基本方法，而是质疑经济学者这个产权分析架构之分析效力，以及以此为基础的模糊、残缺产权的分类策略的效力。他们认为，用这个框架和策略来分析中国的社会现象时存在着一系列的问题：

首先，这种研究策略的注意力是放到理想状态而非"偏离状态"上。研究的注意力背后是问题意识，这种问题意识不在"偏离状态"上，自然容易引导人们忽略对所谓"偏离状态"的研究。当人们把某种状态处理为"偏离状态"的时候，常常是因为他们认为，这种状态中存在的那些因素和关系，不是最重要从而最值得首先关注的。如果所谓"偏离状态"在现实生活中影响不大，那么这样的处理就具有相当大的现实合理性。但是中国社会中的情况是，和那种理想型产权概念有相当大"偏离"的状态大量存在。在这种情况下，那种忽略会导致某种问题偏离，即对中国社会中的一些基本现象和重大问题的不重视。

其次，在迅速的社会变迁中，对所谓"偏离状态"的忽略，容易在缺乏分析的情况下，暗示性地引导人们把在这种状态中起作用的因素，看成干扰或导致混乱的因素，或者是即将消失的因素，从而忽视对其内在的规则性和逻辑的研究。

最后,非常重要的是,当笼而统之地将一系列财产现象归入"模糊""残缺"产权的时候,它告知人们的是中国的大量财产关系"不是什么",却很少告知人们它们究竟"是什么"。而它们究竟"是什么",正是中国社会学者通过他们的调查研究和理论提炼试图说明的。

从这样的考虑出发,一些社会学者在研究中采用了和"模糊""残缺"不同的产权描述和研究策略。他们试图找到更基础的概念和框架,便于深入地透视中国复杂的财产关系和变迁脉络,并能够给人们已经熟悉的理想型以恰当的位置。占有是他们采用的较产权更基础的概念(上节已经阐述过),而"占有三维度"则是描述和分析框架之一。①

所谓占有的三维度结构,包括占有的排他性方位、占有方式选择的范围、占有的时限。排他性方位概念,强调占有的排他性不仅有全方位排他和全方位不排他的极端状态,而且还有有限方位排他的中间状态。在中国社会的占有关系中,存在大量的有限方位排他现象。占有方式的选择范围概念刻画的是特定主体对一定的经济资源能够以怎样的方式、不能以怎样的方式利用的问题,它不是简单地区分是否自由行使,而是要求把握自由度的大小和具体的受限制方面。占有的时限概念突出了时间概念在产权中的重要性,中国的产权改革的一些重要方面,如土地承包权的稳定、乡镇企业的改制,都和占有的时间因素有密切联系。

单就排他性、占有方式、时限而言,以往的产权研究已经多有讨论。然而,在排他性维度上对方位的强调、在占有方式选择范围维度上放弃穷举法(例如将产权列举为控制权、使用权、转移权等等),转而诉诸约束

---

① 刘世定:《占有制度的三个维度及占有认定机制——以乡镇企业为例》;刘世定:《经济资源的占有和产权的社会界定:一个分析框架》,沈原主编:《经济社会学研究》第一辑,北京:社会科学文献出版社,2014年,第1—21页。

和限制,[1]对占有状态的描述突出三维度同时定位,使占有三维度框架具有一定特色。

利用占有的三维度结构框架,可以将丰富多彩的各类占有形态放在结构的一定位置上。在现实中的任何一个占有,都可以在三维度构成的空间中定位。当占有的各个维度上的具体内容及来自各维度间的组合不同时,占有的总体状态也呈现出差异。

占有三维度结构框架不仅用于占有状态的静态描述,而且也被运用在动态的变迁研究方面。事实上,这一框架的内在预设是,在不同维度上,变迁的动力、机制可能不同;变迁可能在三个维度上同时发生,也可能仅在某些维度上发生;变迁维度上的差异影响到经济、社会绩效差异。

运用占有三维度结构框架,结合经验研究,社会学研究者得到一些更具体的认识。例如,在排他性方位维度研究方面,将层级结构、排他的硬度概念引入,考察了镶嵌在层级结构中的乡镇企业具有的纵向排他软化特征,以及财政权限的层级划分变动对企业纵向排他硬度的影响。

又如,在占有方式的选择范围维度方面,结合私有企业以及民间社会组织的发展研究,强调了社会成员组织权在中国制度变迁中的意义。所谓社会成员的组织权,是指社会认可他们能够将其占有的人力资源和物质资源用于组建组织,并借助稳定的组织结构采取集体行动。有研究者指出,改革开放前,中国大陆制度的最基本特征是组织权的高度国家垄断,计划经济不过是这种垄断的功能表现。中国近四十年的制度改革的一个重要方面,是国家逐渐向社会成员释放组织权,变化最显著的是向社会成员逐渐释放企业组织权。正是伴随着社会成员的组织权的获

---

[1] 穷举是不可能的,而流行的一些列举方式又存在概念不清、相互交叠问题。

得,才有了乡镇企业的异军突起,有了乡镇企业的改制,有了私有企业的蓬勃发展。与向社会成员释放企业组织权的力度相比,政府在释放社会组织权方面相对谨慎,限制更多,释放速度更慢,此过程尚在继续。①

再如,在占有时限维度方面,结合乡镇企业改制研究,考察了当有限期占有企业资产的经营代理人借助经营活动中的"二次嵌入"获得全方位排他性占有权时,所产生的代理人时限危机,这种危机感在变迁的制度环境下,导致企业经营者和乡镇政府间的终结博弈,并引导出企业改制的过程。②

三、关系产权

如果说占有三维度的分析框架旨在将那些偏离"标准"产权的占有形态,其中包括有时被归入所谓"残缺""模糊"产权范畴的那些形态纳入统一分析,那么,另一条应对所谓"残缺""模糊"产权现象的分析路径是"关系产权"理论。③

关系产权理论虽然使用"产权"这一用语,但摒弃将产权的理解局限于"一束权利"④并将研究重心放置在权利束对个人激励问题上的做法。该理论以组织社会学的新制度分析为基础,主张把产权作为一个"关系性"的分析概念,以便解释那些将产权视为"一束权利"的理论所难以解释的现象。"权利束产权"理论虽然可以解释中国经济转型中诸如国有

---

① 刘世定:《私有财产运用中的组织权与政府介入》,周雪光、刘世定、折晓叶主编:《国家建设与政府行为》,北京:中国社会科学出版社,2012年,第71—96页。
② 刘世定:《嵌入性与关系合同》,《社会学研究》1999年第4期。
③ 周雪光:《"关系产权":产权制度的一个社会学解释》,《社会学研究》2005年第2期。
④ 根据"关系产权"理论的提出者周雪光的陈述,"一束权利"主要包括:1.资产使用的剩余决定权;2.资产所得收入的支配权;3.资产的转移权。

企业缺乏效率等现象,但是,面对诸如在日常运行中企业组织的产权常常受到极大的限制、在许多方面含糊不清的现象,面对诸如政府和企业之间、企业与企业之间建立在权利束被弱化条件之上的长期稳定关系现象,则很难提供有力的解释。而"关系产权"理论则有可能摆脱这类困境。

"关系产权"理论的核心命题是,"产权是一束关系",即一个行动主体的产权结构反映了该主体与其内外环境之间长期稳定的各种纽带关系。与"产权是一束权利"的思路不同,"关系产权"理论不着眼于行动主体独立的、排他性的权利,而是强调组织与环境之间建立在稳定基础上的相互关联、相互融合、相互依赖,关注行动主体的产权结构被用来维系和稳定其与环境之间的关系。在这里,产权扮演着建立和维系关系的角色。在权利束产权理论看来,模糊产权潜伏着冲突;而从关系产权的角度看,在有些时候,模糊的产权是维系关系的条件。因此,在权利束产权理论将模糊产权视为产权残缺的地方,关系产权恰恰将其看作产权制度内中应有之义。

关系产权理论虽然是对应于权利束产权理论而提出的,但它并非试图完全取代后者。关系产权理论承认权利束产权理论在解释激励和效率方面的有效性。例如,它认为产权的模糊性在维系关系,从而通过关系获得机会方面具有益处,但也会在效率方面付出代价。在一定意义上可以说,关系产权理论意味着研究的核心关注点的转变:从权利束对个人的激励转向组织间的关系。

关系产权理论被提出时,并没有刻意将该理论和激励、效率直接联系起来,而宁可将对激励、效率的关怀让给权利束产权理论。然而,该理论的内在逻辑却展现出,将其和一种特殊的效率,即协调效率联系起来的可能。或许,这将成为该理论进一步发展的方向之一。

四、社会合约性产权

在中国改革开放后的社会变迁中,对经济资源的新占有格局是如何形成的?如何获得社会群体的认可?这是社会学者试图予以回答的几个问题。他们特别注意到,有一些重要的制度变迁过程,如乡镇企业改制,是在政策不那么明确的条件下较平稳地实现的,其间的机制引起了研究者的兴趣。

当代产权经济学家的一个关注点是明晰法定产权与经济效率的关系。① 遵循这一关注点考察中国的产权变迁的经济学者,通常把注意力集中在法定产权的确定与变迁上。而中国的一些社会学者,则将兴趣集中在产权的法律界定之外的社会过程和机制上:具有内在规范的社会关系,在产权结构的变迁和界定中发挥着不可忽视的作用。例如,一些研究者考察了借助人际关系在资源的经营性占有中形成的特殊排他性,② 一些研究者考察了借助人际关系形成的非正式占有的正式化,③ 一些研究者考察了村落集体产权的变迁中社会合约的作用等等。在这类研究中,社会合约性产权是一个具有理论潜力的重要概念。④

在这里,合约是从广义上理解的,即任何两个或多个行为主体之间的相互赞成关系,都可以称为合约关系。合约可以是具有法律效力的、正式的;也可以是非正式的。社会合约性产权指的是非正式的、并非法律

---

① 罗纳德·哈里·科斯:《企业、市场与法律》,盛洪、陈郁等译,上海:上海三联书店,1990年,第75—129页。
② 刘世定:《嵌入性与关系合同》。
③ 刘玉照:《非正式占有的制度化——山东BY镇乡镇企业改制的个案研究》,《学术月刊》(上海大学青年教师专辑),2003年9月增刊。
④ 社会合约性产权概念是折晓叶、陈婴婴在《产权怎样界定——一份集体产权私有化的社会文本》中使用的。

意义上的产权。这里,虽然合约概念是从广义上理解的,但社会概念却不是广义上的,它特指那些有互惠关系的人之间的联系。因此,更严格地说,并非任何非正式产权都是社会合约性产权,社会合约性产权只是非正式产权的一个子类。在这个意义上,这一概念是对非正式产权研究的深化。

如果将产权理解为获得社会认可的对经济资源的占有,那么其合约性质自然是题中应有之义。产权的合约分析也是顺理成章之举。[①] 不过,社会学者在使用社会合约性产权概念的时候,并不仅仅是对产权的合约特性的认定,甚至也不仅仅是对某种产权的非正式合约特性的认定,而是有更深一层的意涵,即在产权被界定之前,就在社会关系中存在某些公认的规范,它们构成了产权界定的合法性基础。"产权嵌入于社会关系网络之中,这不仅是指由于物的使用确定了人们之间的社会关系,而且也是指,社会关系网络的性质可以影响到物的使用方式,包括产权'排他'的边界,权利的明晰程度,以及它所产生的效率和激励效果等等。"[②]这些研究指向了决定产权的社会规范。

有关的一项研究,是以中国东部长江三角洲地区的一个村庄企业制度的变迁过程为案例展开的。[③] 研究者试图与一个简洁的经济学企业模型对话。该企业模型将企业视为"一种或一组市场合约",而研究者发现,在企业的组建改制过程中,构成企业内外关系的合约,绝不限于市场合约,而缠结着社会关系合约。为了刻画企业内部及与周边社会的产权结构,社会合约性产权概念得以提出。而后,用之分析的范围就远远超出企业性质,引导出一些有潜力的命题和研究方向。

[①] 加里·D.利贝卡普:《产权的缔约分析》,陈宇东、耿勤、秦军、王志伟译,北京:中国社会科学出版社,2001年。
[②] 折晓叶、陈婴婴:《产权怎样界定——一份集体产权私有化的社会文本》。
[③] 折晓叶、陈婴婴:《产权怎样界定——一份集体产权私有化的社会文本》。

一个基本命题是,在法律不完备甚至缺失的条件下,社会合约在产权的界定中发挥重要作用,它有助于处理和解决内部的合作问题和利益冲突。围绕这个基本命题,展示出一个研究方向,即把社会学长期关注的人际关系研究与产权分析结合起来。传统的社会学人际关系研究的一个重要关注点,是行动者借助人际关系调动资源、捕捉机会,如社会支持网、找工作[1]、竞争优势[2]等。社会合约性产权研究展示的方向与此不同,它关注的是社会关系内含着怎样的规范,这些规范和产权制度之间存在怎样的相互作用;如果社会关系网络发生了动态变化,那么其中内含的规范变化将怎样影响产权制度结构的变化等等。

从上述命题可以衍生出一些子命题。例如,一个子命题是,社会合约内含的社会规范特性影响着产权的结构特征及演变方向。从理论上说,如果给定不完备的法律等条件,那么在社会合约影响产权界定的范围内,合约若内含着不同的规范,则可能形塑出不同的产权结构。上面提到的长三角村庄案例分析已经展现了与此命题有关的现象,即企业改制的"三部曲"——股份制改造、公司制处置和改私——在产权结构的界定上,指向了不同的方向。导致这一现象产生的原因,不仅有地方政府政策思路的改变,而且也有社会网络关系变化及相应内含规范变化的作用。

五、成员权

如果说社会合约性产权理论关注的是决定产权的社会规范,那么在决定产权的社会规范研究中,社会学者还注意到另一社会规范现象,即

---

[1] 马克·格兰诺维特:《找工作:关系人与职业生涯的研究》,张文宏等译,上海:格致出版社、上海人民出版社,2008年。
[2] 罗纳德·伯特:《结构洞:竞争的社会结构》,任敏、李璐、林虹译,上海:格致出版社、上海人民出版社,2008年。

身份确定在产权确定中的作用,由此提出成员权、身份权的概念。

有不少研究谈到涉及集体产权时的成员权。① 在一篇涉及集体产权重新界定的论文中指出,成员权是界定集体产权的基本准则。该文对产权视角下的成员权如此界定:对集体外个体的明确排他性,在集体内成员间则共同占有。②

对于原集体产权在内部成员间的权利再界定来说,成员权似乎是一件非常简单、甚至一目了然的事:原集体资产的占有者就是参与再界定的成员。但是在现实中,它之所以成为一个问题,是因为必须确定:具有何种占有经历的人能够被承认为成员。比如,嫁到一个村庄中3年的妇女,和嫁到村中2个月的妇女,都参与过对集体资源的占有,她们是否同样被承认为成员参与集体资产的再界定? 如果有过占有集体资产经历的人并不都被承认为成员,那么,为什么过去承认他/她能够占有集体资产,而在再确定时却又不承认?

对后一个问题,一种流行看法作出的回答是,共同占有的集体产权本来是模糊的,因此在使之明晰化的再界定中,模糊性的问题暴露出来。但有社会学者指出,"以'共同占有'为特征的集体产权在集体成员间绝非'模糊'的,实际上他们基于对某种原则的共识而形成的权利分配格局总是异常清晰的——只是这一格局总是随着行为者的共识被新的认知打破而消失,而新的均衡格局又会在行动者的下一轮互动过程中建立起来"③。因此,成员权的确立与产权再界定前的历史状态有关,但并非历史状态的平移。在产权变迁背景下成员权的确立,存在着新的互动和均

---

① 张静:《村社土地的集体支配问题》,《浙江学刊》2002年第2期。
② 申静、王汉生:《集体产权在中国乡村生活中的实践逻辑——社会学视角下的产权建构过程》,《社会学研究》2005年第1期。
③ 申静、王汉生:《集体产权在中国乡村生活中的实践逻辑——社会学视角下的产权建构过程》。

衡现象。

六、差权与差权租

成员权是在产权界定中涉及主体身份的一种权利安排。在中国的经济、社会生活中还有一种影响甚大的特殊产权制度现象，可称为"同产不同权"或"同产差权"。所谓"同产不同权"，是指在非经个人间有限授权的条件下，不同主体掌握同样的资产时拥有不同的权利。这一制度现象从改革前到改革后长期存在，在城市化过程中因土地、房产在不同主体手中有不同权利并带来极大的收益差异，比如同样的土地，在乡村集体手里，和在政府或国有机构手里，权利和收益完全不同，一系列的经济社会问题也由此引发。

这种产权现象，和人们熟知的对某些权利的限制——如为了保护环境，禁止对某些湿地排水开发；为了保护耕地，限制耕地的非农化使用——是否存在差别，如果存在，差别何在？一些社会学者早在乡镇企业与国有企业的交易研究中注意到同产不同权现象，[1]近年则有一些人对"同地不同权"[2]投入注意力。在理论上，一些社会学者以差权和差权租概念为核心，展开了基础性的研究。[3]

研究者指出，差权分为两类，一类是客体连带的差权，一类是主体连带的差权。客体连带的差权，是指权利差别和特定资产相连带，与主体无关，也

---

[1] 刘世定：《占有制度的三个维度及占有认定机制——以乡镇企业为例》。
[2] 王庆明：《产权的不完全转移：中国近代以来地权逻辑的延续与变异》，《广东社会科学》2015年第3期。
[3] 刘世定、张惠强、王庆明、艾云：《同产不同权——对中国的一种制度安排的分析》，未刊稿。该稿的部分内容曾于2015年在北京召开的组织社会学工作坊、在法国University of Cergy-Pontoise召开的"中国社会的发展研讨会"上宣讲。以下内容均来自该文稿。

可以称为"不同产不同权"。而主体连带的差权则是指,产权结构的差异和主体特性连带,与客体无关。"同产不同权"是属于主体连带的差权。由于不同主体掌握同样的资产时拥有不同的权利集,而主体利用资产获取的可能收益量与权利集的大小有某种关系,因此主体连带的差权运用获取的收益也可能存在差异。研究者将这种源于权利差异的收益差称为差权租。

主体连带的差权还可以分为两类:制度先赋的差权与获致的差权。前者指通过制度安排,不仅确定差权的存在,而且事先确定不同主体间的差权,换言之,这些主体无需通过竞争性活动——包括政治的、社会的、经济的竞争性活动——便可拥有差权。后者是指在制度安排上确定了差权的存在,但对于谁成为多权主体、谁成为少权主体,却不作事先安排,不同的主体可以通过竞争性活动获得多权。学界所熟悉的寻租理论研究涉及的是获致的差权。与寻租理论不同,中国社会学者的研究涉及的是制度先赋的差权。

在存在制度先赋的差权条件下,产权经济学理论中的一个经典命题难以成立。该经典命题是,物质商品的交易实质上是权利的交易。德姆塞茨(Demsetz)对此曾这样表述道:"当一种交易在市场中议定时,就发生了两束权利的交换。权利束常常附着在一种有形的物品或服务上,但是,正是权利的价值决定了所交换的物品价值。"[1]该命题的成立有赖于这样一个假定,即不同的产权主体在占有同一经济资源时,拥有的权利

---

[1] Harold Demsetz, "Toward a Theory of Property Rights," *The American Economic Review*, vol. 57. no. 2(May 1967), pp. 347–359。对德姆塞茨的那个命题表述可能存在一些不同的理解。一种理解是,物品(或服务)交换的基础是权利认可的交易,即交易的每一方都放弃对自己原来占有的物品(或服务)的权利,而认可对方获得占有这些物品(或服务)的权利,以此换取对方相应的权利放弃和认可。但权利认可交易和权利交易严格说来是有差别的,所以这种理解有些勉强。另一种理解是,物品(或服务)交换的实质是附着在其上的权利束的交换,即随着物品(或服务)的交换,附着于其上的权利束也发生换位,由一方手里转到另一方手里,这种理解应更符合正文中命题的意思。

结构是相同的。换言之，就特定经济资源的占有而言，权利结构不因占有主体的不同而有差异。正是在这样的前提下，权利束才表现得如德姆塞茨所言，是"附着在有形的物品或服务上"，从而伴随着物品或服务在交易双方易手，发生两束权利的交换。但如果不同的产权结构是附着在不同的主体身上，则物品的交换便不可能伴随着产权结构的交换。

由此可以看到，产权经济学的上述经典命题有一个基本假定，即所有的产权主体身份不存在事前规定的制度性不平等。但这个前提假定在中国当今的现实中并非处处存在。制度先赋的差权正是建立在主体身份不平等基础上的，这是研究中国产权问题不可回避的现实。就经济、社会现实而言，人们所观察到的围绕征地、土地流转、小产权房等出现的一系列博弈、冲突，都和差权租的存在以及制度先赋的差权之合理性密切相关。

七、产权界定中的多重规范互动

前面已经讲到，面对中国的产权变迁过程，占有的不完全认可问题（社会学意义上的不完全产权），被中国社会学者提上学术日程。其中的一个难题是，当存在多重规范时，认可是如何达成的，或能否稳定达成？从博弈论角度分析，占有的认可具有协调博弈的多均衡特点，潜伏着内在的不稳定性。阿罗不可能性定理则从逻辑上揭示，在存在多准则的条件下寻求具有一致性的社会程序解之困难。[1] 社会学者则试图依据经验研究，寻找出一些现实解决路径中的道理。

在涉及产权界定的事务中，常常存在当事者援引不同规范以自强的现象。一项研究考察了被人们援引的政策法规存在多种准则时，土地纠

---

[1] 肯尼思·约瑟夫·阿罗：《社会选择：个性与多准则》，钱晓敏等译，北京：首都经济贸易大学出版社，2000年。

纷是如何平息的，并试图给出在正式规则具有不确定性的条件下的一个解释框架。研究者注意到，在土地纠纷中，一些人援引土地承包合同，认为土地是承包户在承包期间的专属资产，其生产价值应当属于承包户；另一些人则援引土地法中"集体所有"条文，认为土地属于村庄所有成员的财产，其价值应当由所有村民共同分享；还有一些人援引一般的"公有制"理念；等等。通过案例比较发现，解决纠纷的方式各异，有的是政府部门决定，有的是村干部说了算，有的是群体压力解决，有的是当事人交易。这些解决方式显示出，至少存在四种影响土地规则变动的要素，它们是国家政策、村干部决策、集体意愿、当事人约定。重要的是，不论哪种方式，纠纷的解决都不是根据确定的法律规则辨认各方利益诉求的正当性，而是根据利益竞争对规则作选择的产物。这种依据当时当地的情境、即时力量对比实现的均衡是不稳定的。

如何解释这种现象？研究者通过两个理想型的对比来揭示其中的逻辑。

理想型Ⅰ是政治和法律活动已分化模型，理想型Ⅱ是政治和法律活动未分化模型。在理想型Ⅰ中，假定政治和法律活动已经完全分化为两个领域中的活动，各自遵循着不同的准则，实现着不同的目标。产权界定和实施规则是在政治活动领域中，通过社会成员的广泛参与，在利益互动和规范互动中形成的。产权的界定和实施规则，在政治活动领域中完成了广泛的社会认可。而法律活动领域则是按规则识别人们的行动，对纠纷作出裁决。

在理想型Ⅱ中，假定政治和法律活动没有分化为两个领域。法定产权规则的制定没有社会成员的广泛参与，因而没有得到广泛的认可。在经济资源占有发生纠纷的地方，人们各取所需地援引不同的规范支持各自的利益诉求，纠纷的平息方式取决于各方的力量对比，而力量对比又取决于各方已经掌握的资源、情境定义能力、调动第三方介入的能力等。经济资源的占有是在各个特定的条件下,在当事人的互动中被局部认可的。①

这两个理想型是两个极端,如果假设在两个极端之间还存在许多中间状态,那么,这个框架就传递着这样的理论命题信息:政治活动和法律活动的分化程度越高,产权纠纷当事人援引不同法规以互动的可能性就越小。这个分析框架,特别是理想型Ⅰ不应被理解为建构论模型。事实上,政治活动领域和法律活动领域的分化是要经过一段相当长时期的演化方能形成的。由此,该分析框架引导出一个研究方向,即将政治活动领域与法律活动领域的演化性分化和产权的社会认定机制相结合的研究。

在中国当代产权界定的实践中,多重规范互动并不限于政策法规的选择运用方面。蕴含在对公平、合理的不同解读上的规范互动也广泛存在。这一层面的互动甚至影响到法庭在面对财产纠纷时的处理方式。②不过,这类互动更多地是发生在法庭之外的社会生活中。

一项对于乡村承包地再调整的研究试图说明在有限不确定性条件下,乡村社区内涉及产权再调整的公共选择过程中,公平互动的某些机制特征。③ 有限不确定性概念是相对于公平研究中经典的"无知之幕"和"高度不确定性帷幕"概念而使用的。④ 在"高度不确定性帷幕"下,由

---

① 张静:《土地使用规则的不确定:一个解释框架》。
② 张静:《二元整合秩序:一个财产纠纷案的分析》。
③ Liu Shiding, "De la preference individuelle au choix collectif: Un cas de redistribution des terres en Chine rurale", Sous la direction de Isabelle Thireau et Wang Hansheng, *Disputes au village chinois*, Editions de la Maison des sciences de l'homme, Paris, 2001. 中文见刘世定:《公共选择过程中的公平:逻辑与运作——中国农村土地调整的一个案例》,《占有、认知与人际关系——对中国乡村制度变迁的经济社会学分析》,北京:华夏出版社,2003年,第143—166页。
④ 关于罗尔斯的"无知之幕"概念和布坎南的"高度不确定性帷幕"概念的异曲同工关系,参见詹姆斯·M.布坎南:《民主过程中的财政》,唐寿宁译,上海:上海三联书店,1992年,第249—251、335—338页。

于任何当事者都不能看到公共选择的结果带给自己和他人之间的利益差异,因此,人们都倾向于将自己与他人放在相同位置上。在这种情况下,公平将很少具有为自身利益试图影响他人,或为自己利益寻找社会公认根据的特点。而在有限不确定性的条件下,一方面,当事者在一定程度上明了自己在不同选择方案下的利益,因而会努力实现对其有利的结果,为此倾向于将自身利益公平化,并以此影响他人的选择,这会产生对公平的不同解读;另一方面,一定程度的不确定性仍然存在,这使理性的当事人意识到,仅仅追求可确知利益的最大化是不够的,必须顾及可减少未来不确定性的规则和他人的反应。这使他们有可能接受其他人力主的公平逻辑。总之,在有限不确定性条件下,公平将明显呈现出利益互动和规范互动的双重特点。

借助案例,研究者注意到一些有理论潜力的分析点。例如,对不同的备选方案,参与者的单纯利益排序、内在规范排序和策略性规范排序可能不同。三种排序在各个参与者的互动中交织作用,影响着选择结果;虽然人们会在各自利益和公平旗帜下强调不同的逻辑,但这些逻辑作为公共物品被提供出来,它们在公共领域中的说服力和道德感召力并非相同。这促使不同公平理念在公共选择的互动中经历一种排序;排序的结果和决策的其他规则共同作用形成了公共选择的方案;当公共选择涉及多环节,如采用何种规则、实现何种目标、如何评价选择结果、如何实施方案等的时候,每个环节上公平理念的内涵、关注点有可能不同,但公平感或不公平感会在不同环节间传递;当一个公共选择过程结束后,潜在的不公平感还可能保留。在相对封闭的社区中,存在着一种"递推—补偿平衡机制",即将一个过程遗留的问题推到其他的过程中去补偿,以求得更大的过程中平衡。在某些条件下,这种补偿是被社会规范所认可的,并被认为是公平的,可称之为"补偿的公平",等等。

如果不是在不同规范互动的一般层面,而将分析的抽象程度降低到更具体的规范内容上,可以看到一些社会学者,在努力将具有历史和社会内容的具体规范互动放置在产权界定当中。例如,一项研究通过对广州、深圳、宁波、上海、济南等20多个村股份合作制改造或"村改居"的调查分析,详细描述了股份设置结构中的"农龄股""原始贡献股""人头股""干部贡献股"的设置和测算依据,特别是背后的意识形态合法性依据,由此透视出在产权改革的一个短时段中凝聚的更长时段的历史积淀。[1]

八、纵向制约

由于无第三方介入的产权界定存在大量的潜在不稳定,国家权力的介入成为稳定产权结构的重要因素。但国家权力的介入也带来新的问题。国家权力的掌握者从其自身的追求出发,既可能保护社会成员的财产,也可能掠夺社会成员的财产。于是,如何制约国家权力掌握者的掠夺行为就成为一个实践和学术问题。在这个方面,研究产权与国家理论的经济学家、政治学家已经有不少研究成果。概括地说,这些研究主要侧重于从横向制约的角度进行分析,包括:国家体制内部横向分工制约、政治市场的竞争制约、政府间竞争制约等。近年来社会学者从不同的角度研究了地方政府行为,[2]其中,纵向制约理论是较有特色的研究。[3]

纵向制约理论认为,在地方分权的治理结构中,除了地区竞争机制

---

[1] 刘玉照、金文龙:《集体资产分割中的多重逻辑——中国农村股份合作制改造与"村改居"实践》,《西北师大学报》(社会科学版)2013年第6期。
[2] 冯猛、艾云、刘世定:《理解政府行为与制度安排——近期中国政府研究述评》,刘世定主编:《经济社会学研究》第五辑,北京:社会科学文献出版社,2018年,第1—20页。
[3] 曹正汉、冯国强:《地方分权层级与产权保护程度:一项"产权的社会视角"的考察》,《社会学研究》2016年第6期。

之外，还存在着另一种产权保护机制，即"纵向制约的机制"。"纵向制约的机制"内生于政治集权与行政分权的治理结构之中。这种治理结构的特点是，中央政府主要执掌治官权，包括地方官员选拔、任免、考核的权力，同时，按属地管理原则，把对企业和民众的行政管理权下放给地方政府。在这种治理结构内，具有保护投资者的权力和责任的地方政府，面临着来自上下两个方向的制约：上有来自中央政府的监督，下有来自投资者的约束。如果地方政府侵犯投资者的产权，或者保护一部分投资者，压制其他投资者，投资者就可能向地方政府提出抗议，甚至向中央政府投诉。这种上下两个方向的制约，在一定条件下，能够对地方政府侵犯产权的行为构成约束，从而发挥着保护私营企业产权的作用。就投资者一方而言，这种机制能否有效地发挥作用，有赖于投资者表达诉求、发起抗议、组织投诉的成本高低。在这个意义上，层级高低是一个影响纵向制约机制有效性的变量。

纵向制约理论启发人们从不同的角度去考察对政府的制约问题，它与横向制约理论之间具有互补性。

第五章 社会政策与社会工作服务

王思斌

社会政策是一门综合性学科,它与社会学有直接而密切的联系,社会工作与社会学的关系更加亲密。但是,社会政策、社会工作也有与一般社会学不同的地方,这就是它们的应用性,即特别强调理论联系实际,强调实践性,所以它们被称为应用社会科学。社会政策、社会工作的应用性、实践性特点,使其与政府的政策制定与执行、民众获得的服务与反应直接相关。改革开放以来,我国社会政策和社会工作得到较快发展。

一、社会政策与社会工作的学科重建

(一) 对社会政策与社会工作的呼唤

社会政策与社会工作都是现代社会的产物。社会政策学科与实践产生于19世纪80年代的德国。后来,社会政策逐渐发展成为借助行政力量以解决因市场化和社会变迁而导致的困难群体、弱势群体的基本生活问题的制度性措施,成为政府解除人们的贫困、改善民生、促进社会公平的干预行动。社会工作于19世纪末20世纪初产生于英国和美国。它由社会上层的慈善活动发展而来,后来成为一种社会制度和专门的职业。清末民初,随着西方宗教势力及现代教育的进入,社会工作和社会政策也开始进入中国。20世纪20年代,我国就有《中国社会政策》等专业书籍出版,1925年,燕京大学设立了社会学与社会服务系,这里的社会服务就是社会工作。这也是中国境内第一个社会服务(社会工作)学系。然而,民国时期持续的社会动荡和经济衰退,没能给社会工作和社会政策学科的发展提供有利条件。

中华人民共和国成立后,国家实行社会主义制度,来自西方国家的社会政策、社会工作学科被贬斥,不过仍以与计划经济体制相适应的制度和方式解决贫困等问题。连绵不断的政治运动和僵化的计划经济体制使我国经济走向崩溃边缘,人民生活贫困、社会关系疏离。1978年,我国农村三分之一的人口处于绝对贫困状态。在城市中,年轻人待业和失业问题严重,居民基本生活服务普遍短缺。这样,发展经济以解决基本民生和就业问题,就成为政府的首要任务,社会也需要大力发展面向困难群体和广大城市居民的公共服务。以市场化为基本内容的城市经济体制改革启动之后,一方面是生产效率的提高,另一方面是大量失业、待业人员的出现,社会分化加剧,困难群体、弱势群体的生存和社会秩序问题变得更加突出,再加上政府部门和企事业单位从社会保障、社会救助的直接服务中撤出,由社会力量向城乡居民提供有效服务就变得十分必要和迫切。在这一经济社会背景下,以解决基本民生问题、促进社会公平为己任的社会政策和社会工作学科建设被提上议事日程。

(二) 学科重建

社会工作学科是随着社会学的恢复重建而重启发展的。雷洁琼在1980年第一期社会学讲习班曾讲授"社会工作"。她在1983年1月为民政部干部所作的培训讲话中明确指出,我们将来可能成立社会工作系,或者在社会系下设社会工作专业。① 之后,民政部管理干部学院曾开设社会政策相关课程。1985年12月,当时的国家教育委员会在广州召开"社会学专业教学改革研讨会",雷洁琼等学者呼吁重建社会工作专业,经过调查研究和充分论证,国家教育委员会决定在社会学学科中试办社会工作与管理专业。② 在此期间,中山大学与香港大学合作开办社会工作课程,民政部召开"马甸会议"促进了社会工作教育的发展。1988年初,北京大学、吉林大学、中国人民大学三所高校获批试办"社会工作与管理"本科专业。在民政部的大力支持下,北京大学从1989年起招收社会工作专业本科生,同时招收社会工作方向的硕士研究生。1994年,中国社会工作教育协会成立,秘书处设在北京大学。1997年,北京大学等校在社会保障硕士点中招收社会政策、社会工作方向研究生。2009年,国务院学位委员会决定开办社会工作专业学位研究生教育,北京大学等33所大学获得该学位授予权。北京大学的社会工作专业在专业培养方案、课程体系建设、社会工作研究等方面发挥了重要作用。

我国社会工作学科重建和发展有几个重要节点。1994年,中国社会工作教育协会成立后,开始在全国范围内推进社会工作学科建设。1997年,教育部高等学校社会学学科教学指导委员会(以下简称"社会学教指委")的成立,对高校社会工作专业课程体系的建设起到决定性作用。2006年,中共十六届六中全会作出了"建设宏大的社会工作人才队伍"的战略部署。2012年,中央19部委联合发布《社会工作人才队伍发展规划(2010—2020)》,不但对我国社会工作事业的发展提供了制度化的支持,而且在世界上也形成了由中央政府推动社会工作发展的创新之

---

① 雷洁琼:《雷洁琼文选》,北京:开明出版社,1994年,第443页。
② 王思斌、阮曾媛琪、史柏年编:《中国社会工作教育的发展》,北京:北京大学出版社,2009年。

举。至 2018 年中,全国设置社会工作本科专业的高等院校近 350 所,150 所院校有社会工作硕士专业学位授予权。我国的社会工作教育和社会工作事业得到跨越式发展。

我国社会政策学科的发展没有那么声势浩大。1985 年,当时的民政管理干部学院率先开设了"社会政策"课程,普通高等院校陆续开设社会政策课程。在社会学教指委把"社会政策"纳入社会工作专业的 10 门必修课之一后,一些学校的社会学专业也在本科和研究生层次开设"社会政策"课程,设置社会政策专业方向。从 2005 年起,中国社会科学院社会政策研究中心、南开大学社会工作与社会政策系、中国社会工作教育协会等五家教学和科研机构,连续合办"社会政策国际论坛"和系列讲座,有效地推动了社会政策在社会学学科领域的发展。2013 年,国务院学位委员会批准在社会学一级学科下设立社会管理与社会政策方向,一些高校招收社会政策方向的博士研究生,社会政策学科获得更大发展空间。

二、中国社会政策的发展及建构

(一) 市场化改革与社会保障制度

社会政策是政府解决基本民生问题的制度性安排。中华人民共和国成立以后,我国很少使用社会政策的概念,而是将社会政策的内容融入一些经济政策之中。比如,20 世纪 80 年代面对广大贫困农村居民的家庭联产承包责任制、90 年代的"八七扶贫攻坚计划"、2015 年以来实施的"脱贫攻坚计划",既是经济政策,又是社会政策。[①]

---

① 王思斌:《市场—社会转型中我国社会政策的制度性发展》,《澳门理工学报》2016 年第 1 期。

面对我国实际的社会政策研究,是伴随着中共十四届三中全会以市场化为主要内容的城市经济体制改革而展开的。这一改革以效率为中心,在就业领域引进竞争机制,并建立独立于企业的社会保障制度,在城市实行最低生活保障制度。国有企业的市场化改革一方面大大提高了国有企业的生产效率,造就了一批效率高、有竞争力的企业参与国际竞争,为我国经济的高速增长创造了条件;另一方面也造就了大量"4050人员",他们被推向社会,成为社会上的弱势群体。社会政策取向的社会保障研究关注体制改革中的弱势群体的基本民生、生活保障和社会公正。在社会保障制度改革实践研究上,唐钧等较早从贫困线确定的角度进行社会政策研究,并提出采用"综合法"确定贫困线。[①] 杨团等提出解决从计划经济向市场经济过渡中的问题,要依靠更广泛的、特别的经济政策和社会政策,要建立一个自助制度、互助制度、他助制度相结合的失业保障体系。[②]

社会学取向的社会保障研究关注社会保障制度改革的社会意义。当时,政府的相关政策文件指出,社会保障制度是经济体制改革的配套工程,是社会的稳定器,是人们基本生活的保护者,主要从经济、政治的角度去看待社会保障的意义。社会政策学界则更倾向于从民生的角度看待社会保障的价值。有学者指出,要端正社会保障的主导思想,明确社会保障的目的一是为民众造福,二是促进社会稳定。后来,中央文件改变了对发展社会保障制度意义的表述,把保障民生放在更加突出的位置。20世纪90年代末至21世纪初,学术界出现了社会保障制度体系改

---

① 唐钧:《城市居民最低生活保障线制度研究》,南京:江苏人民出版社,1997年,第40—41页。
② 杨团、杨伟仁、唐钧:《中国社会保障制度的再选择》,北京:中央广播电视大学出版社,1996年,第104页。

革研究的高潮,社会学者也从社会结构、社会制度角度对我国社会保障制度建设提出了政策建议,比较有代表性的有雷洁琼、王思斌提出的建立"现实—理性的社会保障制度"①,景天魁等提出的建立"基础整合的社会保障体系"②。

总的说来,随着我国社会保障制度改革的展开,城市失业下岗群体和贫困群体的生活及其对社会秩序的影响变得越来越突出,社会政策学界也正是从城乡结构、基本民生和社会秩序的角度提出了不同于经济学的独特观点,并发挥了一定影响。

(二) 社会政策研究的发展与成果

如果说我国的社会政策研究在20世纪90年代已经起步的话,那么真正有气势、较具规模和深度的社会政策研究则从20世纪末开始。我国大陆的社会政策研究受到国外和港台地区的某种影响。《社会学研究》发表的两篇文章对社会政策研究的发展产生了推动性作用。王卓祺和雅伦·获加的《西方社会政策概念转变及对中国福利制度发展的启示》指出社会政策可以对经济发展起积极的作用,并对经济体制改革下中国社会福利制度的发展问题及社会议程进行了探讨。③ 熊跃根的《论国家、市场与福利之间的关系:西方社会政策理念发展及其反思》以西方社会政策的发展历程为启示,对社会转型期中国社会福利制度的变化和发展走向进行了探索。④ 关信平的《社会政策发展的国际趋势及我国社

---

① 雷洁琼主编:《中国社会保障体系的建构》,太原:山西人民出版社,1999年,第92页。
② 景天魁主编:《基础整合的社会保障体系》,北京:华夏出版社,2001年,第253—257页。
③ 王卓祺、雅伦·获加:《西方社会政策概念转变及对中国福利制度发展的启示》,《社会学研究》1998年第5期。
④ 熊跃根:《论国家、市场与福利之间的关系:西方社会政策理念发展及其反思》,《社会学研究》1999年第3期。

会政策的转型》,把我国社会政策问题的解决置于国际背景下来思考。①杨团的《社会政策研究范式的演化及其启示》,分析了100年来社会政策学科在回应挑战过程中,在观察和研究社会问题的角度和方式方面发生的重要变化,指出社会政策从一个原本属于非生产性的学科正在走向生产性,显示了这个学科正在经历研究范式的演化。②唐钧的《社会政策的基本目标:从克服贫困到消除社会排斥》,从国际视野分析了社会政策的发展。③

上述研究实际上反映了中国自社会快速转型和加入世界贸易组织以来,随着市场化、城市化快速发展,经济快速增长和社会问题丛生对社会政策的需求。2003年的孙志刚事件是我国社会政策快速发展的导火索。当政府还用原来"收容遣送"的旧政策来处理外来务工人员的去留生存问题时,旧体制的弊端已暴露无遗。城乡二元结构、户籍制管理、流动人口的居留权和生存权等,都对国家片面强调经济增长、忽略社会发展的制度和政策提出了挑战。正是在这种背景下,中共中央提出了"坚持以人为本,树立全面、协调、可持续的发展观,促进经济社会和人的全面发展"的发展战略,这为我国社会政策的发展提供了最具合法性的政治基础。

进入21世纪,我国民生领域的社会问题主要表现为"三农"问题和城市失业及贫困问题,其中更具有结构和制度意义的是农村居民的医疗、养老问题,以及农民工进城务工、经商的待遇问题。孙志刚事件使得实施了20年的《城市流浪乞讨人员收容遣送办法》被废止,而《城市生活

---

① 关信平:《社会政策发展的国际趋势及我国社会政策的转型》,《江海学刊》2002年第4期。
② 杨团:《社会政策研究范式的演化及其启示》,《中国社会科学》2002年第4期。
③ 唐钧:《社会政策的基本目标:从克服贫困到消除社会排斥》,《江苏社会科学》2002年第3期。

无着的流浪乞讨人员救助管理办法》的实施,则预示着居民生存权利的被尊重。当时,与基本民生相联系的一系列问题需要解决,国家也具备一定经济实力保障城乡居民的基本生活,而且中央政府也出台了关于社会救助、城市最低生活保障、失依儿童保护等的社会政策。基于这些事实和新的可能性,王思斌提出了"我国将迎来社会政策时代"的观点,并给出了"社会政策时代"的主要特征:社会公正理念获得普遍认可;针对贫弱群体的社会福利政策被制定和实施;社会福利政策普遍发展并覆盖人们正常生活的诸多领域;社会上建立了有效实施社会政策的组织体系;经济、政治与社会政策体系是整合的。①"社会政策时代"概念的提出既得到一些同行的肯定,也引来了一些学者的质疑,质疑的焦点是我国的社会政策是否有其"自性",这一讨论也深化了对我国社会政策特征的认识。

2003年后,我国的社会政策得到了较快发展。2003年9月,国务院发布《法律援助条例》。2003年11月,民政部、卫生部、财政部发布《关于实施农村医疗救助的意见》。2004年8月,民政部、教育部发布《关于进一步做好城乡特殊困难未成年人教育救助工作的通知》。2005年3月,国务院办公厅转发民政部等部门《关于建立城市医疗救助制度试点工作的意见》。2006年1月,卫生部等部门发布《关于加快推进新型农村合作医疗试点工作的通知》。2006年3月,民政部等14部委联合发布《关于加强孤儿救助工作的意见》。截至2006年全国各省区市都取消了农业税,2007年7月发布《国务院关于在全国建立农村最低生活保障制度的通知》,2009年9月国务院发布《关于开展新型农村社会养老保险试点的指导意见》,此间全国人大修订了针对儿童、妇女、老年人和残疾

---

① 王思斌:《社会政策时代与政府社会政策能力建设》,《中国社会科学》2004年第6期。

人的保障性法律。这些社会政策的集中出台,既是补偿性的,也具有发展的特征。在推动社会福利制度和社会政策发展的过程中,学者们做出了积极的努力。在理论视角上,福利国家理论被改造使用,社会学背景的社会政策学者提出了多种政策设想,比如建设小康型福利社会,①建立适度普惠的社会福利制度,②建立组合式普惠型社会福利制度,③建立具有中国特色的福利社会,④等等。

上述关于社会福利的设想实际上在两个方面实现了超越:一是超越了原来中国长期实行的残补式(或选择性)福利,而是让困难群体、贫困群体普遍享受社会进步的成果;二是在福利水平上不向福利国家看齐,不实现高福利,而是与中国的经济社会发展相适应,这是符合中国经济社会发展水平和要求的民生福利。这些设想也受到当时流行的马歇尔(T. H. Marshall)的社会权理论的影响。学者们认为,在我国经济实力大大增长、民生福利又相对滞后的情况下,民众应该享有基本的社会权。当然这里并不是要照搬发达国家的福利,而是强调公民有得到社会保护的权利。与此相应,社会保护理论、社会排斥理论、社会融入理论都对我国社会政策的发展产生了影响。波兰尼(Karl Polanyi)的"保卫社会"的理论也被用来支持社会福利事业的发展。

中国学者的社会福利发展理念有三个基本的参照:一是我国城乡居民生活的基本状态和现实要求,二是国际社会福利(社会政策)发展的实践经验和趋势,三是我国基本的经济社会国情。这样,学者们对我国社

---

① 宋林飞:《建设小康型福利社会》,《现代领导》2006年第4期。
② 王思斌:《我国适度普惠型社会福利制度的建构》,《北京大学学报》(哲学社会科学版) 2009年第3期。
③ 彭华民:《中国组合式普惠型社会福利制度的构建》,《学术月刊》2011年第10期。
④ 景天魁、毕天云:《建立具有中国特色的福利社会》,《人民论坛》2009年第20期。

会福利(社会保障)的政策选择,就是要基于国情积极发展国民的社会福利,既避免走福利国家的老路,又避免保守的自由主义,基本上认同的是混合社会福利模式:强调国家的社会福利责任(包括"底线公平"理论),①强调各方共同支持(包括"福利三角"理论),②也注重发挥社区(文化)的作用(如"社区的福利惯习")③。所以,中国社会政策学者的见解是有国际视野和前瞻性的,是基于我国发展中国家与转型社会的国情的,也是基于民生和社会进步方向的。它以我国现实的经济、政治、社会、文化为基础,具有转型社会的务实—理性特征。

前面我们指出,我国政府很少使用社会政策的概念,这可能与我国长期存在大面积贫困和政府长期致力于经济建设有关。至今,中央在文件中两次明确使用"社会政策"的概念。2006年中共十六届六中全会的《决定》首次使用社会政策概念,提出要加强社会建设理论和社会政策的学习研究和教育培训,不断提高各级领导班子和领导干部管理社会事务、处理人民内部矛盾、维护社会稳定的本领。另一次是习近平总书记2014年在关于经济发展新常态的讲话中提到的,他指出,面对经济发展新常态,"宏观政策要稳,微观政策要活,社会政策要托底"。这里的社会政策都具有为经济发展和社会稳定服务的工具性意味,学者们据此所作的开拓,如实行"积极的社会政策托底"④等观点,并提出基本实践方略,⑤对于我国社会政策的健康发展具有启发和政策选择的作用。实际

---

① 景天魁:《底线公平:和谐社会的基础》,北京:北京师范大学出版社,2009年,第147页。
② 彭华民:《福利三角:一个社会政策分析的范式》,《社会学研究》2006年第4期。
③ 毕天云:《社会福利场域的惯习:福利文化民族性的实证研究》,北京:中国社会科学出版社,2004年,第95—96页。
④ 王思斌:《新常态下积极托底社会政策的建构》,《探索与争鸣》2015年第4期。
⑤ 关信平:《论当前我国社会政策托底的主要任务和实践方略》,《国家行政学院学报》2016年第3期。

上，学者们通过撰写论文、参与政策咨询也对政府决策产生着或强或弱的影响，政府与学者协作是中国社会政策发展的重要途径。

三、社会工作的独特性发展

（一）两种社会工作及专业社会工作的嵌入性发展

社会政策包括政策制定和政策执行两部分，社会政策的执行（或实施）既通过政府的社会福利体系实现，又依靠社会力量的支持。社会工作是实施社会政策的重要力量，我国的社会工作是在回应改善民生和社会福利体制改革的过程中发展的。计划经济时期我国没有社会政策的理论，但并不代表没有向其成员，尤其是向困难群体提供社会服务的机制。政府的社会福利部门、工青妇等群团组织、企事业单位中的福利部门都承担着一定的社会服务职能，本文称这种社会服务为行政性非专业的社会工作，它发挥着服务和政治凝聚两种功能。[①] 改革开放以来，随着城市经济体制改革的深入，这一服务体系的作用大大削弱，但在整个社会生活中仍发挥着重要作用。正是由于原有社会服务体系和功能的衰弱，专业社会工作才发展起来。于是这里遇到了两种社会工作的关系问题。社会工作研究的一个重要方面就是要厘清二者的关系，为我国社会工作的发展指出现实—理性之路。

改革开放以来，我国专业社会工作的发展是"教育先行"的，即社会工作的发展首先要培养社会工作人才。在社会工作学科恢复重建初期，人才培养有两条路：一是按照我国行政性非专业社会工作的传统思路去培养，二是按照市场经济体制下专业社会工作的思路去发展。王思斌以北京大学的教学实践为基础，参与了这一讨论，指出社会工作人才培养

---

① 王思斌：《中国社会工作的经验与发展》，《中国社会科学》1995 年第 2 期。

既要遵循国际通则，又要基于中国国情，这也成为我国社会工作教育发展遵循的基本原则。社会工作教育在发展早期较多地吸收了国际社会工作的先进经验，相对于我国传统的行政性非专业社会工作，这一过程被称为社会工作专业化。但是，社会工作作为一种专业化服务实践，必须与它所要进入并发挥作用的社会体系发生关系，必须建立起与服务对象的合作和信任，于是，要把产生于西方的专业社会工作应用于中国社会，必然要使之适应我国社会结构和文化制度，这就是社会工作的本土化问题。王思斌阐述了社会工作本土化的问题，并对我国社会的求助关系做过梳理，力图实现社会工作专业化与本土化的结合。当然学者们基于自己的知识和实践背景，也形成了强调本土社会工作或专业社会工作两种观点。

2006年中共十六届六中全会的中心内容是加强和谐社会建设，会议《决定》提及要强化政府部门、群团组织承担的公共服务、社会服务，并创新性地提出"建设宏大的社会工作人才队伍"，这同时就提出了专业社会工作与政府部门提供的公共服务和社会服务的关系问题。在这一问题上，占主导地位的观点是社会工作要协同政府做好建设，用专业服务补行政化服务之缺陷。但是实际上，作为专业的社会工作并未得到政府部门的完全认可，或者政府本来对社会工作持一种模糊性、开放性的观点，于是专业社会工作怎样进入政府主导的公共服务和社会服务体系就成为现实的问题。专业社会工作人才不能与社会的现实需要相结合，甚至专业社会工作不能被现有的行政化服务体系所接纳，对社会工作的发展带来挑战。

在政府统筹分配社会资源的情况下，不能进入行政化的服务系统，就意味着被边缘化。在这种情况下，有学者提出了我国社会工作的"嵌入性发展"的理论命题。社会工作的"嵌入性发展"，是指专业社会工作进入政府主导的行政性非专业社会工作占统治地位的活动空间,通过互动、协作而获得发展。"嵌入性发展"对社会工作嵌入传统的社会服务领域的特点、结构、类型和发展过程进行了阐述,①该观点得到了较广泛的认可,并被用来解释当今我国社会工作发展的主要过程。也有学者对"嵌入性发展"的解释范围作了案例式研究,提出"增量嵌入"等说法。

社会工作的"嵌入性发展"实际上涉及我国的社会福利制度、社会服务体系、专业社会工作的自主性、两种社会工作的位势、中国社会工作总体格局及国家与社会的关系问题。对这些问题的研究,学者们虽有涉及,但尚欠系统和深入。中国社会工作的发展必定要走向专业化,但是专业社会工作的发展在许多地方并未受到重视,所以社会工作学者借用"承认"理论来解释这一现象,指出社会工作未获得承认的深层经济社会背景,是我国社会管理与社会服务体系的缓慢转型。实际上,在计划经济时期,行政性非专业的社会工作在服务困难群体、社会组织和动员、促进社会认同等方面发挥着重要作用。时至今日,作为社会服务意义的党群工作的作用也是明显的。关于党群工作、本土社会工作的作用和发展,学者们作过一些分析,指出这些方法有自己的优势,但是需要向专业化转型,于是两种社会工作就会出现"互构性"发展的局面。这既是对我国社会工作发达地区经验的总结,也是对未来发展方向的展望。

(二)改善民生和社会治理创新

社会工作的本质是为困难群体、脆弱群体和个人提供专业社会服务,中国社会工作的发展也是从为困难群体的服务中开始的。从20世纪90年代初开始,当社会工作教育得到初步发展并期望进入实践领域时,社会工作师生首先进入的是民政部门主管的城市社区,向老人、儿童

---

① 王思斌:《中国社会工作的嵌入性发展》,《社会科学战线》2011年第2期。

和残障人士以及普通居民提供服务。但是,由于我国社区工作的繁杂性和行政化,社区工作者缺乏社会工作知识,社会工作师生进行专业实习和实践的初衷未能很好地实现。

十六届六中全会以后,社会工作在介入社会建设中得到较快发展。但是,在一段时间里,由于不少社区工作者和一些相关政府部门对发展社会工作的意义不甚了解,也由于社会工作学生的专业能力不强、社会阅历较浅,不能很好地满足政府部门和社区工作者提出的要求,所以出现社区居委会和政府部门对接纳社会工作学生不甚积极的现象。尽管如此,社会工作进入社区和相关部门,还是在社区服务和社会服务方面做了很多工作。社会工作的解困救难、追求社会公平与和谐的价值观,造就了社会工作者对社会问题的敏感性。时至今日,对困难群体、脆弱群体、弱势群体的直接社会服务依然是社会工作的标志性行动,这在老人服务、儿童服务、残疾人服务、外来务工人员服务、农村留守儿童的关爱和留守老人服务、失独家庭服务以及反贫困等领域得到较充分体现。2008年汶川地震等自然灾害和一些重大社会事件,给社会工作者发挥作用提供了机会,包括社会工作教育群体在内的社会工作团队在灾害救援、社区重建中发挥了独特作用。社会工作界产生了一批参与农村发展、地震救灾和重建的研究成果,如在灾区重建中要注重文化因素,[1]形成以"嵌入、建构、增能"[2]为核心的建构式社会工作模式,在总结经验的基础上提出建构以"社区关系重建"[3]为核心的社会工作整合服务模式。

---

[1] 古学斌、张和清、杨锡聪:《专业限制与文化识盲:农村社会工作实践中的文化问题》,《社会学研究》2007年第6期。
[2] 徐永祥:《建构式社会工作与灾后社会重建:核心理念与服务模式——基于上海社工服务团赴川援助的实践经验分析》,《华东理工大学学报》(社会科学版)2009年第1期。
[3] 文军、吴越菲:《灾害社会工作的实践及反思——以云南鲁甸地震灾区社工整合服务为例》,《中国社会科学》2015年第9期。

党的十八届三中全会《决定》作出"推进国家治理体系和治理能力现代化"的战略部署,提出要创新社会治理,改进社会治理方式,坚持系统治理,加强党委领导,发挥政府主导作用,鼓励和支持社会各方面参与。李克强总理在 2015 年以来历年的"政府工作报告"中都提出加强和创新社会治理,发展专业社会工作的主题要求。这些都为社会工作参与社会治理提供了支持。加强和创新社会治理是一项十分复杂而艰巨的任务,社会治安责任部门、政府公共服务部门和从事社会服务的社会力量各有不同的着眼点。社会工作积极参与社会治理创新,就是要以自己的专业优势,通过社会服务来帮助服务对象解决困难、提高其能力并进行社会参与,解决社会问题、促进社会和谐发展。有的学者从社会体制改革的角度探讨和谐社会建构之路。①社会工作实践也为社会工作参与创新社会治理提供了丰富的经验资料。

在这方面,比较突出的成果是"服务型治理"概念的提出和理论建构。相对于政治学的博弈式治理,社会工作学者创新性地提出"服务性治理"的概念,指出社会工作可以通过提供社会服务、解决困难群体的问题,促进其能力成长;通过艺术化地处理社会矛盾,促进社会政策的落实和改善,从而达到促进社会治理的效果。在理论建构上,"服务型治理"在价值观念、工作过程、政策实施和制度建设等层面,阐述了社会工作服务对创新社会治理的贡献。② 在社会工作参与创新社会治理实践和学术思考方面,有的学者提出了增强权能的视角,更多地从制度建设方面分析问题。在理论成果方面,一些学者已经开始总结我国社会工作的服

---

① 徐永祥:《社会体制改革与和谐社会建构》,《学习与探索》2005 年第 6 期。
② 王思斌:《社会治理结构的进化与社会工作的服务型治理》,《北京大学学报》(哲学社会科学版)2014 年第 6 期。

务模式。①

近些年来,社会工作界在研究范式上开始了认真的学术讨论。证据为本、循证研究、干预研究、行动研究、实践研究等研究范式和方法,正推动着我国社会工作研究的发展。无论在实践上还是理论上,社会工作界都呈现出积极能动的状态。

四、研究的特点与前瞻

(一) 特点及范式

改革开放以来,我国的社会政策学科从无到有,其知识体系基本建立,紧紧跟踪了国外最新研究成果并用于比较研究,在方法论、研究方法上也初成体系。在社会保障制度、社会福利体系、社会政策研究方面尝试进行理论建构,初步形成了社会政策的研究队伍,社会政策学术界与政府部门进行了积极有效的合作与互动,并对我国的现实政策发挥着一定影响。

社会工作实践与学术的发展要复杂一些,这是由社会工作更具操作性、实务性所决定的。从学科建设来看,我国基本形成了中国特色的社会工作学科体系:课程体系基本完整,教学研究队伍稍具规模,独具特色的"教师办机构"有力地促进了专业实习、实践教学的发展,学术研究成果已处于新的跃升点上,社会工作的理论创新面临着突破。在实践上,社会工作广泛参与社区服务和对困难群体、弱势群体的服务,参与脱贫攻坚行动,积极回应社会转型中的社会问题,主动地参与社会治理创新,并获得政府和社会越来越多的承认,国际声望不断提高。

概略地说,我国社会政策和社会工作实践与研究具有如下基本特

---

① 何雪松:《迈向中国的社会工作理论建设》,《江海学刊》2012 年第 4 期。

点:第一,现实性,社会政策和社会工作实践与研究不是从理论出发,而是直面我国改革开放、社会快速转型的问题,紧密结合现实需要作出回应;第二,科学性,社会政策和社会工作实践与研究重视国内外已有经验,并结合中国实际积极推进,学术研究与实践遵循科学和理性逻辑展开;第三,应用性,社会政策和社会工作注重对策,积极向政府提供政策建议,完善政策和社会福利制度,并产生了一些效果;第四,有效性,社会政策和社会工作实践与研究面对我国改革开放、社会转型中的真问题和迫切问题进行研究和推进实践,学术界积极与政府部门合作,力求取得较好的实际效果;第五,有限创新,社会政策和社会工作实践与研究参照了中国大陆以外已有学术成果,更强调立足中国实际,积累了一些实践经验,在社会福利模式、社会工作参与社会治理等方面形成了一批创新成果。

社会政策研究和社会工作研究都有自己的范式,它们是研究者解释和概括某种研究现象的理论视角和模型,初步说来,笔者认为可以归纳为广义实践范式。广义实践范式是指,社会政策研究、社会工作研究以我国现实的社会问题和解决问题的实践为对象,研究与解决问题的实践直接紧密相连,在理论遵循和方法选取上,以有利于解决我国的现实问题为原则,这些研究成果直接影响着社会政策与社会工作实践。在这里,研究与实践是连为一体的,或者说,研究是为了实践,也是改进实践的组成部分。所谓广义实践是指社会政策研究和社会工作研究既面对宏观、中观的实践,又面对微观的具体实务。我国的社会政策和社会工作研究不但关注制度、结构层面的问题,也关注政策实施、社会工作实务的具体问题。在广义实践视角下,国家与社会、经济与政治、行政与专业、科学与伦理、专业与本土等要素都进入其中,并成为研究的条件与对象。

(二) 不足与前瞻

四十年对于一个学科的发展来说是短暂的,虽然中国社会政策和社会工作研究与实践取得了不俗的成绩,但是距离学科的成熟来说还有相当距离。社会政策和社会工作学科发展和学术研究存在的主要问题包括:第一,学科地位不高,社会政策刚刚成为社会学类下的研究方向(二级学科),社会工作的研究生教育(MSW)开展不足10年,它们在社会科学中的地位还不高;第二,学术水平有待提高,一方面学科建设时间短,另一方面许多教师并非社会工作专业出身,这影响了学术研究水平的提高;第三,服务实践影响了学术研究,社会工作特别注重实务,为了促进社会工作专业化,我国出现了世界上独有的现象——高校教师领办社会工作机构,教师从事实务占用了大量时间,也影响了他们的学术研究;第四,学术刊物缺乏,除了以集刊形式出版的《中国社会工作研究》,社会工作至今没有权威的学术期刊,社会政策方面的学术期刊创刊不久,与社会学研究有异的研究套路和标准,也影响了社会工作研究成果的发表和学术的发展。

往前看,中国社会政策和社会工作的实践与研究也存在着一些创新潜力。在社会政策方面,实行社会主义制度的发展中转型国家的社会福利制度的基本构型是值得研究的重大课题;如何处理好经济发展、社会福利制度、社会体制以及家庭责任之间的关系,社会福利和社会政策研究有很大空间;我国的社会政策制定还基本处于"黑箱"状态,社会政策实施则反映了政府与民众之间、不同层级政府之间的博弈及协同关系,其基本逻辑值得深入探讨。在社会工作研究方面,社会服务的处境性给社会工作研究创新开辟了空间,以家庭为本的传统文化、社会主义体制下的集体主义对社会服务实践的具体影响很值得研究;基于中国传统文化(东方文化)和日常生活实践的社会工作服务与西方模式的差异性需要认真分析；中国民间(社会力量)在社会互助、社会建设中的作用,专业社会工作与作为准政府力量的群团组织、基层社区自治组织在社会服务和社区治理中的关系应该厘清；另外,在社会工作内部,怎样处理两种基本范式——功能主义的救助范式与赋权的行动范式之间的关系,既是理论问题又是现实的实践问题；等等。

上述这些问题的解决与我国社会的改革转型及对它的认识直接相关。社会福利既是经济的,又是政治的,还是社会的和文化的。经济发展、福利意识形态、社会分层结构、社会公平价值观,对社会福利制度选择和社会政策制定有直接影响。社会服务、社会和谐的实现也同国家与社会关系的恰当处理密切相关。所以,从更加宏观的经济、政治、社会和文化的综合视角去分析社会福利和基本民生问题,是社会政策和社会工作研究创新的应有之义。可以预见,随着学术及实践环境的进一步改善,我国的社会政策和社会工作研究应该能对增进人民福祉、促进社会发展发挥更大的作用,也能生产出对国际社会有贡献的学术成果。

第六章 社会的技术化发展[①]

邱泽奇

中国改革开放四十年是人类发展史上奇迹的四十年。在讨论影响发展的关键因素时,有诸多入手点。本文从社会的技术化发展入手,考察理论与实践之间的相互滋养。

如此选择的考量有二。第一,社会的技术化是奇迹的关键组成部分。改革开放四十年是技术向社会渗透的规模极速扩张与水平快速迭代的四十年,也是技术对经济发展和社会变迁影响快速增强的四十年。从社会的技术化入手,可以整体呈现技术渗透到生产与生活的过程,也可以展现技术实践为社会学学科提供的难得机会和丰富素材。第二,在经济学中,技术是生产要素,对技术与经济增长关系的探讨已形成系统知识。在社会现象的构成要素中,技术的影响越来越关键。可在社会学知识体系中,技术依然是被忽略的变量。既有的知识零散且分散在不同的学科,需要系统整合相关的成果。没有对事实概况的整体性呈现,便

[①] 本文系邱泽奇主持的教育部人文社会科学重点研究基地重大项目"作为发展要素的互联网资本研究"(项目批准号:16JJD840002)成果的一部分。在写作中,李澄一协助进行文献搜集,乔天宇、李澄一、周彦对初稿提供了修改意见,谨此表示真诚感谢。

难以判断理论的贡献与研究的缺憾。

本文以事实对照理论的形式展开,分为三部分。第一部分简要呈现技术对中国经济社会发展的贡献。第二部分探讨社会的技术化过程,阐明技术在中国的应用走的是"四化"叠加的差异化之路,在中国的创新走的则是从引进到自主创新的差异化之路,差异化的本质是行动者技术能力的差异,差异化也塑造了崭新的技术化的社会分化机制。第三部分回望社会学界对技术化社会从初始迈向纵深的理论探索,尝试分析这些努力在知识积累意义上的得与失。坦率地说,在未来的发展中,不理解技术的社会学,其知识结构将是残缺的。

一、事实:技术的贡献

改革开放四十年来,技术对中国经济的贡献和对社会的影响都是巨大的。[①] 在经济领域,科技进步对 GDP 的贡献率是常用指标。[②] 值得注意的是,对贡献率的计算虽有共识,却因数据来源差异,常常让结论差异巨大。[③] 公开数据显示,2009 年中国科技进步对 GDP 的贡献率为 39%,2017 年为 57.5%,并有望于 2020 年上升为 60%。[④] 的确,技术是促进

[①] 本节引用数据除注明出处的外,均来自国家部委发布的数据,或作者依据公开数据进行计算获得。

[②] 指标虽把"科技"并称,但科学对经济的贡献是通过把科学知识转化为技术且应用于生产和生活实现的。

[③] 参见吴建宁、王选华:《中国科技进步贡献率测度:一种新的视角》,《科学学与科学技术管理》2003 年第 8 期;刘宁:《科学、技术对经济增长贡献的绩效研究——基于科学与技术分离的视角》,《科学学与科学技术管理》2013 年第 10 期;曾光、王玲玲、王选华:《中国科技进步贡献率测度:1953—2013 年》,《中国科技论坛》2015 年第 7 期;邱欣洁:《科技进步对经济增长贡献率的研究——基于中国 31 个省区市数据》,《对外经贸》2016 年第 4 期。

[④] 杨舒:《2017 年我国科技进步贡献率达 57.5%》,《光明日报》2018 年 1 月 10 日,第 8 版。

经济增长最重要的因素。① 在发达国家,科技进步对经济增长的贡献率高达70%,美德两国更高达80%;如果考虑中国的基础,技术对经济增长的贡献已居功至伟。

在社会领域没有指标测量技术对社会变迁的直接贡献,在组织即社会②的年代,经济学为社会学提供了间接指标,即职业。技术重组生产流程改变岗位结构,组织则依据岗位的贡献调整岗位薪酬;岗位薪酬影响其社会声望;进一步影响社会的职业声望与地位。因此技术是社会结构变迁的构成因子。在个体化③与技术环境发展中,技术也直接影响社会结构,比如数字鸿沟。④

技术对职业的影响通常反映在职业结构上。在职业结构中,三次产业从业人口比例的变化意味着技术对职业结构重组的影响,这是因为支撑三次产业职业结构的关键因素是技术。1978年中国就业总人口4.0亿,三次产业就业人口的比例为71∶17∶12;2017年就业总人口7.8亿,三次产业就业人口比例为27∶28∶45。⑤ 当然,产业人口结构的巨大变动并不完全是由于技术的影响,也混合了产业结构效应。1982年中国流动人口规模为657万,峰值出现在2014年,为2.53亿。⑥ 农村劳

---

① 西奥多·舒尔茨:《经济增长与农业》,郭熙保、周开年译,北京:北京经济学院出版社,1991年。
② Charles Perrow,"A Society of Organizations," *Theory and Society*, vol. 20, no. 6 (Dec. 1991), pp. 725 - 762.
③ Ulrich Beck, Elisabeth Beck-Gernsheim, *Individualization: Institutionalized Individualism and Its Social and Political Consequences*, Thousand Oaks, Calif: SAGE Publications Ltd, 2002.
④ NTIA, *Falling Through the Net Ⅱ: New Data on the Digital Divide*, Washington, D.C.: US Department of Commerce, 1998.
⑤ 依据国家统计局《中国统计年鉴》历年数据整理。
⑥ 依据多来源数据整理。

动力的低技术状况暗示,第三产业人口的增加主要来自农业劳动力的剩余,其中一部分来自产业结构变动效应,一部分来自技术对劳动力的替代,如农业机械的使用。值得强调的是,第二产业占比的变化主要来自技术对劳动力的替代。

在信息与通信技术(ICT)环境中,技术对社会结构的直接影响常用数字鸿沟指数度量。根据国家信息中心的数据,在2002—2012年的11年间,中国数字鸿沟总指数从0.67降为0.38,城乡之间的数字鸿沟指数从0.74降为0.44,①影响数字鸿沟变动的,正是信息技术在中国的应用。

撇开利弊不论,数据向我们证明,技术对中国经济的贡献和对社会的影响无疑是巨大的。伴随快速迭代和渗透到社会每个角落的技术应用潮流,构造的是一幅中国走进技术化社会的恢宏图景:技术不再只是提高生产效率的工具,技术已经是社会生活的依赖和环境,是社会发展变迁的主导性力量。

二、实践:技术的应用与创新

要准确理解技术给中国经济和社会带来的巨变,有三个背景需要交代。

第一,巨变并非建立在零基础之上,而是自1840年以来一系列技术运动积累的爆发与涌现。为改变"落后就要挨打"的局面,洋务运动、五四运动、孙中山的《实业计划》、蒋介石的《重工业建设五年计划》,中华人民共和国的赶超英美等一系列社会化的运动,既为科学技术作为观念在中国社会传播与扎根打下了坚实的基础,也为科学、技术、教育活动提供了社会合法性,为技术创新与应用汇聚了人才和社会支持力量。

---

① 国家信息中心:《中国数字鸿沟报告(2013)》,北京:国家信息中心,2013年,第7—14页。

第二，与西方以市场为主导的路径不同，中国的技术发展从一开始就是在政府主导下推进的，即使由市场化推进的信息技术扩散与渗透，其基础设施供给依然是由国有企业主导的。技术的历史虽然与人类的历史相伴随，可现代技术却与科学互为表里。通过科学与技术以实现民族复兴，始终是国家的历史责任，政府在践行使命中扮演着主导和引领的角色。

第三，改革开放以来的技术发展是在工业化、市场化、信息化、城市化等"四化"叠加的环境中展开的。改革开放初期，中国面对的基本问题是，如何在一个相对短的时间内，改变国家贫穷的面貌，改善人民的生活，建立相对完整的产业体系，建设有效的国防体系。以市场化为先导，推进"四化"是回应各种问题的实践路径，其中的每一项实践都离不开技术。

中国社会的技术实践正是在这样的背景下展开的，通过差异化的应用，让技术渗透到生产与生活的每一个角落；通过从引进到自主的创新，实现新技术对旧技术的更新换代，推动技术化社会向纵深发展。

(一)"四化"叠加的技术应用

在一个劳动力素质差异极大的社会，如何发挥技术的积极效应，让技术红利最大化，是改革初期面对的最大问题。[1] 同时，如何让企业适应改革开放，且获得生存和发展，则是企业在面对技术飞速发展的环境时存在的最大担忧。[2]

这两个问题正是推动技术差异化应用的现实基础。技术应用需要适用的技术工人和工程师，需要匹配的管理体系和人员，需要稳定的环

---

[1] 刘溶沧：《科技进步条件下的劳动力再生产》，《中国社会科学》1983年第2期。
[2] 陈吉元：《技术改造与经济体制改革》，《中国社会科学》1984年第6期。

境条件如材料、水电供应和交通供给等,没有这些条件,技术便无法应用。技术应用等条件也是积累性的,它在西方国家经历了整个工业化时代,在亚洲也经历了战后几十年的过程。中国劳动力素质和企业发展水平的差异性,则意味着对技术的应用不可能处在同一个起跑线上。在发展是硬道理的逻辑下,注定了技术在不同时点和地域的应用也是差异化的。

市场化和工业化为差异化技术应用提供了极宽广的产品空间,形成了从一元商品到奢侈品之间长长的列表,以及产品生产与销售的差异化技术系谱。国有企业也把技术优先应用于改善民生的产品制造技术和商品流通,如纺织原材料与加工、食品加工、交通工具改善、生活用品的批发与销售等。生活在那个年代的人们虽感受不到技术应用,却能感受到技术应用带来的成果:1992年价格闯关结束时,生产物质短缺的状况基本改善;1993年停用生活物质票证时,生活物质已基本可以满足人们的需求。

市场化和工业化还养成了差异化的技术应用主体。以国有企业改革后的1998年为例,在797.46万个工业企业中,国有及国有控股企业只有6.47万个,集体企业179.78万个,个体企业603.38万个。不同企业应用的技术类型千差万别,水平高低也差异极大。

1998—2000年,新浪、搜狐、百度三大门户网站先后上线,开启了信息技术应用的征程。如果说工业化时代的技术应用是组织应用的话,那么,信息化时代的技术应用从一开始就沿着两个方向在快速迭代和演化。一个方向是组织应用。1998年腾讯成立,1999年阿里巴巴成立,2000年以企业资源计划(ERP)为代表的企业信息技术在企业中大规模推广应用。短短三年时间,便形成了两大企业阵营:以信息技术为依托的"互联网企业"和应用信息技术的传统企业。另一个方向是大众应用。从浏览新闻开始,大众应用经历了从接受信息到发布信息,从个体与网站的连通到人、事、物之间的复杂连通,从信息交流、物质交流到复杂交流,从线下与线上、生产与生活分界清晰到线上与线下、生产与生活界限模糊,从肢体延伸到智力拓展等极速的迭代与演化,形成了极为丰富细化的技术应用场景。以人际沟通为例,从语音与文字分离的电话和电子邮件沟通,迅速演化为文字、语音、图像混合的沟通,场景化的技术应用随处可见。

1998 年实施的住房分配货币化,又把早已开始的城镇化发展推上快车道。城镇化不只是空间的设计与建造过程,也是融合了历史、文化、习俗、宗教等人文内容和居住、交通、生产、生活、娱乐、健康等基础设施的发展过程。城镇的每一个设施和设置,城镇居民行动的每一个环境,都涉及差异化的技术应用需求,也离不开进一步的技术支持。城镇既是服务于人类福祉的产品,又是市场化、工业化、信息化之产品的汇聚之所,更是技术应用差异化的综合场景。

技术应用四十年的发展具有明确的时间阶段性,1997—1998 年是分界点。1998 年之前的技术应用主要发生在市场化和工业化领域,且是组织应用;1997 年之后的技术应用则是在市场化、工业化、信息化和城镇化之间的交织,渗透在几乎所有生产与生活领域,且是组织应用与社会应用的混合。在中国社会的技术化进程中,在任何时点几乎都可以在空间上同时看到市场化、工业化、信息化和城镇化,构成了技术应用的差异化图景。

(二) 从引进到自主技术创新

发展中的"四化"叠加自然形成了对技术的多样化和差异化需求,也决定了技术供给的多样化和差异化。在缺乏自主供给能力的早期,当代中国走了一条从技术引进到自主创新的发展之路。

中华人民共和国成立初期是重工业发展阶段。从向苏联和社会主义阵营引进技术和成套设备开始,有 450 个项目用于填补机械、电力、汽车、能源、电讯等技术空白。中期的 84 个项目从美国以外的发达国家引进,涉及石油、化工、冶金、矿山、电子、精密机械、纺织等关键技术和设备。后期 310 个项目从西方国家引进新技术和成套设备,主要涉及大型化肥设备、化纤设备、石油化工装置、数据处理、轧钢、发电等设备。技术引进集中在与民生相关的前端行业领域如能源、动力、钢铁、机械、化工、电子等,也是工业化的基础技术,其应用的层级为行业级的大规模组织。

其后的技术来源多样且复杂,呈现出以外商投资企业为主和民企增幅强劲的格局,大致分为三个时期,初期以填补专业领域空白为主要目标,引进技术和设备 17000 多项,其中硬件技术占 85%,软件技术占 15%。中期以改造行业传统设备为主,引进技术 36722 项,除了技术和设备,技术转移、技术许可、技术咨询、技术服务等携带创新的技术引进比例逐步上升,如 2000 年的占比达到了 42%。近期则以专有技术许可、技术咨询和技术服务为主,引进项目的数量逐年上升,2006 年开始每年超过 10000 个项目。其中,"软技术"的交易额不断上升,2010 年占合同总金额的比例达 85%;成套设备的交易额不断下降,2011 年已下降至 2.8%;技术交流的趋势也日渐明显。与此同时,技术进出口额的贸易逆差不断改善,中国正成为技术出口大国。

从单纯技术进口到技术交流,是从引进到自主创新的历史性转变。遗憾的是没有系统的公开数据呈现中国技术进出口尤其是技术出口的结构与规模,因此难以判断中国技术创新的特征。间接的证据表明,技术创新,无论是对引进技术的应用创新还是原始创新,都与中国的差异化技术应用需求相伴随,也呈现出技术发展的多样化和差异化。

测量技术发展有三个关键指标,[①]其中两个是研发人员和研发产出。1992 年研发人员全时当量 67.43 万人年,2016 年达 387.81 万人

---

① 综合了多个数据来源,参见《人民日报》2017 年 8 月 21 日,第 1 版;《光明日报》2018 年 3 月 3 日,第 7 版;《环球时报》2018 年 4 月 11 日,评论版。

年;1978年中国专业技术人才规模为559万,2015年为7328万。2011年中国超过美国成为第一大专利申请国,2015成为世界上首个发明专利申请量超过百万件的国家,2016年有效发明专利拥有量突破100万件,成为继美国、日本后第三个超百万的国家。2005年中国科技人员发表科技论文94万篇,2016年达165万篇,论文总量和被引用量居世界第2位。

技术的发展依然是由社会支持的。测量社会对技术创新与应用支持的一个指标是研发投入占GDP的比重,它也是测量技术发展的第三个指标。1990年中国研发支出125亿元,占GDP比重的0.7%;2017年达1.76万亿元,占GDP的比重达2.1%。在中国,还有一个同样重要的指标,即技术的环境。1987年中国诞生第一家科技企业孵化器,到2016年底,纳入火炬计划的众创空间4298家、科技企业孵化器3255家、企业加速器400余家,加上19家国家自主创新示范区和156家国家高新技术区,形成了技术发展生态圈。中国的"新四大发明"(高铁、数字支付、共享服务、电子商务)正是在这一时期、这样的社会环境下出现的。

技术引进与创新也具有明确的阶段性。2000年之前,早期经历了从行业设备、民生工业设备、传统设备改造,到专业设备与技术引进的阶段;后期关注技术转移、许可、咨询、服务等软技术的引进、吸收、消化、转化。2000年之后,软技术占比快速上升,自主创新趋势日渐明显,也出现了标志性创新技术。中国的技术供给从需求引领正转向创新引领。

(三)社会的技术化

技术化社会(technological society)概念来自法国社会学家埃吕尔(Jacques Ellul)。[1] 他把运用技术达成目标的活动称为技术化

---

[1] Jacques Ellul, *The Technological Society*, trans. by J. Wikinson, New York: Vintage Books, 1964.

(technological),指出从古希腊到20世纪中叶,技术与社会关系特征的变化在于,技术曾经只是依据民间传统的工具,用以延伸人类的肢体;在迭代与演化中形成了技术的自主性(autonomy of technique),也跳出传统,进入组织、国家机器中,成为商业活动和国家行政的工具。进一步,技术进入人类的社会生活,作为无处不在的工具(means),即技术泛在化(technical universalism),成为与自然环境、社会环境并列的技术环境。①

对应中国社会的技术化,大致是:工业化早期为1.0版,政府主导或垄断对技术的创新和应用,企业是技术应用的载体,社会则是技术应用结果的用户。改革开放早期为2.0版,组织(政府和企业)是技术创新与应用的主体,个体通过加入组织参与技术应用,不具有进行技术创新和应用的独立性,社会依然是技术应用产品的用户。如今,中国社会的技术化已经进入3.0版。在ICT环境下,技术作为环境也让社会成员在应用中具有了独立性,加入场景化应用所生产的技术关系网络,数字支付是典型例子。任意一笔数字支付不再只是收支双方的直接互动,而是牵涉几十个行动者的社会关系网络行动。对社会而言,技术除了提高效率,更是技术关系网络的环境。②

在中国,官方话语的"技术进步"既是政策倡导,也是社会潮流。技术扩散不仅速度呈指数上升,覆盖面也快速扩大。以互联网技术应用为例,1997年互联网开始进入大众应用,上网用户数仅62万,2018年上网用户8.02亿;2005年智能手机进入大众应用,2008年手机上网用户1.2亿,2018年7.9亿。③ 2007年中国的信息社会指数为0.2587,2017年则

---

① 刘电光、王前:《埃吕尔的技术环境观探析》,《自然辩证法研究》2009年第9期。
② 邱泽奇:《技术化社会治理的异步困境》,《社会发展研究》2018年第4期。
③ 参见中国互联网络信息中心1997年以来历次《中国互联网络发展状况统计报告》和各项专题报告。

增至 0.4749,2018 年互联网普及率已达 57.7%,中国正在迈进信息社会的门槛。① 社会的个体化和技术应用的场景化②交汇,给社会的技术化提供了几近无穷的拓展机会,但也触碰了人类的伦理边界,利弊难料。共享服务、电子商务只是机会的冰山一角。网络、量子、生物、医药、图像与声音、数据挖掘、人工智能等领域性技术正在形成覆盖人类几乎一切属性的庞大技术生态。在应用差异化的进程中,技术与经济社会的动态也愈来愈强,如个体对社会图景的建构极不稳定,财富分配的模式在剧烈变动,甚至主权国家间的关系也变得脆弱。

三、理论:多元的尝试

面对人类历史上如此恢宏的变局,社会学家们在中国技术化社会进程中又观察到了什么?为社会学的知识积累做了哪些贡献呢?

检索中国社会学主流期刊和涉及对技术进行社会学研究的主要期刊,③加上图书,与对部分作者进行拓展检索,我们共检索到约 400 篇(部)文献,直接面对过去四十年的文献约 60 篇(部)。其中,第一篇文献发表于 1983 年。杨善华在列举了技术产品的某种应用之后提醒到,在引进先进技术时,要考虑国情;在推广技术前,要对社会后果进行评审等。④ 之后的文献大致涉及 5 个主题:(1) 经济、技术、社会的协调发展;(2) 技术社会学学科建设;(3) 技术的社会建构;(4) 技术的社会影响;

---

① 国家信息中心:《2017 年全球和中国信息社会发展报告》,北京:国家信息中心,2018 年,第 25 页。
② 参见邱泽奇:《技术化社会治理的异步困境》。
③ 检索期刊包括《中国社会科学》《社会学研究》《社会》《社会发展研究》《社会学评论》《开放时代》《自然辩证法研究》《自然辩证法通讯》等。
④ 杨善华:《科学技术的发展和社会学》,《社会》1983 年第 2 期。

(5)技术与社会的相互建构。其中,超过一半的文献以信息技术作为研究对象。不同于科学哲学和科技史的传统,社会学对技术的研究沿着科技与社会关系的路径发展,其中又有两个基本取向:社会整体协调取向和社会关系制衡取向,前者如奥格本传统(W. F. Ogburn),后者如埃吕尔传统。①

(一)技术的社会影响

技术的社会影响是最早的议题,也是技术决定论的表现形态之一。② 孙立平从社会对技术的接受能力出发,认为科技要想产生更大的经济社会效益,就需要建立适当的"技术、经济、社会"体制,增强社会对科技的需求,建立科技与生产生活的结合点,建立和完善技术市场,提高人的素质等。③ 此后至2000年前后的探讨,社会学大都在宏观层面进行应然式的探讨,如技术可能带来的社会影响,④技术与中国现代化的关系,⑤并开始触及信息技术⑥的影响,比如社会问题⑦以及社会变革⑧。

进入21世纪后,专题性内容逐渐丰富。在研究对象上,涉及了技术与个体、家庭、群体、社区、组织、社会;在研究问题上,涉及了技术对社会

---

① 参见威廉·费尔丁·奥格本:《社会变迁——关于文化和先天的本质》,王晓毅、陈育国译,杭州:浙江人民出版社,1989年;Jacques Ellul, *The Technological Society*, trans. by J. Wikinson, New York: Vintage Books, 1964. 当然,也有人认为应该把哈贝马斯(Jürgen Habermas)也纳入其中,参见本文最后一节。
② 技术决定论的表现形态丰富,例如对技术创新、技术发展趋势的研究等都假设技术是决定性的,甚至可以认为以技术为自变量的研究都隐含地假设技术是决定性的。
③ 孙立平:《论提高社会对科学技术的接收和容纳能力》,《社会学研究》1986年第6期。
④ 童天湘:《论智能革命——高技术发展的社会影响》,《中国社会科学》1988年第6期。
⑤ 李永胜:《现代科技革命与中国的社会现代化》,《社会科学战线》1993年第2期。
⑥ 邹新华:《浅谈互联网络 internet》,《社会学研究》1995年第5期。
⑦ 沈远新:《信息化带来的社会问题》,《社会》1998年第4期;陈海青、肖红迅:《智能犯罪:信息时代的一个沉重话题》,《社会》2001年第3期。
⑧ 李醒民等:《"科学、技术与社会发展"笔谈》,《中国社会科学》2002年第1期。

化、权利、性别、参与、抵抗、集体行动、网络空间、社区重建、组织变迁、社会变迁、不平等、治理等的影响;在这些研究中,理论视角非常多样,几乎看不到一个视角在不同研究问题上的持续与延展。

(二) 组织应用的影响

对技术与组织的研究是在组织社会学的知识框架下开始的。初期的探讨,仅认识到信息技术的应用和发展将改变组织形态。[①] 之后把技术作为组织的要素,探讨技术应用给组织带来的影响。如王水雄把技术作为影响劳动者博弈地位的因素,[②]刘振业把技术作为影响组织内部岗位相对权力变动的因素,[③]黄晓春把技术作为影响工作方式的因素,[④]梁萌把技术作为影响劳动过程建构的因素,[⑤]任敏指出技术对组织文化的影响取决于技术是否能获得组织合法性。[⑥] 李培林和梁栋探讨了技术对组织间关系的影响,认为企业的信息化程度对组织间关系的网络化有着重要作用。[⑦] 黄晓春还关注政府组织间的关系,他发现信息技术的魅力在于既重组运行机制,又不打破既有结构,如果在制度上进行合理配

[①] 邱泽奇:《在工厂化和网络化的背后——组织理论的发展与困境》,《社会学研究》1999年第4期。
[②] 王水雄:《技术、博弈地位与组织方式变动》,《社会学研究》2000年第6期。
[③] 刘振业:《组织化的信息技术系统与组织结构的互动机制》,郑也夫、沈原、潘绥铭主编:《北大清华人大社会学硕士论文选编》,济南:山东人民出版社,2004年,第1—63页。
[④] 黄晓春:《技术进步与工作方式》,《社会》2001年第5期。
[⑤] 梁萌:《技术变迁视角下的劳动过程研究——以互联网虚拟团队为例》,《社会学研究》2016年第2期。
[⑥] 任敏:《信息技术应用与组织文化变迁——以大型国企C公司的ERP应用为例》,《社会学研究》2012年第6期;《技术应用何以成功?——一个组织合法性框架的解释》,《社会学研究》2017年第3期。
[⑦] 李培林、梁栋:《网络化:企业组织变化的新趋势——北京中关村200家高新技术企业的调查》,《社会学研究》2003年第2期。

置,便会在组织层次发挥更大的整合效率。①

　　这些研究中的一部分关注了组织中的社会群体——受雇佣者,与经济学形成了非常鲜明的对照。经济学更多地将技术作为提高生产效率的要素,没有对人群的关照;即使纳入人群因素,也是技术资本与人力资本的关系,探讨的中心是效率,而上述研究则更多地关照了组织中人群的地位、权利、权力、能力等社会面向。

　　上述研究沿用的理论范式差异极大。王水雄的研究受博弈论和组织研究新制度主义的明显影响,刘振业的分析采用了技术决定论范式,黄晓春的文章则隐含着技术赋能假设,梁萌的讨论显而易见透露着新马克思主义的影响,任敏的研究工具则是组织研究新制度主义的,李培林的研究综合体现了不同学科的复杂影响。尽管如此,每一项研究在各自沿用的理论领域都有贡献,支持了在技术的组织应用阶段对技术化社会特征的理解。

　　遗憾的是,尚没有研究将这些维度串联起来,以促进对技术化社会组织特征的探索。邱泽奇对文献的研究证明了这一点。在回顾大量组织研究文献的基础上,邱泽奇认为,在组织领域对技术的研究,曾经有一条清晰的管理学取向脉络,也经历了从技术决定论到社会建构论的转向,社会学虽在其中,可作用并不显著。进入 21 世纪以后,社会学的参与开始快速增强,以互构论为代表的情境中心论的影响正在增强。② 但依然没有主流性的理论范式和分析方法。因此,我们并不清楚技术如何通过组织在影响社会,其社会机制尚不清楚。未来需要的是,在一个更大图景下对微观机制及其宏观意义的综合探讨。

---

① 黄晓春:《技术治理的运作机制研究:以上海市 L 街道一门式电子政务中心为案例》,《社会》2010 年第 4 期。
② 邱泽奇:《技术与组织:多学科研究格局与社会学关注》,《社会学研究》2017 年第 4 期。

(三) 社会应用的影响

与技术的社会应用相关联的研究呈现了更丰富的内容,涉及个体社会化、交往方式、家庭功能、社会分化、性别平等与不平等、意见领袖、政治态度、个人数据权利等。

1. 集体行动

在住房货币化分配和住房市场蓬勃兴起之后,出现了一类新人群——业主。聚焦技术与政治动员的关系,黄荣贵归纳了三种理论模型:互联网成为非制度化政治参与的渠道;互联网提供了舆论空间;互联网有助于实现大规模的网络动员。[①] 黄荣贵认为在三种理论模式中存在两种决定论——技术决定论和政治决定论,并试图超越决定论式的讨论。[②] 在后续研究中,黄荣贵发现在线业主论坛确实促进了集体抗争。[③] 汪建华对代工厂工人集体抗争的研究也获得了相同的结论。[④]

与此有关的主题是技术与政治参与的关系。陈云松用 CGSS 数据分析得到的结论是,互联网的日常使用扩大了城市居民的政治参与。[⑤] 孟天广和季程远区分参与的组织形式,发现集体性介入对网路空间的政治参与有显著促进,个体性介入则有负向影响或没有影响,结论是互联网普及并不会自动带来民主。[⑥] 季程远等人的研究发现,在给定的技术环境下,政治价值观对网络抗争行为具有内在限制,自由民主价值观的

[①] 是否是理论模型可以另题讨论。
[②] 黄荣贵:《互联网与抗争行动:理论模型、中国经验及研究进展》,《社会》2010 年第 2 期。
[③] 黄荣贵、桂勇:《互联网与业主集体抗争:一项基于定性比较分析方法的研究》,《社会学研究》2009 年第 5 期。
[④] 汪建华:《互联网动员与代工厂工人集体抗争》,《开放时代》2011 年第 11 期。
[⑤] 陈云松:《互联网使用是否扩大非制度化政治参与:基于 CGSS2006 的工具变量分析》,《社会》2013 年第 5 期。
[⑥] 孟天广、季程远:《重访数字民主:互联网介入与网络政治参与——基于列举实验的发现》,《清华大学学报》(哲学社会科学版)2016 年第 4 期。

限制效应呈现出倒 U 型。① 一个关联的问题是,线上的动员与线下的参与又有怎样的关系呢?卜玉梅的研究说明,线上动员的成功并不意味着线下参与的实现,在业主抗争案例中还需要辅之以线下的二次动员来支持线下行动的持续,其中,政治风险是影响抗争从线上到线下的重要因素。②邱林川以富士康为例构建了网络化抵抗的新三角(网络劳工、中低端信息传播、新工人阶级的公共领域)。③ 王洪喆根据中国电子和计算机技术的历史,引用邱林川的结论,认为技术曾经既是生产工具,也是阶级政治的中介,在与新自由主义关联中又接受技术决定论,实现了与资本主义的汇流。④

显然,这里有两种不同的基本主张:自由行动与阶层行动。在自由行动的主张之下,对政治动员的研究还有极大的空间,我们尚不清楚,无论是渠道还是空间,技术即使作为工具对社会动员的发生条件、影响机制、影响限度到底在哪里?对政治参与的研究则呈现了较强的系统性。当把动员与参与作为集体行动的连续过程时,又出现了更多的疑问。更有挑战性的问题还在于,在已知价值观、组织形式对参与影响的前提下,技术、组织形式、价值观、行动路径各自对一项参与的影响结构是什么?在阶层行动的主张之下,一个简单却基本的问题是:阶层是前置变量还是中介变量抑或控制变量?

2. 网络空间

网络空间是技术社会化的现象之一,它在物理空间之外,构建了一

---

① 季程远、王衡、顾昕:《中国网民的政治价值观与网络抗争行为的限度》,《社会》2016 年第 5 期。
② 卜玉梅:《从在线到离线:基于互联网的集体行动的形成及其影响因素——以反建 X 餐厨垃圾站运动为例》,《社会》2015 年第 5 期。
③ 邱林川:《告别 i 奴:富士康、数字资本主义与网络劳工抵抗》,《社会》2014 年第 4 期。
④ 王洪喆:《从"赤脚电工"到"电子包公":中国电子信息产业的技术与劳动政治》,《开放时代》2015 年第 3 期。

个纯粹由人际(事)网络组成的虚拟空间。刘瑛和杨伯溆对照传统社区的定义,认为虚拟社区是真正的社区,有可能对现实社区取而代之。① 陈华珊对业主网络社区的数据分析发现,网络促进了业主的社区参与,且不同议题的讨论网之间可以相互转化。② 孟天广和李锋的研究显示,居民运用网络表达诉求的规模在大幅增加,且经济议题占据了主要位置,与此同时,地方政府也在强化回应建设,形成了制度、政府和居民之间的互动。③

除了对居民行为的研究外,王晓蕾注意到了互联网技术应用对传统社区结构尤其是权力结构的影响,认为互联网有利于拓展中间层和非政府团体,进而延展社会自治。④ 高峰和周毅在概念层次探讨了信息空间对社会结构的影响。⑤ 翟振明在更抽象的层次认为,虚拟实在技术不是制造工具的技术,而是制造整个经验世界的技术,是一种主体技术。⑥ 余红和杨伯溆从性别视角出发认为,互联网是集体创造知识的有力空间,也是一种更加柔性、个性化、非男权主义、非工具性的、大众的体系,是妇女争取权利的传播空间。⑦ 庄家炽等人用调查数据证明,网络空间扩大了性别不平等。⑧

---

① 刘瑛、杨伯溆:《互联网与虚拟社区》,《社会观察》2003 年第 4 期。
② 陈华珊:《虚拟社区是否增进社区在线参与? 一个基于日常观测数据的社会网络分析案例》,《社会》2015 年第 5 期。
③ 孟天广、李锋:《网络空间的政治互动:公民诉求与政府回应性——基于全国性网络问政平台的大数据分析》,《清华大学学报》(哲学社会科学版)2015 年第 3 期。
④ 王晓蕾:《互联网与中国传统社区结构的重建》,《社会》2001 年第 4 期。
⑤ 高峰、周毅:《信息空间构建及其对社会结构的影响》,《社会》2003 年第 7 期。
⑥ 翟振明:《赛伯空间及赛伯文化的现在与未来——虚拟实在的颠覆性》,《开放时代》2003 年第 2 期。
⑦ 余红、杨伯溆:《性别隐匿的赛伯空间》,《社会》2002 年第 10 期。
⑧ 庄家炽、刘爱玉、孙超:《网络空间性别不平等的再生产:互联网工资溢价效应的性别差异——以第三期妇女地位调查为例》,《社会》2016 年第 5 期。

在信息技术与社会的研究中,最早提出的是"虚拟社区"概念,[1]最早敏锐感受到网络空间的是城市规划专家。在讨论信息技术在城市的应用时,卡斯泰尔(Manuel Castells)提出了流动的空间,[2]形成一系列从实证到哲学的探讨,相关的文献汗牛充栋。遗憾的是,中国社会学家们更多地在进行现象判断,尚没有提出更有建设性的研究问题和理论分析框架。

3. 数字鸿沟

数字鸿沟是信息技术影响社会不平等的宏观表征,通常指因制度安排、技术设施、技术能力等差异,导致一部分人与信息技术带来的技术红利无缘,是研究信息技术与不平等的基础参数。

邱泽奇运用中国互联网络发展状况统计数据最早探讨了中国的数字鸿沟现象,他指出互联网并没有抹平之前的各类差距,促进社会平等,经济发展的地区差距依然存在,由经济发展差距导致的受教育程度差距、由社会文化等导致的性别差距依然存在。相反,互联网络在很大程度上似乎在扩大原有的差距,并在进一步形成新的差距。[3] 汪明峰的研究获得了相似的结论,他对互联网用户在城市和区域的分布动态的分析发现,中国地区之间的数字鸿沟十分明显,其中特大规模以上城市与其他城市之间的差异尤为显著。[4] 与之相反,王战华的研究认为,上海市

---

[1] Howard Rheingold, *The Virtual Community: Homesteading on the Electronic Frontier*, Reading, Mass: Addison-Wesley Pub. Co., 1993.
[2] 曼纽尔·卡斯泰尔:《信息化城市》,崔保国等译,南京:江苏人民出版社,2001年,第136—186页;《网络社会的崛起》,夏铸九、王志弘译,北京:社会科学文献出版社,2001年,第466—524页。
[3] 邱泽奇:《中国社会的数码区隔》,《二十一世纪评论》2001年2月号。
[4] 汪明峰:《互联网使用与中国城市化——"数字鸿沟"的空间层面》,《社会学研究》2005年第6期。

的信息化建设拉近了社区管理者和市民之间的距离,在突破数字鸿沟方面初见成效。①

对数字鸿沟现状的判断是重要的,更加重要的是技术应用与数字鸿沟之间的理论挖掘,源于实践的理论才是公共政策的依据,才是缩小数字鸿沟的起点。遗憾的是,社会学家们常常是沿着自己的兴趣展开对问题的追寻,而不是基于现实期待。赵联飞的分析展现了同样的取向。②不同的是,邱泽奇等人关注数字鸿沟的社会机制,在分析数字鸿沟演化的基础上指出,技术应用是将僵化资产转变为互联网资本的过程,在给定高度互联产生规模乘数效应和差异化需求规模乘数效应的前提下,用于资产组合的资源和实施组合的技术都影响人们对技术红利的获取。③

在给定制度下,传统的研究结论认为,家庭和受教育程度等是影响不平等的初始自变量、技术调节变量,且隐含的前提是,没有革命性的技术。问题是,技术化社会创新和应用的正是革命性技术,技术的改变意味着机会的巨变,也因此意味着社会经济地位的大调整,甚至社会的重组。"四化"叠加的技术发展提供了差异化的发展机会。不过,在同一时空,对于拥有不同资产的人口而言,这些机会又是有约束的。机会与约束性并存如何影响了不同人群的发展?这是现实最需要回答的问题,也是技术与不平等研究最需要回答的问题。在数字鸿沟主题中,还没有令人印象深刻的实证研究,也缺乏相对系统的理论分析。

---

① 王战华:《面对和突破"数字鸿沟"——从上海信息化发展谈起》,《社会》2003年第3期。
② 赵联飞:《中国大学生中的三道互联网鸿沟——基于全国12所高校调查数据的分析》,《社会学研究》2015年第6期。
③ 邱泽奇、张樹沁、刘世定、许英康:《从数字鸿沟到红利差异——互联网资本的视角》,《中国社会科学》2016年第10期。

4. 治理

对技术与治理的探讨是人类从主体到对象反转的一个主题。陈海青和肖红迅对智能犯罪的提醒,开启了社会学者对治理的探讨。[1] 于志刚和李源粒的研究则结合了大数据环境,认为现行《刑法》中数据的范围在纵向和横向两个方面都显现出时代局限性和滞后性,在解决问题的进程中,却又过于重视数据的空间性而忽略本体性,造成案件定性的困扰。[2] 黄石鼎和吴广宇在阐述 ICT 环境下城市特征变化的基础上,提出了城市管理的主要内容、城市管理信息系统、数字城市与电子政府等设想,不过,没有具体案例和事实。[3]

更多的研究关注了非常不同的治理议题。冯仕政讨论了大数据的三重属性(数据、技术、社会),倡导在社会治理中主动利用大数据。[4] 徐汉明和张新平认为传统非基于技术归化的治理模式自身设计存在缺陷,无法及时有效应对网络社会出现的各种问题。因此,基于技术归化的法治治理理论、制度与实践相结合的网络社会治理模型与范式亟待出现。[5] 何明升讨论了以强调网络社会机制为基础的规则重构、虚实相宜的网络治理安排、以网络法律为核心的法治网络建设。[6] 张新宝和许可把话题延展到了网络空间主权上,提出了内部主权和外部主权概念。[7]

---

[1] 陈海青、肖红迅:《智能犯罪:信息时代的一个沉重话题》,《社会》2001 年第 3 期。
[2] 于志刚、李源粒:《大数据时代数据犯罪的制裁思路》,《中国社会科学》2014 年第 10 期。
[3] 黄石鼎、吴广宇:《信息化与全球化背景下的城市管理(上)》,《开放时代》2001 年第 4 期;《信息化与全球化背景下的城市管理(下)》,《开放时代》2001 年第 6 期。
[4] 冯仕政:《大数据时代的社会治理与社会研究:现状、问题与前景》,《大数据》2016 年第 2 期。
[5] 徐汉明、张新平:《网络社会治理的法治模式》,《中国社会科学》2018 年第 2 期。
[6] 何明升:《中国网络治理的定位及现实路径》,《中国社会科学》2016 年第 7 期。
[7] 张新宝、许可:《网络空间主权的治理模式及其制度构建》,《中国社会科学》2016 年第 8 期。

对人类技术与中国治理特征的探讨倒是这一主题的亮点。渠敬东等人在归纳中国 30 年改革经验时,把治理特征的演化划分为三个阶段:改革最初的 10 年是以双轨制为核心的二元社会;中间 10 年,市场化构建了市场与权力、中央与地方的新格局;进入 21 世纪后,行政科层化的治理得以推行。循着用技术解决问题的思路,中国的治理从改革前的总体性支配在 30 年后变成了技术化治理。① 显然,指的是埃吕尔的人类技术。

沿着技术化治理的分析框架,王雨磊在对农村精准扶贫的研究中认为,通过将数字信息在地化、系统化和逻辑化,国家得以改善基层治理过程中的信息不对称,实现对社会治理的优化,数字下乡是国家向农村进行信息渗透、精准干预治理过程的后果。② 彭亚平对另一种技术治理的分析认为,在将复杂民意化简成民调数据时,技术只能保证化简程序的严谨性,民调的规定性源自基层权力结构,又被转移到对复杂民意的筛选、压缩和量化过程中,意味着运用技术之眼观察社会时,看到的可能是自己的影子。③

要真正理解现实中的治理,关键在于理解技术对社会影响的逻辑。这个逻辑正处在历史转折点上。一方面,治理面对的问题越来越复杂,如人类与人造物的边界到底在哪里?另一方面,权力、资本、社会也因技术而在重新定义各自的责任与权利;还有,用于治理的技术也越来越丰富,且难断善恶。在这样的趋势面前,达成社会秩序的基本逻辑还会与工业化时代完全一样吗?

---

① 渠敬东、周飞舟、应星:《从总体支配到技术治理——基于中国 30 年改革经验的社会学分析》,《中国社会科学》2009 年第 6 期。
② 王雨磊:《数字下乡:农村精准扶贫中的技术治理》,《社会学研究》2016 年第 6 期。
③ 彭亚平:《技术治理的悖论:一项民意调查的政治过程及其结果》,《社会》2018 年第 3 期。

(四) 技术与社会的相互建构

与技术决定论和社会决定论不同,邱泽奇等人在组织与技术的实地研究中,观察到了一项技术的应用既不是组织规定的,也不是技术决定的。他由此提出了技术与组织相互建构的理论,[①]认为信息技术因其结构性而具有组织刚性,也因其细节的可塑性而具有组织弹性;同样,组织结构也具有刚性和弹性的两面。既有的组织因信息技术的组织刚性而产生结构重组;同时,建构中的技术也会因为组织结构的技术刚性而被修订或改造。由此,形成了技术与组织之间的相互建构。

沿着这一理论框架,邱泽奇带领的小组进行了一系列实证研究,如对青岛啤酒集团、马鞍山钢铁集团、中国第一汽车集团、四川长虹电子控股集团等企业在信息技术应用过程中的组织变革与技术调整进行研究,内容涉及组织岗位结构调整、部门结构与关系调整、文化调适、技术与组织环境的适应、技术应用性调整等,不仅在理论上丰富了互构理论,也归纳了技术应用的实践逻辑。[②] 依据应用主体和技术类型,他归纳了技术中心论、社会中心论、情景中心论等三种分析范式,指出中国社会的技术化在组织领域带来的历史性变化,是从工厂制到平台制的转变,对平台的研究将是推动组织研究发展的历史转折点。[③]

陈秋虹将这一理论框架应用于村庄技术应用,探讨了技术与社会的互构,她发现当熟人社会瓦解,固定电话便被赋予了隐秘的社会内涵,对私人空间和时间的压缩让手机成了商业信息传递的工具。她特别强调,

---

① 邱泽奇:《技术与组织的互构——以信息技术在制造企业的应用为例》,《社会学研究》2005 年第 2 期。
② 有兴趣的读者可以查阅相关北京大学社会学系的硕士和博士学位论文。
③ 邱泽奇:《技术与组织:多学科研究格局与社会学关注》,《社会学研究》2017 年第 4 期。

使用者的主体性让技术在应用中形成了鲜明的地方社会特征。① 谭海波等人对政府网上行政服务系统的研究则发现,不同层级的核心行动者对信息技术及其机遇与约束有基本认识,在权力—利益的关系中,互构了信息技术的应用效果,依据权力集中度和利益冲突程度构造了不同信息技术的应用场景和应用类型。②

与技术应用相伴随的社会现象在过去四十年是最为丰富的,但同样让人不满的是,从中国实践中获得理论归纳没有持续跟进技术应用的快速发展,对技术进入社会化应用之后的探讨还没有显见的解释力。

21世纪初,在思考互联网技术对社会学理论的挑战时,迪马鸠(Paul DiMaggio)等指出,互联网技术迫使我们重新思考:(1)涂尔干主义,技术对社区的影响,如点对点的通讯技术是否重新加强了有机团结等;(2)马克思主义,技术对政治和生产过程的渗透,是否强化了对原子化个体的控制与社会不平等的影响;(3)韦伯主义,技术发展是否增进了社会的理性化程度,如对组织和经济制度的影响、权力和社会不平等的关系;(4)技术决定论,技术是否更多和更强地决定了社会的发展方向;(5)批判主义,技术对政治协商、公民社会发展的作用等。③

但这些问题依然是工业时代的问题,回答这些问题也无法回应中国实践乃至人类实践提出的理论挑战。事实上,前辈们创造的基本框架正面临挑战,技术对社会学带来的挑战也是革命性的。社会学家们要么与时俱进,学习前辈们的探索精神,直面技术革命的基本问题——譬如:

---

① 陈秋虹:《技术与社会的互构——以信息通讯技术在商村社会的应用为例》,《青年研究》2011年第1期。
② 谭海波、孟庆国、张楠:《信息技术应用中的政府运作机制研究——以J市政府网上行政服务系统建设为例》,《社会学研究》2015年第6期。
③ Paul DiMaggio, Eszter Hargittai, W. Russell Neuman, John P. Robinson, "Social Implications of the Internet," *Annual Review of Sociology* (2001).

(1)凝聚社会的纽带到底是什么？(2)技术、资本、权力之间的关系本质又是什么？(3)人类的组织形态到底发生了怎样的变化？科层制还是组织归纳人类的组织特征么？等等；要么依然固守前辈们的概念与命题，把鲜活的事实填进百年不变的框架之中，让社会学在社会的迭代与演进中消失。

因此，调整关注点，在关注社会时，不仅关注工业化带来的职业结构、市场化带来的资本霸权、信息化带来的数字鸿沟、城市化带来的贫困人口，从整体格局上更关注在工业化、市场化、信息化、城市化发展中的技术环境，关注技术的迭代与演化趋势、技术向"四化"每一个缝隙渗透的机制与影响，关注人类对技术的治理，便是社会学迭代与发展的机会。如果用这个视角回望社会学对中国四十年技术实践的关照，便会发现社会学遗漏了太多的关键社会现象，如技术引进和技术渗透的社会基础、机制、后果，甚至革命性的新社会现象，如社交、智慧生活、生命变革等。关注这些，也许是社会学配得上这个时代的理论和学科的新生之源泉。

第七章 政府行为研究

周飞舟

从学科划分的角度来看,政府行为并非社会学的研究领域。社会学作为起源于欧洲、繁荣于北美的一门学科,其研究对象主要是在西方"国家与社会"范畴下与"社会"相关的各个方面,而国家和政府一般是作为社会研究的"背景",甚至是批判的对象而存在的。政府行为作为社会学的研究对象并发展成为一个重要的研究领域,既是中国社会学四十年来发展的重要成果,也是中国经济社会发展的特色所决定的。本文将通过系统梳理自改革开放以来的社会学研究成果,考察政府行为如何引起社会学的关注并逐渐成为社会学的一个重要研究对象,总结社会学在研究政府行为时所使用的研究方法和范式及其变化,力图从中找到一些富有启发的学科发展经验。总的来说,社会学在分析政府行为时先后运用了三种分析方式,这三种分析相继迭起,下面分别论述。

一、利益结构分析(1978—1995)

社会学从 20 世纪 70 年代末恢复和重建,这既是中国改革开放的结果,也决定了新时期社会学的发展必将与中国社会的剧烈变迁过程紧密地联系在一起。中国的改革开放,其主要的内容是从计划经济体制向市场经济体制的转型过程,即从以政府为主导的资源配置体制向以市场为主导的资源配置体制的转变过程。社会学在研究这个转型过程时,主要采用利益结构分析的方法来展开,并展现了与经济学分析有明显差别的自身特点。

从社会学"国家与社会"的传统分析范式来看,中国的改革可以被看作国家对"社会"的"分权让利"的过程,或者说国家对"社会"的控制关系调整和松动的过程。从 20 世纪八九十年代发生的经验现实来看,国家的确在逐步缩小其控制的范围,控制的力度也在减弱,在这种情况下,"体制外"的部分迅速生长,产生了大量的"自由空间"和"自由流动资源",[1]同时也产生了大量的独立或半独立于国家控制之外的利益主体。随着改革的全面铺开,国家控制的部分主要集中在行政组织以及作为公共服务部门的事业单位,而处于国家控制边缘,已经逐步"独立"的利益主体,首先是农民,然后是农民兴办的乡镇企业。乡镇企业的繁荣引发了 20 世纪 90 年代开始的步伐迅速的市场化进程,民营企业的兴起以及国有企业的股份化改革,代替 80 年代的农民成为 90 年代国家控制外的"社会"主体部分。这种结构性的变动引起的利益分化和利益调整,成为社会学研究关注的主要目标,而其中的问题意识与研究视角皆与"国家与社会"的二元分析范式有关。

社会学恢复重建初期,社会学者的主要精力在于译介西方理论和方法,经验研究则主要集中于传统的家庭婚姻领域。20 世纪 80 年代末 90 年代初,在费孝通等前辈的影响下,[2]乡镇企业研究成为社会学经验研

---

[1] 孙立平等:《改革以来中国社会结构的变迁》,《中国社会科学》1994 年第 2 期。
[2] 费孝通先生在这段时期有一系列的文章讨论乡镇企业问题,提出了"苏南模式"等重要概念。对于发展模式的反思集中于《我国农村经济发展战略》《四年思路回顾》等文章,分别载《费孝通全集》第十二卷第 236—247 页、第十三卷第 209—247 页,呼和浩特:内蒙古人民出版社,2009 年。

究的重要内容,并取得了一系列的成果。乡镇企业是中国改革开放前期最为重要的成就之一,直到 20 世纪 90 年代中期之前,都是中国经济增长的最大动力,也引起了国内外学术界巨大的关注和研究的兴趣。经济学家主要从生产要素配置以及产权结构入手,发现了乡镇企业诸多的"不合理"之处,即不合乎西方的新古典和新制度主义经济学理论。例如乡镇企业大多位于乡村地区,交通和信息成本很高,不易获得工业生产的规模效应;乡镇企业的产权是集体产权,产权结构模糊而且缺少明晰的排他性,易产生委托代理问题等等。也就是说,从理论上看,乡镇企业是缺乏效率的。那么,乡镇企业在现实中的成功就只能从经济学理论之"外"进行解释,这是乡镇企业研究在社会科学中兴盛的主要原因。在这些解释中,有些是政治和意识形态的解释,认为在当时的政治经济环境下,私有产权是无法在计划与市场双轨并行的环境中立足的,而恰恰是介于国有与私有之间的乡镇企业适逢其时,可以大行其道;[1]有些解释则偏重于文化,认为产权的不明晰在中国的文化环境中并不一定产生低效率,反而可能会因为中国的"合作文化"而获得成功。[2] 这些解释大都从乡镇企业的政治经济和社会环境入手讨论,可以帮助我们理解乡镇企业在现实中的成功因素,但还是没有正面解释乡镇企业内部的产权结构和经营过程对企业效率的影响。相比之下,社会学的研究可以算得上正面出击,深入虎穴而得虎子,揭开了中国乡镇企业的内部奥秘,也开启了政府行为研究的序幕。

---

[1] David D. Li, "A Theory of Ambiguous Property Rights in Transition Economies: The Case of the Chinese Non-State Sector," *Journal of Comparative Economics*, vol. 23, no. 1 (August 1996), pp. 1–19.

[2] Weitzman, L. Martin, Xu Chenggang, "Chinese Township-Village Enterprises as Vaguely Defined Cooperatives," *Journal of Comparative Economics*, vol. 18, no. 2 (June 1993), pp. 121–145.

社会学的乡镇企业研究是典型的实地研究,其材料和发现都来自大量的田野工作的积累。费孝通先生在他的乡镇企业研究中,为东部地区的乡镇企业划分了一些基本的模式,其中最为出名的属"苏南模式""温州模式"和"珠江模式"。在这三类模式中,"苏南模式"发展最早,也最为成功,集体化程度高,是最为典型的集体产权乡镇企业。国外的研究者将这类乡镇企业称为"模糊产权",但是对这种"模糊产权"在实践中如何运作,如何产生效率则大多语焉不详。北京大学社会学课题组对苏南和山东的乡镇企业进行了深入的实地研究,其成果体现在马戎、王汉生和刘世定编写的著作①以及他们的系列论文中,其中刘世定的一系列研究正是针对企业的经营活动展开。

在1995年的一篇论文中,刘世定指出,在他们课题组考察的苏南15个乡镇企业中,企业的主要经营环节如建厂、联营、转产、业务项目、原材料、产品销售、技术、培训等等,都利用了他所说的"非正式社会关系资源"②。所谓非正式社会关系,是与法规、契约无关的人与人之间的各种血缘、地缘和业缘关系。虽然这类关系在世界各文明中都普遍存在,但是它们在中国社会中的重要性却是被学者们反复指出和强调的。与改革前的计划经济体制相比,产权"模糊"的乡镇企业与当时计划与市场双轨并行的环境,使得这些关系大有用武之地,变成了企业重要的"关系资源"。

在20世纪八九十年代,企业界人士所说的"公共关系",或者叫作"公关",实际上是在建立和疏通各种"私人"关系。这些私人关系或者先天存在,或者后天借助于企业之间、企业与政府之间的"公共"来往而建

---

① 马戎、王汉生、刘世定:《中国乡镇企业的发展历史与运行机制》,北京:北京大学出版社,1994年,第1359—1386页。
② 刘世定:《乡镇企业发展中对非正式社会关系资源的利用》,《改革》1995年第2期。

立,但大都在企业运营中起着重要的作用。"关系"最重要的是其人格化特征,这包括两个方面的含义:一个是私人性,即使最初是一些公共的业务交往,很快也会变成具有私人交往的特征,如果不能变成私人交往性质的,公共交往便往往会"淡薄"或中止;另一个是基本上完全依赖于特定的个人,一个人的"关系丛"就只能是这个特定的个人的关系丛,换了人以后,这个关系丛就会立刻转换或者消失掉。刘世定之所以将这些"关系"称为"资源",是因为对企业来说,关键的业务如联营、项目和销售等,都依附于特定的个人而非企业。一个国营大厂之所以将一部分业务包给某乡镇企业,大都是因为这个国营大厂的"生产科长"或"销售科长"与这个乡镇企业厂长个人的关系,所以"厂长一般不换,弄不好换一个厂长倒一个企业"[①]。这种"关系"在改革前一切生产、销售计划都由国家控制、指挥的情况下很少发挥作用,在计划经济体制下,无论是厂长个人还是企业职工都存在激励不足的问题。但在改革初期,尤其是计划与市场并存的时期,"关系"便有了发挥作用的余地,扮演了连接"计划内"与"计划外"两个完全不同领域的重要角色,正如刘世定发现的,随着市场扩张,出现了一个非正式社会关系扩张的过程。

在企业内部的经营中,关系也扮演了重要的角色。单纯从组织和制度视角来看,乡镇企业是位于乡村地区的现代企业组织,这也正是其看上去缺乏经济合理性的地方。但是从社会关系的角度看,这些现代企业组织与传统性很强的乡村社会并没有明确的边界,这些从农业里长出来的工业,[②]其内部的运营形式有着很强的社会治理的特征,这也被社会

[①] 刘世定:《乡镇企业发展中对非正式社会关系资源的利用》。
[②] 费孝通:《在农业基础上发展起来》,《费孝通全集》第十二卷,呼和浩特:内蒙古人民出版社,2009年,第236—247页。

学家看作中国社会结构特征在工业化过程中的表现。① 乡村社会的一些治理特征如权威关系的传统形态会在企业内部运转中发挥重要的作用,从而在一定程度上解决了产权不明晰带来的委托代理问题。②

社会关系在企业的内部运营和外部业务方面发挥的作用,构成了对"乡镇企业悖论"的一个回答。这个回答并没有否认私有产权的效率,而是说明了"模糊"产权或者集体产权在某些条件和环境下也可以达到一定的运营效率,或者说其引起的效率损失并非像经济学理论所估计的那么严重。进一步而言,乡镇企业的效率问题并不是靠明晰产权带来的"排他性"解决的,而是靠不同利益主体之间的关系或关联性解决的。

乡镇企业的所有者是乡镇政府或者村委会,厂长或企业经理是实际的经营者,这二者之间构成了一个典型的委托代理结构。虽然他们之间的合同大多是"关系合同"③,也就是不完全合同,但是由于"二次嵌入"或"二次合同"的存在,④厂长或企业经理实际上获得了很大程度的经营独立性。也就是说,厂长或企业经理的控制权是依靠"二次合同"带来的信息优势获得的。这种优势会变得很大,他们"在日常经营中权利扩张

---

① 渠敬东:《占有、经营与治理:乡镇企业的三重分析概念》(上),《社会》2013年第1期;《占有、经营与治理:乡镇企业的三重分析概念》(下),《社会》2013年第2期。
② 周飞舟:《回归乡土与现实:乡镇企业研究路径的反思》,《社会》2013年第3期。
③ 关系合同的"特点是,由于签署合同各方的有限理性和交易成本的存在,使得合同是有缺口的,并且这种缺口无法通过合同法来弥补,而要依靠在一个关系体系中的连续的协商来解决,也就是说,未来订立新合同的社会关系基础在事前就已经建立。关系合同内生于一定的社会关系体系中",参见刘世定:《嵌入性与关系合同》,《社会学研究》1999年第4期。
④ 刘世定提出的重要概念。接上一个脚注的内容,委托人与经营代理人签订的合同"嵌入于他们之间的关系",所以归类于"关系合同","而在这个合同缔结之后,经营代理人在相对独立地从事经营活动的过程中和他的经营伙伴缔结合同,并使合同嵌入于他们之间的关系,我将后一次嵌入称为'二次嵌入'",或者称之为"二次合同"。参见刘世定:《嵌入性与关系合同》。

的弹性、在再缔约中对委托人形成的压力,都将比在制度环境稳定时要更大,这种状态甚至会演变为委托人权力旁落的代理人控制"[1]。这种重重叠加的"关系合同"实际上带来了经营人事实上的"排他性"。与经济学重复博弈论中的"民俗定理"相类似,这些靠一系列"关系"联结出来的结构,可能获得了与明晰产权相近的绩效,但是也会产生一些非常有中国特色的后果,这是本文要进行讨论的重点。

社会关系——尤其是中国的这些人格化、私人性很强的社会关系,是与真正的"公共"关系,或者说"契约性关系"格格不入的。从研究的发现而言,改革的成就虽然表现为经济的增长和绩效的提高,但是获得这些绩效的关键因素却并不一定是一些具有现代市场意义,或者现代社会意义上的新因素,而有可能是一些与这些新因素相对立的传统因素在新环境下的变种。至少就乡镇企业的研究成果而言,学者们看到的是伴随工业化而迅速扩张的"非正式社会关系"的作用。另外一些学者则将正式的"契约性整合"与改革前的"行政性整合"进行了二元的划分,认为真正的改革和社会转型将是一个从"行政性整合"走向"契约性整合"的过程。[2] 但无论是期望"契约性整合"替代"行政性整合",还是替代"关系性整合"[3],都是社会学者在改革初期的愿望,这种愿望之所以被不断强烈表达,是因为学者们越来越发现改革是伴随着"行政性整合"与"关系性整合"的扩张而展开的,相比之下,真正的"契约性整合"迟迟没有到来。

乡镇企业的委托人——乡镇政府或村委会虽然与经理人签订了"关系合同",而且事实上经理人也具有相当大的"排他性",但是经营权利上

---

[1] 刘世定:《嵌入性与关系合同》。
[2] 孙立平等:《改革以来中国社会结构的变迁》。
[3] 在此指代"非正式社会关系"及其带来的社会联结及整合效应。

的"排他性"不等于在社会关系上可以做到"排他"或者独立。委托人与经营人之间的信任并非来自关系合同（契约），而是来自"关系"本身。这个"关系"的特殊性在于，二者虽然在合同上是平等的委托代理关系，但是在"关系"上却有领导和被领导的权威意义，这又形成了对经营人行为的制约，也是所谓"纵向排他软化"[①]这类概念的经验基础。

乡镇政府与其所属企业、乡镇政府领导与企业经理人之间的关系，正是这种既独立又"合谋"的关系。如果说"独立"代表的是企业经理人的经营权，那么"合谋"则是指，为了保持这种独立性，乡镇政府与企业经理人合力对付更为强大的上级政府。这是社会学在研究中第一次明确地将乡镇政府与其上级政府区分开来。研究发现，以乡镇政府为代表的基层政府行为表现出很强的"变通"性。[②] 比如，乡镇企业一般都有两本账，或者说有两种"利润"——账面利润和结算利润。前者是上报给乡镇及其上级政府的，后者则是与乡镇企业进行利润分成和结算用的。在有些地区，这两本账的差别非常大。[③] 这当然是乡镇政府与企业的"合谋"。通过类似的种种机制，乡镇政府既在一定程度上维持了乡镇企业的经营独立性，又保护了上级政府对企业可能造成的干预，如要求提高上交利润比例等。从乡镇企业的角度看，虽然企业对乡镇政府无法避免"纵向排他软化"的问题，但是对其他上级政府则在很大程度上实现了"纵向排他硬化"的结果。

乡镇政府的行为为什么呈现出如此之强的变通性和两面性特征？

---

① 刘世定：《占有的三个维度及占有认定机制——以乡镇企业为例》，潘乃谷、马戎主编：《社区研究与社会发展》（下），天津：天津人民出版社，1996年，第1364—1401页。
② 制度与结构变迁研究课题组：《作为制度运作和制度变迁方式的变通》，《中国社会科学季刊》（香港）1997年冬季号。
③ 刘世定：《占有的三个维度及占有认定机制——以乡镇企业为例》。

从分析上来看,这个时期占主导地位的是利益结构分析。张静使用"政权经营者"的概念来对基层政府行为的转变进行概括,①杨善华和苏红则更加明确地用"谋利型政权经营者"②指代基层政府的趋利取向。这种经营和谋利趋向,从利益结构方面考察,来自中央和地方关系的变化。自20世纪80年代中期开始,中央政府在全国推行"财政包干制"以代替改革前的"统收统支"的财政体制,各级地方政府采取的是"层层包干"的办法,地方政府称为"分灶吃饭"。就基层政府而言,只要超额完成财政包干任务,就能获得自由支配的财力。如果不能完成包干任务,就连发放财政供养人员的工资都会出现困难。包干包的是"税",在中国当时的税收结构中,产品税(即后来的增值税)占三分之一以上。产品税的税基实际上相当于销售收入,与企业的规模密切相关。这使得地方政府只要投资办企业就能解决税收包干问题。在这种情况下,各地基层政府兴起了"大办企业"和"办大企业"的热潮,就是所谓的"放水养鱼"成为理解乡镇企业现象的一个重要因素。③

由对乡镇企业与乡镇政府关系的分析进展到乡镇政府与上级政府关系的分析,是社会学政府行为研究的开始。在对极具中国特色的乡镇企业现象的分析中,社会学家发现其成功的秘诀在于企业与政府的复杂关系。与经济学的分析不同,社会学并没有陷于二者关系的博弈分析里,而是上溯至政府内部的利益结构中。上级政府、基层政府与乡镇企

---

① 张静:《基层政权——乡村制度诸问题》,杭州:浙江人民出版社,2000年。
② 杨善华、苏红:《从"代理型政权经营者"到"谋利型政权经营者"——向市场经济转型背景下的乡镇政权》,《社会学研究》2002年第1期。
③ 这个观点最早见于 Jean C. Oi, "Fiscal Reform and the Economic Foundations of Local State Corporatism in China," *World Politics*, vol. 45, no. 1 (Oct. 1992), pp. 99-126. 详细分析见周飞舟:《以利为利——财政关系与地方政府行为》,上海:上海三联书店,2012年,第33—48页。

业在社会学的分析中构成了三个既有独立性,又有密切关系的利益主体。要理解政企关系,则需理解政府间关系。"放水养鱼"的利益分析构成了社会学对政府行为的最初理解。但是当大量社会学研究关注政府行为之后,分析的模式很快发生了变化,而这种变化也与中国改革的现实变化紧密联系在一起。

二、制度分析(1995—2012)

就政府间关系而言,对此影响最大的改革无疑是1994年底实施的分税制。分税制主要针对财政包干制引发的问题而来。财政包干制在促进工业化迅速发展的同时,也造成了中央财政比例迅速下降的财力分散的局面。分税制在中央和地方间实行按税种分享的改革方案,将在20世纪90年代初占总税收比重40%的增值税的新增部分,按中央75%、地方25%的比例进行分配,一举将中央地方的财政收入比重由"倒三七开"变为"正三七开"。大量的财力由地方集中到中央,由中央政府通过转移支付体系向地方进行分配。① 分税制改革意味着20世纪80年代初形成的"分权让利"的局面发生了改变,中央的财政集权对地方政府的行为产生了深远的影响,成为我们理解后一阶段改革的关键。

分税制一度给地方政府造成了明显的财政困局。1994年后,地方政府大力推行国有企业的股份化改革、乡镇企业的转制,使得20世纪90年代后半段成为改革史上市场化进程最为迅速的一段时间。在中西部地区的农村,农民负担问题是最为严重的农村社会问题,这一度被认为是国家和农民关系自"大包干"以来的巨大变化。但学者们很快发现,农

---

① 刘克崮、贾康主编:《亲历与回顾:中国财税改革三十年》,北京:经济科学出版社,2008年,第249—350页。

民负担的关键问题与基层干部的善恶和工作作风关系不大,其实是基层财政的困境所致,而这种困境与分税制后乡镇企业的倒闭和转制密切相关。① 从 20 世纪 90 年代末开始,农民负担问题研究的重点逐步转移到了政府间关系,尤其在 2002 年税费改革开始以后,中央与地方政府的关系调整被看作解决农民负担问题的根本出路。② 在东部地区,随着外资的大量涌入与中西部地区农民工的流入,地方政府的行为迅速由过去的"大办企业"向"大兴土木"的城市建设转变,开辟出一条新的"生财之道"。③ 进入 21 世纪之后,地方政府的土地财政与土地融资机制进一步完善,发展出一整套融土地、财政和金融为一体的城镇化机制,使得城镇化成为中国经济增长的核心动力,也导致了城市的高地价和高房价,这构成了我们理解中国当前改革许多核心问题的基本背景。

分税制虽然大量集中了地方财力,但是仍被许多经济学家看作一种"分权"式的改革。这背后的主要原因在于,中央并没有集中地方的支出责任,大量的支出仍然留在地方。为了解决地方的支出困难,分税制改革同时建立了一个规模庞大的转移支付体系,将中央集中的财力再转移到地方进行支出。这表面上是"一上一下"的过程,但经过这个过程,中央政府将大量从东部地区集中起来的财力转移到中西部地区。也就是说,虽然转移支付是一个纵向过程,但其实际效果则是"横向"的。④ 在

---

① 陈锡文主编:《中国县乡财政与农民增收问题研究》,太原:山西经济出版社,2003 年,第 135—151 页。
② 周飞舟:《从汲取型政权到"悬浮型"政权:税费改革对国家与农民关系之影响》,《社会学研究》2006 年第 3 期。
③ 这方面的分析,参见周飞舟:《大兴土木:土地财政与地方政府行为》,《经济社会体制比较》2010 年第 3 期;《生财有道:土地开发和转让中的政府和农民》,《社会学研究》2007 年第 1 期。
④ 周飞舟:《分税制十年:制度及其影响》,《中国社会科学》2006 年第 6 期。

财政资金大规模由中央向地方流动的过程中,政府间关系发生了实质性的变化,也带动了政府治理方式的转变。

中央在向地方进行转移支付的过程中,相当大的资金都是以"专项资金"或"项目资金"的名义下拨的。这些资金俗称"戴帽资金",附带了特定的支出条件,指定了资金的使用主体、特定用途等等。项目资金的优势在于可以较为精确地贯彻上级政府的意图,事前有申报、审批,事后有评估、检查,而且还有一个重要的"穿透能力",即突破中国政府间关系"下管一级"的传统,中央政府通过项目资金可以有能力直接指定资金使用在某县、某乡镇甚至某村的特定项目上。这种运用项目管理的思路来规范政府间关系的努力,最初只限于转移支付资金中的"专项资金",但很快就蔓延到一般的财政资金,出现了一个"财政资金专项化"的过程,①进而蔓延到政府与各种公共单位以及社会组织的关系当中,这种现象被有些社会学者称为"项目制"。社会学者认为,项目制具有一种新的治理体制的意义。②

项目制的大规模蔓延,可以看作改革开放以来政府对自身以及非政府领域力图加强控制的直接努力。这种努力与计划经济时期"放权—收权"的"收放"逻辑不同之处在于,中央政府力图通过运用新的制度和技术手段来实现权力的上移。从各种项目的精细化设计实施到城市社区的"网格化"管理,都体现出"技术治理"③的特征。有意思的是,伴随着政府行为的技术化和制度化取向,社会学的政府行为研究也出现了明显的转型,即普遍采用制度分析的方法,这显示出中国的社会学研究紧贴

---

① 周飞舟:《财政资金的专项化及其问题——兼论项目治国》,《社会》2012 年第 1 期。
② 渠敬东:《项目制:一种新的国家治理体制》,《中国社会科学》2012 年第 5 期。
③ 渠敬东、周飞舟、应星:《从总体支配到技术治理——基于中国 30 年改革经验的社会学分析》。

现实的特征。

社会学研究紧贴社会现实的特征,更加鲜明地显示在政府行为分析的发展路径中——这些制度分析方法越来越侧重于发现制度的"失灵",即项目制在运行过程中的漏洞和失效现象。周雪光的一篇文章可以说开创了这类分析的先河。他运用组织社会学的制度分析方法来讨论基层政府的行为方式,提出了一个"逆向软预算约束"的概念,用以指代基层政府不断上马新项目、创立新政绩的现象,这会使上级政府陷入"被动"。① 在周雪光的分析中,这种"软预算约束"看起来好像出于基层政府的主动性,但在后来的大量关于政府行为的社会学研究中显示,项目制的"失效"乃至"失控"却不一定是基层政府主动"追求"或与上级政府"博弈"的结果,而是由于基层社会治理本身的"复杂性"所致。决策权越上移,上级政府作出的决定越难以符合地方实际,这个时候如果利用严苛的技术和制度要求基层政府完全地执行政策,则会出现各种非预期后果。从事情的结果看起来,好像是基层政府在"倒逼"上级政府,但实际上这种结果恰恰是"项目制"的极端发展导致的。②

对项目制的非预期后果的分析展开得最为充分的部分是农村基层治理研究。③ 项目制在政府间蔓延的一个主要形式是各地普遍实行的"目标管理责任制",这是政府追求技术治理的典型形式,因为目标管理

---

① 周雪光:《"逆向软预算约束":一个政府行为的组织分析》,《中国社会科学》2005 年第 2 期。
② 陈家建、张琼文、胡俞:《项目制与政府间权责关系演变:机制及其影响》,《社会》2015 年第 5 期。
③ 对城市基层社区以及城市中的非政府组织的研究也在项目制的研究框架下大量展开,研究的总体发现与农村基层治理的研究相类似。其中典型的研究参见黄晓春:《技术治理的运作机制研究:以上海市 L 街道一门式电子政务中心为案例》,《社会》2010 年第 4 期;《当代中国社会组织的制度环境与发展》,《中国社会科学》2015 年第 9 期。

最容易"制度化",也最容易"量化"和"考核"。① 这实际上是借用企业组织的管理方式来规范政府间关系。用形式上发展得比较成熟的管理学思路来考察政府间关系,项目制就更易于理解为"行政发包制"。② 上对下叫"发包",而下对上就是"承包",所谓承包,就是注重目标而不注重过程的管理方式。从我们的历史考察来看,项目制在分税制以后出现,本来是对"承包制"的一种反动,但在其实践过程中,能够取得效果较好、非预期后果较少的任务还是那些易于发包、便于承包的任务,而对那些不易于发包、过程管理比目标管理更重要的任务,过去用承包制难以解决,现在用项目制、用"目标管理责任制"、用"行政发包制"仍然难以解决。

在农村基层治理的实践中,项目制能够保证项目和资金相对安全地"直达"农村基层,但是却难以保证项目和资金高效地落实和使用。项目能否被高效实施,取决于基层政权尤其是乡镇政府的协调和治理能力。③ 如果基层政权的协调和治理能力不够,则会出现各种非预期后果。诸如各种"倒逼"现象或"资源依赖",即需要不断地"跑部钱进",依靠不断输入项目来解决已有项目引发的问题和冲突,导致所谓"内卷化"现象。④ 在大量地考察了项目制的非预期后果之后,学者们发现,追求技术化和制度化的项目体制,已经形成了一套与实际治理能力关系不大的纯"制度主义"逻辑:"就项目治理体制而言,无疑存在着两条并行运作的主线。一条是自上而下的科层'发包'的控制逻辑,另一条是自下而上的'打包'和'抓包'的反控制逻辑;一条是专业技术化的项目竞标制度,

---

① 王汉生、王一鸽:《目标管理责任制:农村基层政权的实践逻辑》,《社会学研究》2009年第2期。
② 周黎安:《行政发包制》,《社会》2014年第6期。
③ 付伟、焦长权:《"协调型政权":项目制运作下的乡镇政府》,《社会学研究》2015年第2期。
④ 李祖佩、钟涨宝:《分级处理与资源依赖:项目制基层实践中矛盾调处与秩序维持》,《中国农村观察》2015年第2期。

另一条是关系主导下的竞争机制;一条是市场化的竞标竞争制度,另一条是权力运作下的'打包'和'抓包'操作。这两条主线同时运作,但是何种可以起到决定性的作用,则视权力运作者的意图是否可以达成而定。所以,在项目制度平台上,市场是有权力的市场,科层制是有关系的科层制,标准化专业化的技术过程是有非正式运作的社会过程。"[1]

很明显,追求技术化和制度化的项目制虽然得到了形式上的很大发展,但是并没有改变实际治理过程中的运作逻辑,主导基层治理过程的力量仍然是权力、关系和非正式运作。如果我们运用20世纪八九十年代社会学使用的概念,那么"行政性整合"和"关系性整合"仍然是治理过程的主导性原则,技术化和制度化的操作方式虽然在形式上接近"契约性整合",但只是限于形式,而且这种形式发展得越迅速,就越脱离基层的治理实践,反而使得"行政性整合"和"关系性整合"在这些形式的掩盖下得到了强化。

三、迈向有历史维度的政府行为研究(2012—)

社会学对项目制展开的丰富而深入的研究,不但揭示了"技术治理"背后的深层次问题,也促使社会学对基于经济学和组织学的制度分析方法进行反思。这种反思,表面上是学科方法和范式的建设努力,实质上也是制度分析在前一阶段取得丰富成果的必然结果。现实中的"制度失灵"是社会学制度分析的主要成果之一,但是在发现了制度失灵之后,进一步的研究——尤其是对于权力、关系和非正式运作的研究则难以单纯依靠制度分析。社会学在此基础上展开的新一轮努力,就是引入历史维

---

[1] 折晓叶、陈婴婴:《项目制的分级运作机制和治理逻辑——对"项目进村"案例的社会学分析》,《中国社会科学》2011年第4期。

度的分析。

作为制度分析的典范型学者,周雪光最早系统地将分析视角向中国历史延伸。基于韦伯的中国研究视角,周雪光宏观性地考察了中国历史上的央地关系和官僚体制,提出了一系列不同于制度分析的新观点。他从治理分析的角度入手,力图用几对重要概念如委托与代理、正式制度与非正式制度、名与实等来把握中华帝国在特有的国家规模上处理集权和分权的内在逻辑。这种努力突破了一些学者简单化地用西方组织学和管理学概念来衡量中国国家和政府治理水平的局限,指出中国的政府间关系并不是一朝一夕出现的,也不是为了现代化而建立的,而是有着自己一以贯之的逻辑,并且强调"中国大历史脉络中国家逻辑的延续性和共性,认为当代中国国家建设所面临的基本矛盾、困难与帝国时期并无实质性改变,因此历史上的帝国逻辑与当代中国的国家治理间多有关联"[①]。如果说周雪光的分析仍然是从现代和西方的角度考察历史对于理解中国社会转型的意义的话,那么渠敬东的研究则是直接从中国历史切入,用封建和郡县的本土概念来分析中国历史上的国家治理在现代社会中的传统,而非实用性地对历史进行借鉴式的考察。[②] 需要特别强调的是,渠敬东的论文有意避开直接从国家治理的逻辑进入中国历史。在他看来,历史上的国家治理传统也并非当代国家治理逻辑的源头,真正的源头并非制度逻辑,而是中国的经史传统。[③]

在这个意义上,应星等人的革命史研究也是一种对政府行为和国家

[①] 周雪光:《从"黄宗羲定律"到帝国的逻辑:中国国家治理逻辑的历史线索》,《开放时代》2014年第4期。
[②] 渠敬东:《中国传统社会的双轨治理体系:封建与郡县之辨》,《社会》2016年第2期。
[③] 渠敬东:《返回历史视野,重塑社会学的想象力:中国近世变迁及经史研究的新传统》,《社会》2015年第1期。

治理的探源式研究。当代中国的国家治理,也包括了近百年以来的革命传统。革命传统如何与过去的经史传统混合在一起形成一种新传统,对这个问题的回答需要深入细致的历史研究。在应星等人的研究中,我们能够看到这样一种清晰的问题意识和一些初步的发现,[1]这些都表明引入历史维度的重要性。

从对项目制的制度分析中我们可以看到,社会学的政府行为研究发现了"制度失灵"的根本原因在于那些"非制度化"的因素,如权力、关系和二者的非正式运作。分税制以来的政府实践表明,单纯的制度建设和技术监督很难影响到这些因素,因为这些因素主要是通过"人"而非"制度"起作用。人是制度的载体而非制度的傀儡。有效的制度能够有效规范人的行为,却较难影响人的伦理和价值观念,较难影响人对于诸如权力、关系等现象的观念。在中国社会中,"行政性整合"和"关系性整合"的现象并非一些制度现象,而是一些根深蒂固的社会观念现象,这些观念的根源及其变迁只有放在历史中才能得到深入的理解。

对历史维度的引入在当前的社会学研究中才刚刚开始,应该说,这是与中国的社会学对政府行为研究的不断深入结合在一起的。20世纪八九十年代,当社会学研究发现政府行为在中国社会结构变迁中的关键位置时,就已经注意到各种"非正式关系""非正式运作"对政府行为的影响。只是在这个阶段,利益结构的分析占据了主导地位,社会学往往将这些关系和运作看作利益分配的工具和手段。而如果这类"非正式关系""非正式运作"成为决定利益分配的方式,那么改革的公平性和合法性都会受到挑战。随着项目制的展开,政府行为的制度化趋势成为政府

---

[1] 应星:《学校、地缘与中国共产党早期组织网络的形成——以北伐前的江西为例》,《社会学研究》2015年第1期。

行为的主流,同时社会学的研究也由利益分析转向制度分析,许多社会学者的期望是制度建设会逐步替代政府行为中的"非正式关系""非正式运作"的现象。但是当制度分析发现大量的制度失效和失灵的现象后,才使得社会学研究者逐渐达成一个基本的认识:制度是"嵌入"在权力、关系和非正式运作之中的,后者不但不能被前者替代,而且正是前者之所以出问题的根源之所在。社会学又到了一个重新正面面对这些"非正式关系""非正式运作"的时代。

历史维度实际上是对制度分析的补充,补充的手段就是将人而非制度作为分析的中心,或者说,是在对制度的分析之上加入对人的行动方式和行动意义的考察。① 只有超越简单化的利益分析和制度分析方法,将"非正式关系""非正式运作"等现象当作具有价值意涵的历史传统看待,才能由以制度为中心的分析进入以人为中心的分析,进而进入"人心"的分析,才能使政府行为中的官员主体的形象和精神气质更加鲜明地展现出来,也才能真正拓展中国社会学的界限。②

---

① 周飞舟:《论社会学研究的历史维度——以政府行为研究为例》,《江海学刊》2016年第1期。
② 费孝通:《试谈扩展社会学的传统界限》,《北京大学学报》(哲学社会科学版)2003年第3期。

第八章　集体行动及其治理

应　星

一、集体行动的定位

（一）社会转型与集体行动的独特性

在中国1978—2018年的基层社会再造中,既有自上而下的推力,又有自下而上的拉力。集体行动就是构成后者的重要环节。不少西方学者在分析中国集体行动时,对中国寄予了公民社会的成长、公民权利的扩展及公民资格的铸造等诸多期望。[①] 但是,这些期望与现实常常相隔甚远。中国以上访为代表的集体行动与国家治理之间并非简单的对抗关系,而西方学者所热衷的"权利意识"视角也并不完全适

[①] Merle Goldman, *From Comrade to Citizen: The Struggle for Political Rights in China*, Cambridge: Harvard University Press, 2005, pp. 1-24; 崔大伟:《提起诉讼还是筑起路障:新型政治机制能否应对农村冲突》,裴宜理、塞尔登:《中国社会:变革、冲突与抗争》,夏璐等译,香港:香港中文大学出版社,2014年,第133—166页。

用于中国社会。① 甚至西方社会学界通用的"社会行动"(social movement)或"抗争政治"(contentious politics)概念,是否适用于中国社会也有可议之处。② 虽然西方丰富的社会运动文献并非都不能用来理解中国社会,不过,中国社会背景下尤其近四十年社会转型背景下的集体行动,的确展现出了与西方社会相当的差别。这种差别可以使中国学者在汲取西方理论的基础上用独特的视角去加以拓展。这种独特性,借用一位学者的概念界分,可以从话题(issue)到难题(problem)再到论题(question)这三个层面来讨论。③

第一个层面是所谓"话题",即中国的集体行动构成一种特别的社会现象。群众路线是中国共产党既迥异于西方资本主义政党,又有别于苏联布尔什维克的政治制度。信访制度就是在中国共产党群众路线下诞生出来的一项政治发明。信访制度既可以跨越官僚制的若干等级,在民众与政府高层之间建立起某种直接的联系,也可以超越中国司法诉讼的诸多限制,成为一种非常规的解决纠纷、化解冤情的手段。从某种意义上说,信访制度使当代中国政治具有某种与官僚制并行的新"双轨政治"的性质。

第二个层面是所谓"难题",即集体行动在中国社会转型中构成一个社会热点问题,成为基层政治秩序重新整合的一个枢纽。自从"拨乱反正"任务在1982年基本完成后,信访制度直到20世纪90年代前期都是服务于经济改革的大局,在国家政治生活中扮演着配角。但在1992—

---

① Elizabeth J. Perry,"Chinese Conceptions of 'Rights': From Mencius to Mao—and Now," *Perspectives on Politics*, vol. 6, no. 1(2008), pp. 37 - 50.
② 因主题所限,本文不对"社会运动""抗争政治"或"集体行动"(collective action)等相关概念作细致的辨析,只在宽泛的意义上使用"集体行动"。
③ 冯仕政:《老问题、新视野:信访研究回顾与再出发》,《学海》2016年第2期。

2004年间,由于种种复杂的因素,中国形成了长达13年的信访热潮,各级政府的信访压力空前巨大。为此,中国政府提出了建设和谐社会、实践科学发展观的新的战略目标,将以治理信访和群体性事件为标杆的社会维稳提到了空前的高度。2005年,国务院颁布了新修订的《信访条例》,2007年和2013年,中央先后发布了《关于进一步加强新时期信访工作的意见》和《关于创新群众工作方法解决信访突出问题的意见》,这表明解决信访突出问题一直是最近十多年来的社会热点,也是理解十八届三中全会以来中央提出推进国家治理体系和治理能力现代化的一个重要背景。

第三个层面是所谓"论题",即集体行动近20年来成为中国社会学界发展迅速、成果突出的学术增长点。并不是所有的社会难题都可以直接转化为富于学术创新性和积累性的研究论题,这需要学者能够把深厚的理论修养和敏锐的经验感觉结合起来,把西学的理论资源和中国的学术传统融贯在细致深入的田野工作中。所幸投入在集体行动研究领域的诸多学者的努力可圈可点,在此领域丰富了我们的社会学的想象力。

(二)集体行动的类型研究

尽管本文对"集体行动"概念不作理论上的辨析,但对现象层面的类型学划分仍有其必要。这种划分可以选择不同的角度,而角度的选择则与研究者关心的问题有关。当代中国集体行动是在社会转型的背景下展开的,因此,有两个问题可谓焦点问题:一是转型社会为集体行动的合法渠道提供了什么样的结构性规定与限制;二是这种结构性条件如何影响了集体行动的组织手段和动员机制。我们据此可以划分出两种基本类型:

1. 合法抗争行动

这种类型的基本特点是以较为理性、合法的手段去向政府施压,以争取自己的合法权益。这类行动又包含了两种主要的类型:群体性行政诉讼与集体上访。

具有最高合法性的抗争行动是群体性行政诉讼。诉讼一般都被看作政治参与行为而非集体行动。但是在中国,群体性行政诉讼具有某些特殊的性质。这是因为群体性行政诉讼案件涉及民众与地方政府的纠纷,被法院视为敏感性案件,法院处理起来常常特别小心,立案难、审理难、执行难的现象时有发生。因此,民众在从立案到审理再到执行的整个诉讼过程中,常常要借助相当的抗争性手段才能推进诉讼的进行。这样,在法庭内外就构筑起了集体行动的一个舞台。

具有一定合法性的抗争行动是集体上访。上访是国家通过行政法规赋予民众的一种申诉权。不过,其合法性有一定的含糊性和弹性。有学者根据诉求的合法性程度将上访分为有理上访、无理上访和协商型上访。[1]

2. 群体性事件

所谓"群体性事件",是指由人民内部矛盾引发的、众多群众自发参与的、主要针对政府和企事业管理者的群体聚集事件,其间发生了比较明显的暴力冲突,出现了比较严重的违法行为,对社会秩序造成了较大的消极影响。这类集体行动合法性很低,政府容忍度也较低,但尚不构成对制度的直接挑战。这类集体行动又可分成两种类型:以非利益相关者为主体的群体性事件与以利益相关者为主体的群体性事件。尽管这两者都被称为群体性事件,但无论是在行动的目标,还是在组织的机制上,都存在着重要的差别。[2]

---

[1] 陈柏峰:《农民上访的分类治理研究》,《政治学研究》2012年第1期。
[2] 应星:《"气"与抗争政治:当代中国乡村社会稳定问题研究》,北京:社会科学文献出版社,2011年,第17—21页。

限于篇幅,本文对集体行动的讨论主要以集体上访为对象。这是因为集体上访是最具有中国社会特色的集体行动,同时它在行动的合法性及组织性上都介于群体性行政诉讼与群体性事件之间。

二、集体行动及其治理的成因、机制与后果

(一) 成因

中国信访制度尽管内涵庞杂,几经变迁,但它一直具有双重性质:既强调秩序的安定,又赋予民众斗争的权利。改革开放后确定的"安定团结的政治学"替代了改革前的"阶级斗争的政治学",但民众的斗争权利并没有被取消,而是被吸纳到了秩序追求的内部,从而使信访制度围绕权利与秩序、集体行动与政府治理的张力更加突出。

信访制度本身是中国共产党群众路线的产物,保障人民民主的权利、满足群众正当的要求是信访工作的根本宗旨。而安定团结和维护稳定是改革开放事业得以持续发展的重要保证,也是信访工作近四十年来始终坚持的基本目标。这两者的宗旨从根本上说是一致的,因为只有民众的民主权利得到了充分的保障,民众被侵害的利益通过信访渠道得到了及时的救济,才可能真正创造和维护安定团结和稳定和谐的政治局面。

然而,这两者在实践中还存在着相当的矛盾,问题在于到底如何理解"安定团结"和"社会稳定"。如果不给权利遭到侵害的民众提供一种非常规的救济手段——信访救济,那么,在司法救济尚不健全的情况下,怨气在底层的逐渐积累势必会构成对社会秩序乃至对政权合法性的威胁。然而,如果这种渠道过于畅通,如果这种非常规的手段被民众作为解决问题的常规手段,如果民众动辄进京上访或百人千人集体上访,那么,这无疑也会被看作对维稳局面的破坏。因此,国家在信访政策上常

常表现出某种矛盾：一方面，国家一直强调要打破官僚主义的阻碍，不能对正常的上访群众搞拦、堵、卡、截，而是要保证信访渠道的畅通，充分保障群众的民主权利；另一方面，国家又一再要求把各种问题解决在基层，把矛盾消灭在萌芽状态，要尽量减少越级上访、集体上访和重复上访。国家1995年和2005年先后两次修订了《信访条例》，其基本精神都是既要畅通信访渠道，又要规范信访秩序。而由于种种复杂的因素，基层政府在受理信访事项时优先考虑的，与其说是旨在保障民众的权利，不如说是旨在让民众尽快息诉。许多地方政府都把减少各种类型的上访数量作为衡量官员"保一方平安"的政绩指标，甚至作为考核官员"一票否决"的内容。如此一来，国家的信访政策就产生了一种复杂的效果：它一方面强调"把问题解决在基层"，从而刺激了背负着政治高压却又缺乏解决问题资源的基层政府对集体行动者采取打压措施；另一方面国家又强调"以民为本"，要基层政府确保合法利益受到侵害的民众可以通过上访等渠道来反映和解决问题，从而构成对合法抗争的制度激励。①

这种复杂的效果因具体的政策导向在不同时期表现各异。比如，1978—2004年国家与基层社会的矛盾主要体现在技术层面，即利益纷争究竟用什么方式调处，究竟要实现什么样的利益目标。在此情况下，国家得以基本按照自己的意志推进信访制度的官僚化。而到了2004年以后，随着住房、医疗、教育等民生领域改革的推进，改革进入深水区，涌入信访渠道的大量社会矛盾既是一个民生问题，又逐渐成为一种政治问题。信访问题的某些政治性质与国家处理信访的"去政治化"开始构成

---

① 应星：《大河移民上访的故事》，北京：三联书店，2001年，第324—327页。

尖锐的矛盾。①

(二) 机制

1. 行动机制

我们从以下四个方面来纵览学界对集体行动机制的分析。

首先是行动支撑。尽管国务院《信访条例》赋予了民众在一般意义上的集体上访权利,但在基层政府对集体上访保持着高压态势的情况下,实践中的集体上访必须首先解决合法性问题,才能稳步推进行动进程。这是集体行动最重要的支撑机制。美国学者欧博文(Kevin O'Brien)最早提出了"依法抗争"(rightful resistance)的概念,意指行动者用以支撑上访合法性的是国家的相关政策和法律。上访抗争所针对的绝不是国家的法律和政策,而是基层政府对国家法律和政策扭曲执行的"土政策"。② 欧博文及其后来的合作者所深化的这一概念③对中国的上访及抗争研究者影响巨大。一些学者根据这种思路,先后提出了"以法抗争""以法维权""以势博弈""以身抗争""以理抗争"等等概念。④ 在一段时期里,我们在社会学界、政治学界可以到处看到这种所谓"以 X 抗争"的概念创新。不过,这些概念基本上还是"依法抗争"概念的套用、翻版和延伸。

---

① 冯仕政:《国家政权建设与新中国信访制度的形成及演变》,《社会学研究》2012 年第 4 期。
② Kevin O'Brien, "Rightful Resistance," *World Politics*, vol. 49, no. 1(Oct. 1996), pp. 31 - 55.
③ Kevin O'Brien, Li Lianjiang, *Rightful Resistance in Rural China*, New York: Cambridge University Press, 2006, pp. 1 - 24.
④ 于建嵘:《当前农民维权活动的一个解释框架》,《社会学研究》2004 年第 2 期;施芸卿:《机会空间的营造——以 B 市被拆迁居民集团行政诉讼为例》,《社会学研究》2007 第 2 期;董海军:《塘镇:乡镇社会的利益博弈与协调》,北京:社会科学文献出版社,2008 年,第 215—242 页;王洪伟:《当代中国底层社会"以身抗争"的效度和限度分析:一个"艾滋村民"抗争维权的启示》,《社会》2010 年第 2 期;朱健刚:《以理抗争:都市集体行动的策略——以广州南园的业主维权为例》,《社会》2011 年第 3 期。

其次是目标导向。国内外学界最流行的,是用利益来界定集体上访者的目标导向。甚至那些基于无组织利益的集体行动,也被看作因为社会主义国家的治理模式塑造了特定的利益表达方式和渠道、规定了解决问题的空间和目标指向,从而被诱发出来的。① 孙立平领衔的维稳研究课题组也强调了要着眼于利益表达和社会稳定的双重目标,通过利益表达制度化来实现社会的长治久安。② 不过,关于利益导向,学界出现了两种不同的争论。其一由于建嵘提出——上访者在"以法抗争"(与欧博文、李连江所说的"依法抗争"不同)中已经提出了较强的政治诉求。"这种抗争是以具有明确政治信仰的农民利益代言人为核心,通过各种方式建立了相对稳定的社会动员网络,抗争者以其他农民为诉求对象,他们认定的解决问题的主体是包括他们在内并以他们为主导的农民自己,抗争者直接挑战他们的对立面,即直接以县乡政府为抗争对象,是一种旨在宣示和确立农民这一社会群体抽象的'合法权益'或'公民权利'的政治性抗争。"③

应星对此提出了异议:政治合法性的困境,注定了草根动员是在既有的制度框架所明允、默许或至少未强力禁止的前提下去展开的;日常生活的压力注定了草根动员在目标追求上的高度有限性;跨乡的草根动员成本很高;草根动员和草根行动者具有很强的临时性特点;在某些情况下,草根行动者还具有向正式的、合法的制度化精英转变的可能。因此,集体行动尽管在实际动员过程中表现出较强的组织化,但这种组织

---

① 周雪光:《中国国家治理的制度逻辑——一个组织学研究》,北京:三联书店,2017年,第387—417页。
② 清华大学社会学系社会发展研究课题组:《以利益表达制度化实现社会的长治久安》,《领导者》(香港)2010年总第33期。
③ 于建嵘:《当前农民维权活动的一个解释框架》。

化与其说是政治性的,不如说是去政治性的——它在进行有限动员的同时,也在努力地控制着群体行动的限度,特别是政治的敏感性和法律的界限。① 当然,也有学者对近些年来集体上访的政治性质的提升作了新的分析。② 应星虽然在 2007 年的争论中基本维护了欧博文、李连江提出的集体行动的利益导向,但在 2011 年又提出了新的思考方向。这个方向不是利益导向与政治导向之争,而是利益导向与伦理导向之争。应星虽然不否定利益是集体上访的重要目标,但发现仅此不足以解释许多现实困境,需要补充以伦理导向或情感导向。他用中国文化一个独特的概念——"气"来概括民众的集体行动伦理。"气"是指民众在蒙受冤抑、遭遇不公、陷入纠纷时进行反击的驱动力,是民众不惜一切代价来抗拒蔑视和羞辱,赢得承认和尊严的一种人格价值的展现方式。由于基层政府对上访者初始行动施加的高压,触发了上访者强烈的反感,诱发了持续的上访。③

再次是行动技术。上访者对行动技术的运用是中国学者拓展斯科特(James C. Scott)所谓"弱者的武器"④的一个重要入口。应星将集体上访者针对基层政府的行动技术概括为"问题化的技术"。这是指集体行动者既无法在国家制度框架之外去自主地解决问题,又难以寄望于国家制度框架自动地解决问题,因此不得不运用各种策略和技术,把自己所面临的权利困境建构为政府真正需要重视的秩序问题。另一方面,在上访队伍内部同样存在着权力技术的应用。由于集体上访所面临的高

---

① 应星:《草根动员与农民利益群体的表达机制——四个案的比较研究》,《社会学研究》2007 年第 2 期。
② 冯仕政:《国家政权建设与新中国信访制度的形成及演变》。
③ 应星:《"气"与抗争政治:当代中国乡村社会稳定问题研究》。
④ 詹姆斯·C. 斯科特:《弱者的武器》,郑广怀等译,南京:译林出版社,2011 年,第 1—6 页。

压,上访组织者常常会产生独立于上访参与者之外的自身利益——即通过将地方官员告倒,来确保他们自己在上访过程中及事后的安全。这样一来,上访就会形成以"告官打虎"为核心内容的"抗争领导者逻辑"(protest leader logic),与更关心经济利益的"普通参与者逻辑"(inconspicuous participation logic)之间的张力。①

最后是行动底线。对理性维权的集体上访者来说,只有坚持"踩线不越线"的原则,才有可能实现维权和人身安全的双重目标,从而可能适时退出上访。然而对某些上访专业户来说,"维权型上访"开始向"谋利型上访"转化,其行动也开始从踩线迈向越线。② 在此情形下,集体上访与群体性事件的界线日渐模糊起来。另一个值得注意的问题,是维权者的上访行动与法律行动之间的界限。诉讼与上访常常被假设为理论上对立的两极,但事实上,"通过司法的非司法解决"与法律问题的信访化,在中国社会的权力实践中常常是交混在一起的。③

2. 治理机制

应星在对大河移民的研究中,揭示了基层政府治理集体上访的三种基本机制:"拔钉子""开口子"和"揭盖子"。"拔钉子"是指对集体上访组织者进行严厉的打压;"开口子"是指满足集体上访者提出的利益要求;

---

① 应星:《大河移民上访的故事》,第 317—320 页;Jin Jun, "Institutionalized Official Hostility and Protest Leader Logic: A Case Study of a Long-Term Chinese Peasants' Collective Protest at Dahe Dam", in Jeff Broadbent & Brockman Vicky (eds.), *East Asian Social Movements: Power, Protest and Change in a Dynamic Region*, New York: Springer,2010,pp. 413-435.
② 田先红:《治理基层中国:桥镇信访博弈的叙事,1995—2009》,北京:社会科学文献出版社,2012 年。
③ 汪庆华:《政治中的司法:中国行政诉讼的法律社会学考察》,北京:清华大学出版社,2011 年,第 186—215 页。

"揭盖子"是指上级政府对下级政府的贪腐行为进行整顿。① 从某种意义上说,学界后来的研究从不同的角度深化了对上述治理机制的研究。

周黎安对"政治锦标赛""行政发包制"和"层层加码现象"的探讨,尽管并没有直接论及集体上访现象,但对于基层政府在重重压力下惯用"拔钉子"手段对付集体上访者,提供了很好的制度背景解释。② 蔡永顺深化了对"揭盖子"技术的认识,提出了"选择性或有差别的处罚",成为国家在平衡——处罚相关官员的需要与困难——之后的选择。官员在处理社会冲突时遭受处罚的可能性,受到两个因素的显著影响:一是因官员处理冲突不力所造成的后果的严重性;二是其在事件中承担的角色或责任。国家对官员从宽处理甚至免责的不确定性权力,恰是国家对地方官员问责能力的重要保证。③

张永宏和李静君则深化了对"开口子"技术的认识。他们运用葛兰西的领导权概念,分析了基层政府基于维稳而"制造同意"的三种策略:(a)将抗争中的讨价还价常规化、惯例化(物质上的让步);(b)设计和实施一套科层制游戏(程序同意);(c)在稳定和平安的口号下,构建一个以信息和服务为导向的政府(道德领导)。他们认为,维稳是通过同意和强制之间不稳定的平衡来达成的。④ 陈曦也强调了威权政体并

---

① 应星:《大河移民上访的故事》,第119—161页。
② 周黎安:《中国地方官员的晋升锦标赛模式研究》,《经济研究》2007年第7期;《行政发包制》,《社会》2014年第6期;周黎安等:《"层层加码"与官员激励》,《世界经济文汇》2015年第1期。
③ 蔡永顺:《中国的地方官员与社会冲突:对政府官员的处罚》,郑永扣主编:《意识形态与社会冲突治理》,北京:中国社会科学出版社,2017年,第158—180页。
④ 张永宏、李静君:《制造同意:基层政府怎样吸纳民众的抗争》,《开放时代》2012年第7期。Ching Kwan Lee, Yonghong Zhang, "The Power of Instability: Unraveling the Microfoundations of Bargained Authoritarianism in China," *American Journal of Sociology*, vol. 118, no. 6 (May 2013), pp. 1475–1508.

不总是使用打压手段对付抗争者,政府在上访治理中表现出的"同意的权威主义"(contentious authoritarianism),对政权的稳定有促进而非削弱作用。①

于建嵘针对基层信访治理中的机会主义倾向提出了"机会治理"的概念。他认为在集权和压力体制下,各级政府在治理信访中只问结果不问过程,为达目的不择手段,使用各种机会主义方法使其利益最大化,导致治理结果不均等,难以形成稳定的政治预期。② 刘正强将信访治理的演化嵌入在总体性社会的演化背景中,分析了总体性社会的松动如何导致作为社会基础性治理制度的信访治理的某种失灵。③

(三) 后果与态势

1. 集体行动的后果

欧博文、李连江讨论了集体行动的后果。他们认为这些后果包括:改进政策的执行;改变上访者的人生以及思想和行动;同时也对上访发生的社区产生扩散效应。集体行动的这些后果是上访者、有同情心的政治精英、抗议对象以及广大民众之间持续互动的产物。这种相互作用与其说是讨价还价的过程,不如说是一个看看"能否穿越灰色地带"的试探过程。不管灰色地带能否穿越,人们都会从中有所学习和领悟,下一轮集体行动会从一个略有不同的地方开始。在他们看来,集体行动带来的更多的是集体行动者和官员在态度和行为上程度较小的变化,而非显著

---

① Chen Xi, *Social Protest and Contentious Authoritarianism in China*, New York: Cambridge University Press, 2014, pp. 189 - 212.
② 于建嵘:《机会治理:信访制度运行的困境及其根源》,《学术交流》2015 年第 10 期。
③ 刘正强:《"总体性治理"与国家"访"务——以信访制度变迁为中心的考察》,《社会科学》2016 年第 6 期。

的政策效果或制度突破。① 黄荣贵等人指出政治机会和框架对抗争结果有较强的解释力。中央干预与中央级媒体支持性报道并存的"多渠道强干预",是抗争成功的充分条件,而"多渠道强干预"取决于有利的制度环境和抗争者的多重混合框架化策略。②

2. 上访治理的态势

2004年以来,随着上访问题的日益突出,国家将上访治理放在了一个相当重要的位置,解决了一些突出问题,遏制了一些不良势头,取得了相当的治理成效。不过,从学理分析的角度来看,仍存在着若干问题值得深思。

首先,"拔钉子"与"开口子"的张力。"拔钉子""开口子"与"揭盖子"这三种技术,在2004年以前就是国家治理集体上访的基本手段。但是,2004年后拔钉子与开口子之间的张力达到了前所未有的强度。这是因为,一方面由于社会稳定问题在此阶段上升为一个具有全局性质的问题,稳定压倒了一切,各级政府尤其是基层政府的维稳压力是空前的,维稳状况关系到是否对基层官员政绩一票否决的问题,因此,基层政府在缺乏其他有效手段的情况下更加依赖拔钉子的技术。而另一方面,也因为维稳工作地位的上升,各级政府尤其是县级以上的政府掌握了较多的维稳资金,从而使县级以上的政府可以在社会稳定局面面临失控的情况下加大开口子的力度,即所谓"用人民币来解决人民内部矛盾"。"拔钉子"与"开口子"本来是政府用来抑制上访的互补手段,但非常悖谬的是,"拔钉子"可能激发上访者的情绪反弹,而开口子又可能刺激民众的机会

---

① 欧博文、李连江:《中国农村的民众抗争及其影响》,熊景明、关信基编:《中外名学者论21世纪初的中国》,香港:香港中文大学出版社,2009年,第657—676页。
② 黄荣贵、郑雯、桂勇:《多渠道强干预、框架与抗争结果——对40个拆迁抗争案例的模糊集定性比较分析》,《社会学研究》2015年第5期。

主义心理。这两者激发出民众心中两个完全不同的政府形象,却又可能从不同的方向共同促使了维稳问题的恶化。①

其次,运动式治理与制度化治理的矛盾。2004年以来,高层政府为解决信访突出问题和群体性事件采取了一系列的措施,其中,"开门大接访""领导包案限时办结"等措施,在短时期内取得了较好的效果。但是,这些看似创新的举措基本上仍属于惯用的运动式治理方式,即政府以垂直命令、政治动员的方式,在某些特定的时期集中调动力量、配置资源,来解决一些比较尖锐、比较突出的矛盾和冲突。这种治理方式的特点是行政主导、不计成本、一刀切、一阵风。但它往往追求的是一时之功效,而无法形成制度化的积累,最后陷入"治标不治本"的困境。而在常规化治理上则是思路陈旧,手段单一,一切为维持社会稳定本身而层层加压,严防死守,滥施暴力,不讲规则,不计后果,罔顾制度建设、人心安定、利益表达和社会发育这些治本之策。②

再次,行政主导与法律治理的对立。2004年以来中国的行政法制建设取得了长足的进步,行政法也成为治理集体上访的新手段。但是,法律治理并没有成为主导的治理手段,甚至其独立性也大打折扣。所谓"立案政治学"乃至整个的"诉讼政治学",实际上构成了"维稳政治学"的一个环节。在对集体上访的治理中仍是由行政占据着绝对的主导地位,而行政法不过是一种政治控制机制。③ 这样一来,法律所本应具有的稳定的、理性的、规范的、程序化的治理效应就无从发挥。

最后,信访设计容量与实际容量的紧张。信访从最初的制度设计来

---

① 应星:《"气"与抗争政治:当代中国乡村社会稳定问题研究》,第223—225页。
② 清华大学社会学系社会发展研究课题组:《以利益表达制度化实现社会的长治久安》。
③ 贺欣:《作为政治控制机制之一的行政法:当代中国行政法的政治学解读》,汪庆华、应星编:《中国基层行政争议解决机制的经验研究》,上海:上海三联书店,2010年,第81—103页。

说,如同容纳人民内部矛盾的大箩筐,试图将林林总总的社会矛盾都吸收进来。但自2004年以来,信访难案的淤积使信访洪流形成一条"地上悬河",处于高位、高危的运行区间,而自上而下的"维稳"压力又强化了基层的"筑坝"定势,使信访怠于疏浚,"河床"不断抬高,信访容量已近极限。①

三、延伸分析:历史视角与方法论争

(一)历史视角

社会学界无论是研究集体行动,还是研究上访治理,往往将焦点集中在当下动态和未来趋势上。现状与未来固然是重要的,但是如果缺乏历史的眼光,就容易使我们的分析缺乏穿透力,只知其流变,不知其渊源。实际上,中国近四十年的集体行动及其治理,是深深嵌入在中国共产党独特的政治制度、政治文化与政治伦理中的,我们需要在学理上深刻地理解这种历史"嵌入性"。近年来学界已经对此有所反思和努力。

应星曾建立了一个信访制度的流变史框架:1951年6月—1979年1月的信访,被称为"大众动员型信访",服务于政治运动和大众动员是这类信访的基本特征;1979年1月—1982年2月被称为"拨乱反正型信访",这个时期作为信访制度转型的过渡时期,信访从国家政治生活中的边缘位置走到了中心位置,服务于拨乱反正的工作大局;1982年2月—1995年10月被称为"安定团结型信访";1995年10月后被称为"维护稳定型信访"。后两类信访虽然都服务于改革开放和经济建设的中心,信

---

① 刘正强:《信访的"容量"分析——理解中国信访治理及其限度的一种思路》,《开放时代》2014年第1期。

访在基本功能上没有发生根本的变化,但在"维护稳定型信访"中,信访工作的重要性被大大提升,以治理信访和群体性事件为标杆的社会维稳任务被提高到了空前的高度。

应星的相关文章发表在 2004 年,而这一年实际上正是信访制度发生重要转折的一年。① 为此,冯仕政在最新的文章中对信访制度的演化,从国家政权建设的角度进行了新的划分。他把 1951—1978 年称为"信访制度的创立与探索",1978—2004 年称为"信访制度的恢复与规范",2004 年至今称为"信访制度的统合与重塑"。他将这三个时期的总体趋势用一对概念来概括:"外展"与"内蹙"。所谓"外展",是指信访制度最初不过是一个理念性的目标,较为抽象和空洞,但随时间的推移逐渐向外展现为一套实体性的制度、组织和器物,最终演化为蔚为大观的"信访系统";所谓"内蹙"是指信访制度虽然构造越来越精细,体形越来越庞大,边际效益却没有随之增加,甚至在不断下降。外展与内蹙并存,说明信访制度一方面结构上不断扩张,另一方面功能上却不断衰退。②

于建嵘认为信访作为诞生于革命时代、以服务于革命需要为功能导向的制度安排,其基础是与革命动员及运动式治理相契合的革命伦理。这种以人民民主理论、群众路线和人民内部矛盾理论为具体内容的革命伦理,在战争年代特殊的历史环境下,对新生政权的建立和巩固具有积极意义。但是,随着革命政权的稳定,特别是随着革命政权向现代化国家政权的转型,这种革命伦理表现出了一定的不适应性,其理论逻辑的特点又制约着信访制度向现代治理方式的转型。③ 陈柏峰则将缠讼现象与中华人民共和国的法律传统联系在一起。在他看来,信访制度作为一种

---

① 应星:《作为特殊行政救济的信访救济》,《法学研究》2004 年第 3 期。
② 冯仕政:《中国信访制度的历史变迁》,《社会发展研究》2018 年第 2 期。
③ 于建嵘:《革命伦理与信访制度现代转型的困境》,《学术交流》2016 年第 11 期。

成熟的权力技术装置,服务于国家对社会的治理。然而,在这一权力技术装置内部,作为治理对象的社会个体也在积极行动,实施各种策略,攫取合法性资源,以实现自我利益。因此,信访制度为社会个体缠讼留下了制度空间。①

(二) 方法论争

最后我们梳理一下在集体行动研究上的方法论之争。为这种争论最早埋下伏笔的是赵鼎新。他在《社会与政治运动讲义》一书中认为,社会科学有解释和解读两种传统:解释传统的目的,是寻找具体事物或事件的内在机制以及与之相应的因果、辩证、对话型或历史性关系;而解读传统的目的,在于理解和厘清特定人类活动在特定文化条件下的内在含义或意义。他褒扬了以比较为认知基础的解释传统,批评了解读传统缺乏方法论的保障,并明确表示了对提出"日常抵抗""弱者的武器"等概念的斯科特所代表的解读方法的不屑。② 赵鼎新的《社会与政治运动讲义》在国内一出版就广受关注,影响颇深。不过,随着斯科特的代表作《农民的道义经济学》《国家的视角》《弱者的武器》和《逃避统治的艺术》陆续被翻译过来,他的研究方法对国内的集体行动研究也产生了巨大的影响。其实,较早从事中国集体行动研究的欧博文和李连江,在提出"依法抗争"时就明显受到过斯科特的影响。在集体行动研究的解释和解读传统并行多年后,终于在 2015 年擦枪走火。赵鼎新在国内一家期刊发文再次明确批评了斯科特的传统,并捎带批评了"依法抗争"的概念构造。李连江给该刊编辑部去信提出了异议,赵鼎新随即发文继续说明

---

① 陈柏峰:《缠讼、信访与新中国法律传统:法律转型时期的缠讼问题》,《中外法学》2004 年第 2 期。
② 赵鼎新:《社会与政治运动讲义》,北京:社会科学文献出版社,2006 年,第 6—13 页。

"依法抗争"这种解构性而非建构性的概念是一个失败的概念。①

本文不对赵鼎新与李连江的论争本身置评,但可以说明一点:尽管解释和解读这两种学术传统在解释集体行动上的确存在着巨大的差别,但每个真正有所创新的学者必须在某个传统上进入至深,而不是浮皮潦草地胡乱拼贴。不过,对整个集体行动研究领域来说,恐怕还是应该让这两种传统在并行交锋中不断繁荣成长。

---

① 赵鼎新:《社会科学研究的困境:从与自然科学的区别谈起》,《社会学评论》2015年第4期;李连江:《学术批评不应猜测研究动机——致〈社会学评论〉主编的信》,《社会学评论》2016年第1期;赵鼎新:《论"依法抗争"概念的误区:对李连江教授的回应》,《社会学评论》2016年第1期。

第九章　社会分层与流动

吴愈晓

改革开放四十年来,中国的社会结构发生了急剧的变迁。虽然推动变迁的力量包括工业化、现代化和全球化等诸多因素,但最根本而且最强劲的动力是制度转型,即1978年发端于农村地区的经济体制改革。其间,利益关系变动与利益结构调整释放的活力,不仅极大推动着社会经济的发展,而且深刻地影响着社会阶层结构的分化和重组。

在计划经济时代,我国的阶层结构可以被统称为"两阶级一阶层",即工人、农民阶级和知识分子阶层。① 但这并不意味着当时是一个"去阶层化"的平等社会,因为也存在明显的等级或阶层分化,主要体现为以户籍制度为依据的城乡分割、国有和集体的部门分割以及城市单位制中干部和工人的身份分割。② 在计划经济体制下,身份和地位有一定的继

---

① 陆学艺:《关于社会主义社会阶级阶层结构是"两个阶级一个阶层"说法的剖析》,《求是》2003年第11期。
② 张宛丽:《中国社会阶级阶层研究二十年》,《社会学研究》2000年第1期;Bian Yanjie, "Chinese social stratification and social mobility," *Annual Review of Sociology*, vol. 28 (2002), pp. 91 - 116.

承性,因而社会流动是缺乏的,无论是代际或代内流动率都较低。这些均构成了改革开放前社会分层和流动(地位获得)的制度基础和主要特征,同时也是中国有别于其他转型国家和社会的独特之处。

改革开放以后,影响个体社会经济地位的制度基础发生了深刻的变化,它对中国社会的影响呈现出明显的时空特性。从空间的角度来看,由于我国长期以来的城乡二元分割,因此农村和城市地区的变化呈现出不同的特点和趋势。从时间的维度来考察,由于国际经济环境的变化以及国内经济社会战略决策和微观政策的调整,因此阶层结构与社会流动模式的变化并不是一个单调线性的过程,而是在不同的历史阶段呈现不同的特征。

描绘一个社会的阶层结构、社会流动模式及其变化趋势和发生机制,是社会学研究最重要的议题之一。关于市场转型如何影响社会分层和流动的研究肇始于国外学术界。在 20 世纪 80 年代和 90 年代初期,随着苏联和东欧国家急剧的市场转型以及中国渐进式的市场化改革的开始,国外社会学界掀起了一场关于"市场转型"的学术讨论。[1] 这场讨论的核心问题是,在转型过程中究竟有哪些群体获益?哪些群体失去了转型前的优势地位?其原因何在?借鉴制度主义的理论视角,倪志伟率先提出了影响深远的"市场转型论"。[2] 他认为市场化改革以后,原来在再分配体制下的政治资本和行政权力对个体地位获得的影响作用式微,同时那些符合市场发展需要的人力资本、市场技能以及企业家精神的作用将上升。虽然该命题及其预测的方向与后续的多项经验研究发现及诸多转型社会的现实并不完全契合,但其背后的理论基础、概念及其所

---

[1] 参见边燕杰主编:《市场转型与社会分层:美国社会学者分析中国》,北京:三联书店,2002 年,第 1—3 页。
[2] Victor Nee, "A theory of market transition: from redistribution to markets in state socialism," *American Sociological Review*, vol. 54, no. 5 (Oct. 1989), pp. 663–681.

使用的分析工具,对理解中国的市场化改革如何影响中国社会阶层结构的变化有重要的借鉴意义。随着我国社会学学科的发展,越来越多的国内学者参与到市场转型的理论争论和经验研究当中,积累了丰富的研究成果,对理解改革开放以来我国社会结构的变化趋势做出了很大的贡献。本文通过总结、归纳国内外社会学者关于中国社会分层和流动现象的理论探索及其经验研究发现,展示改革开放以来社会分层体系和社会流动模式的变迁趋势,以期更深刻地认识这场伟大的社会变革的本质和变化脉络。

一、经济体制改革与农村地区的分层与流动

以户籍制度为基础的城乡二元分割,是计划经济时代中国社会结构的重要特征。户籍制度既是一个限制农业人口流动的管理制度,同时也是一个分配制度。户籍分割导致城乡人口身份和社会资源占有的差异,从而影响个体在社会分层体系中的位置。非农户籍人口生活在城镇,享受城市国有或集体部门的终身劳动岗位(铁饭碗)以及相应的教育、医疗、住房等各种福利,而大约80%左右的农业户籍人口,居住在农村地区从事农业生产,他们被排除在社会主义城市福利制度之外。有研究者将这种制度结构简称为"一个国家,两个社会"[1]。

改革开放之前的农村地区,收入或财产分配上是高度平均主义的,但也存在阶层或等级差异。主要体现为掌握着生产组织管理权和分配权的村干部与普通农民之间的差别,以及因"阶级成分"划分所导致的身份差异。[2] 当时农村的社会流动是稀少的。由于严格的户籍管理制度,

---

[1] Martin King Whyte, *One Country, Two Societies*: *Rural-Urban Inequality in Contemporary China*, Cambridge: Harvard University Press, 2010, p. 1.
[2] 陆学艺主编:《当代中国社会流动》,北京:社会科学文献出版社,2004年,第41—44页。

乡城流动或跨地域流动是被禁止的。另外，农村的经济结构单一，几乎所有的农村人口都是集体所有制的农民，因此职业流动极其少见。只有很少数的农业户籍人口通过教育、招工、参军或婚姻等渠道改变户口性质或职业类型。

改革开放以后，农村实行家庭联产承包责任制，农民获得生产自主权，他们的积极性和生产力得到快速提高，因而产生了大量农业富余劳动力。与此同时，随着农业的工业化进程和"小城镇"战略（"离土不离乡"）的推广，乡镇企业得到迅速发展。① 大量农村富余劳动力开始进入非农产业，有的成为个体工商户或私营企业主，有的进入当地或附近的乡镇企业成为工薪劳动者。另外值得一提的是，在人民公社体制下的乡镇干部或村干部，改革开放之后有的成为私营企业主，有的身兼乡镇企业的管理者，在农村的分层体系中仍处于优势地位；而1949年之前的农村旧精英（地主、富农或统称阶级成分不好的群体）的后代，在改革开放之后也获得了进入农村精英阶层的机会。② 总体而言，人民公社时期高度同质性的农业户籍人口内部开始出现显著的职业分化。陆学艺区分了改革后农村的八个阶层，由高到低依次为：(1)农村管理者阶层；(2)乡镇企业的管理者阶层；(3)私营企业主阶层；(4)个体劳动者和个体工商业主阶层；(5)农民知识分子阶层；(6)雇工（工资劳动者）阶层；(7)农民工阶层；(8)农业劳动者阶层。③

在改革开放初期，农村体制改革和工业化进程（尤其是乡镇企业的

---

① 费孝通：《论小城镇及其他》，天津：天津人民出版社，1986年，第21—57页；马戎等合编：《九十年代中国乡镇企业调查》，香港：牛津大学出版社，1994年，第436—443页。
② 吴愈晓：《家庭背景、体制转型与中国农村精英的代际传承(1978—1996)》，《社会学研究》2010年第2期。
③ 陆学艺主编：《当代中国社会阶层研究报告》，北京：社会科学文献出版社，2002年，第170—173页。

快速发展),是农民阶层分化和社会流动的主要推动力。农村的富余劳动力除了成为个体经营职业之外,大多数被快速发展的乡镇企业所吸收。这种情况从20世纪90年代初期开始发生了改变。一方面,乡镇企业的效益开始下滑甚至出现了衰退的趋势;另一方面,随着城市体制改革的深化,城市地区尤其是沿海经济发达城市的非公有制经济蓬勃发展。农村富余劳动力的跨地区流动成为主流,他们不仅为发达地区的非公有制经济发展提供了大量廉价劳动力,而且大大推进了中国的城镇化进程。统计资料显示,1992年中国城市人口仅占全国人口的27.46%,到2002年这个比例上升到39.09%,2016年又上升到57.35%。[1] 改革开放以后尤其是20世纪90年代以来,乡城流动人口(农民工)的数量呈现快速稳定的上升趋势。据统计,1982年农民工的数量约为700万,1990年上升至2200万左右,2000年达到7900万左右。[2] 进入21世纪以后,乡城流动人口的增幅迅速提升,根据国家统计局《2017年农民工监测调查报告》[3]公布的数据,截至2017年,中国乡城流动人口的规模已经超过2.8亿人。

农民工数量的急剧扩大,对人口结构的地域性产生很大的影响,原有的城乡二元结构发生变化,李强提出"三元社会"模式来概括新的人口和社会结构。三元的社会结构代表了三个基本的社会群体,即传统的农村居民、城市居民和新兴的城市农民工。[4] 大量农村青壮年劳动力的离开,导致中国农村地区人力资本的流失,从而影响了流出地农村的经

---

[1] 中华人民共和国国家统计局编:《中国统计年鉴2017》,北京:中国统计出版社,2017年。
[2] Liang Zai, Ma Zhongdong, "China's Floating Population: New Evidence from the 2000 Census," *Population and Development Review*, vol. 30, no. 3 (Sept. 2004), pp. 467-488.
[3] 参见 http://www.stats.gov.cn/tjsj/zxfb/201804/t20180427_1596389.html。
[4] 李强:《农民工与中国社会分层》,北京:社会科学文献出版社,2012年,第384—391页。

济发展,许多农村尤其是经济落后的乡村出现了"空心化"现象。由于外出打工的收入高于本地务农的收入,外出农民工的回乡意愿较低。① 农村人口呈现历史性的下降趋势,农村耕地因劳动人口流失无法得到有效利用,"人去地荒"现象愈发严重,农村的经济和社会发展一度进入低潮。

进入 21 世纪以后,我国开始推行"社会主义新农村建设"(2005年)、全面免除农业税(2006 年)、农村合作医疗和社会保障等一系列"三农"政策,目的在于进一步推动农村经济和社会全面发展,吸引社会资金和人力资源回流。党的十八大以来,中央开始部署"精准扶贫"工作和美丽乡村建设,开发农村旅游资源,农村脱贫和农民增收情况效果显著。党的十九大之后开始实施"乡村振兴战略",将农村经济发展和社会建设提升到战略意义上。近年来由于互联网经济的发展,乡村的电子商务也开始迅速成长,截至 2017 年,"淘宝村"的数量达到了 2000 多个。② 这不仅给农民带来了大量新生的就业机会,而且吸引了许多城镇人口到农村就业,改变了单一的从农村到城市的单向流动模式。

可以说,2005 年以后,我国农村的经济和社会发展步入了一个新的历史时期。一系列关于"三农"问题的战略和政策的推行,以及电子商务的迅猛发展,不仅对农村经济的发展有重大的推动作用,也将对城乡二元分割、农村内部的社会结构以及农民的分层与流动产生深刻的影响。这些变化有待新的经验研究进行分析和检验。

---

① 白南生、何宇鹏:《回乡,还是外出?——安徽四川二省农村外出劳动力回流研究》,《社会学研究》2002 年第 3 期。
② 阿里研究院:《2017 年中国淘宝村研究报告》,2017 年 12 月 17 日,http://www.199it.com/archives/663783.html,2018 年 10 月 30 日。

二、市场转型和城镇地区的分层与流动

在计划经济时期,中国城镇地区人口主要由工人阶级群体构成。但工人阶级内部也存在以身份为基础的等级分化。其分层的制度基础包括体制(部门)差异(即国有部门的工人和集体所有制工人的分化)、不同工作单位工人之间的地位差异以及单位内部干部和工人身份差异。

城镇地区的体制分割体现为国有和集体部门的差异。国有工人不仅在数量上占有优势,而且其社会经济地位也远优于集体所有制的工人。国有部门的工人被赋予永久就业岗位("铁饭碗")以及相应的各种福利(住房、医疗、子女教育等等),而集体所有制工人则被排除在外。单位制是国有部门内部分化的组织基础。工作单位作为我国计划经济时期的一种特殊的社会组织形式,也是劳动力资源以及工资福利分配的重要制度。[1] 单位提供工人的所有工作和生活资源,因而个人的生活机遇几乎由单位控制,绝大多数个体的职业流动局限在单位内部,单位之间的流动很少。而不同级别的单位之间的分化,成为衡量个体社会经济地位差异的重要尺度。单位内部的分化则体现为"干部—工人"的身份差异。干部和工人被认为是两个差距巨大的地位群体,前者主要由单位管理者和专业技术人员构成,享受更高的工资和福利待遇以及职位升迁阶梯,后者则为被管理的普通工人。虽然工人内部也根据资历和技术水平区分不同的"级别"(八级工资制),但他们几乎很难转化为干部身份。[2]

---

[1] 路风:《单位:一种特殊的社会组织形式》,《中国社会科学》1989 年第 1 期;李猛、周飞舟、李康:《单位:制度化组织的内部机制》,中国社会科学院社会学研究所主编:《中国社会学》第二辑,上海:上海人民出版社,2003 年,第 135—167 页。

[2] Bian Yanjie, *Work and Inequality in Urban China*, Albany, NY: SUNY Press,1994, pp. 23-49.

与"自下而上"的农村经济体制改革模式不同,城镇地区的经济体制改革,一开始就是由中央主导的"自上而下"的行动。改革初期最显著的特征是中央放权和体制松动。高度集中的中央权力开始下放,城市地区以公有制为基础的社会福利体制开始解体,原来由单位统管的生活和福利保障功能开始让渡给市场,单位制的根基受到影响,控制力逐渐式微。与此同时,地方政府、基层管理者和企业(单位),具有了更多的资源(包括劳动力)配置权,个体经营开始合法化并日益活跃。尤其在1992年以后,私营企业完全合法化而且规模迅速扩大,其对中国经济增长的贡献也越来越大,成为重要的经济成分之一。有观点认为,私营经济与国有或公私合营经济成分之间形成竞争态势,其结果将影响中国阶层结构的变化。① 中国的对外开放政策也导致越来越多的外资("三资"企业)进入并吸纳了大量的劳动力。私营经济和"三资"企业除了吸收农村富余劳动力之外,也因为其提供更有竞争力的薪酬待遇,吸引了很多原来国有或集体部门的劳动者,甚至包括许多原来公共管理部门的干部和技术精英。因此,"下海"成了20世纪90年代一个备受关注的社会现象,并成为社会流动的研究议题之一。② 所有制改革导致的多种经济成分并存的情况,使城市出现了私营企业主以及在"三资企业"或私营企业就职的"白领"等新兴阶层。计划经济体制下以政治身份和行政权力为划分根据的城市分层体系开始瓦解,收入、财富等经济因素成为社会经济地位的重要决定因素,进入体制外的高薪职业岗位一度成为高学历年轻人的首选。

---

① 王汉生、张新祥:《解放以来中国的社会层次分化》,《社会学研究》1993年第5期。
② 吴晓刚:《"下海":中国城乡劳动力市场转型中的自雇活动与社会分层(1978—1996)》,《社会学研究》2006年第6期。

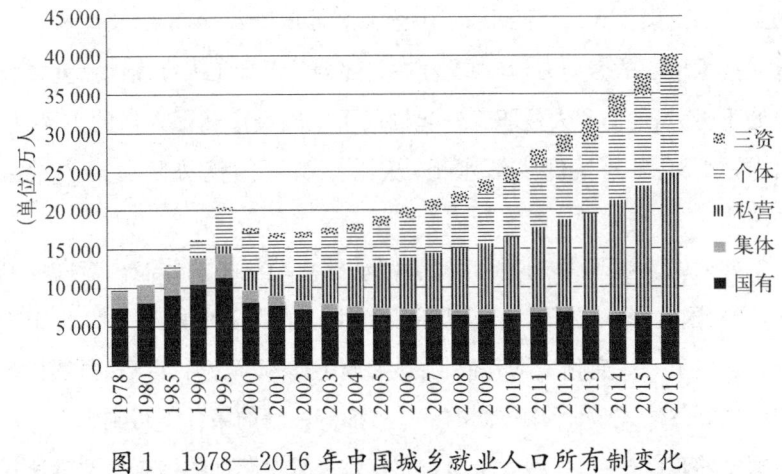

图 1　1978—2016 年中国城乡就业人口所有制变化
数据来源：《中国统计年鉴 2017》

20 世纪 90 年代中期之前的改革，被认为是"没有失败者"的阶段，[①]因为所有制改革推动的经济多元发展和产业结构的变化（尤其第三产业的快速扩张），产生了大量的就业机会，社会流动空间大幅度扩大，许多底层群体获得了向上流动的机会，跨部门跨行业的流动也非常频繁。在这个阶段，绝大多数人获得改革带来的收益，没有明显受损的群体。但是，自 20 世纪 90 年代开始，情况开始发生了改变。很多国有或集体企业的经营陷入困境，中央部门采用了所有权和经营权分开、放权让利以及国有或集体企业私有化（亦称企业转制）等更为激进的改革举措。改革或转制后的企业管理层为了提升效益，使用提前退休或"买断工龄"等方式强制工人离职，从而产生了数量巨大的"下岗工人"群体。1997—2000 年间共计有将近 4000 万下岗工人，这些数字还只包括那些在年末还未找

[①] Barry Naughton, *The Chinese Economy: Transitions and Growth*, Cambridge: The MIT Press, 2007.

到工作的下岗工人。①下岗职工中绝大多数属于年龄偏大、文化程度偏低或技术单一的劳动力，其中女性占大部分。下岗工人在新的就业市场中处于劣势，他们和失业职工一起构成了中国城市贫困人口的主体，生活水平低于当地最低生活水平，从原体制下的优势阶层滑入社会底层。②

如果说改革开放初期城市社会流动的总趋势是从体制内流向体制外，或从国有、集体部门流入市场部门的话，那么这种情况从20世纪末开始发生了一些变化。国有企业"抓大放小"的政策推行以后，虽然传统的单位制逐渐式微，但单位制的某些方面却在新的条件下得到强化。由于国家的政策扶持，一些大型国企尤其是资源垄断性的国企效益迅速提升，职工的收入和福利水平较高，而且工作稳定，开始出现"新单位制"的特征。③另外，公务员岗位开始变得越来越热门，这一点可以从公务员报考人数的变化趋势得到证明。公务员报考人数于2009年突破100万，而且逐年稳步上升，到2017年，报考人数已经接近150万，竞争最激烈的个别职位考录比例超过3000∶1。2000年以后，进入体制内（大型国企或公共管理部门）就业，成为许多大学毕业生求职的第一选择。

改革开放以来至2008年全球金融危机之前，中国凭借政策和人口红利，实现了经济的高速增长。2008年以后，中国经济和社会发展进入新常态，即从原来的高速增长阶段转向高质量发展阶段。虽然国内生产总值仍逐年上升，但增速放缓。经济结构开始优化升级或转型，并从原来的要素驱动、投资驱动转向创新驱动。与此同时，随着人工智能与物

---

① 参见谢桂华：《市场转型与下岗工人》，《社会学研究》2006年第1期。
② 王汉生、陈智霞：《再就业政策与下岗职工再就业行为》，《社会学研究》1998年第4期。
③ 刘平、王汉生、张笑会：《变动的单位制与体制内的分化——以限制介入性大型国有企业为例》，《社会学研究》2008年第3期。

联网应用不断涌现,计算机和通讯科技的迅速发展带来了新的发展机遇。国家统计局公布的数据显示,2018年上半年全国网上零售额40810亿元,同比增长30.1%。其中,实物商品网上零售额31277亿元,增长29.8%;非实物商品网上零售额9533亿元,增长30.9%。[1] 互联网技术孕育出的电子商务、物流、人工智能等新兴行业,正在成为中国新的经济增长点,产生大量新的职业类型和就业机会。

2008年以后中国经济发展的阶段性特征,已经开始重构财富分配与分层流动格局。大型国企的绝对优势地位发生了改变。据2018年"胡润富豪榜"统计显示,新兴产业在中国前10中占据5个(分别是腾讯、阿里巴巴、顺丰、百度、小米),而2007年的"胡润富豪榜"中,前10位并没有出现任何新兴产业。[2]

三、现状和变化趋势

(一)阶层结构"定型化"

如果说改革开放初期是阶层结构变化剧烈、社会流动活跃的时期,那么从20世纪90年代中期开始,尤其进入21世纪以来,学界一个公认的看法是,我国的阶层结构开始进入"定型化"阶段。[3] 阶层"定型化"有以下几个表征:

第一,阶层边界基本成型。除了职业等级和声望以及权力和权威关

---

[1] 国家统计局:《上半年国民经济总体平稳、稳中向好》,2018年7月16日,http://www.stats.gov.cn/tjsj/zxfb/201807/t20180716_1609850.html,2018年10月30日。

[2] 《胡润百富榜》,https://baike.sogou.com/v268593.htm,2018年10月30日。

[3] 孙立平:《断裂:20世纪90年代中期以来中国社会的分层结构》,李友梅等主编:《当代中国社会分层:理论与实证》,北京:社会科学文献出版社,2006年,第1—35页;李强:《改革30年来中国社会分层结构的变迁》,《中国社会变迁30年》,北京:社会科学文献出版社,2008年,第1—56页。

系等常规界定阶层地位的因素之外,我国的阶层边界形成过程还受到空间或地理因素的影响。首先,随着传统单位制的瓦解、收入和财富差距的扩大以及房地产市场改革导致的房价高企,不同阶层群体居住的物理空间已经出现了越来越明显的分化,即居住的阶层隔离日趋明显;其次,基础教育阶段的学校也存在明显的阶层隔离,高社会阶层家庭的孩子大多集中在优质的学校,反之亦然;①另外,不同阶层在消费倾向、消费品味和消费场所方面也开始出现了较明显的分化。②

第二,阶层内部认同日益清晰化。由于个人或群体之间的日常交往通常发生在较固定的空间内,因此阶层之间物理空间的区隔有助于阶层内部认同感的产生,各个社会阶层内部成员之间开始出现较强的群体认同感,"我们"和"他们"的意识逐渐清晰。③

第三,阶层结晶化程度上升,即重要的社会资源如经济资本(如收入、财富)、政治资本和文化资本(如教育)之间的相关程度越来越高,而且越来越向高阶层群体集结。改革开放初期底层低学历群体迅速致富的现象已经很难发生。精英群体与大众群体之间差距扩大,出现了社会两极化的风险因素。

总而言之,进入21世纪以来,改革初期出现的大幅度结构性调整和高频率的社会流动现象不再发生。随着市场经济的进一步确立,经过重组的阶层结构和阶层边界逐渐清晰,阶层之间的权力或利益关系基本稳

---

① 吴愈晓、黄超:《基础教育中的学校阶层分割与学生教育期望》,《中国社会科学》2016年第4期。
② 张翼:《当前中国社会各阶层的消费倾向——从生存性消费到发展性消费》,《社会学研究》2016年第4期;林晓珊:《增长中的不平等:从消费升级到消费分层》,《浙江学刊》2017年第3期。
③ 李春玲:《当前中国人的社会分层想象》,李友梅等主编:《当代中国社会分层:理论与实证》,北京:社会科学文献出版社,2006年,第89—113页。

固。基于此,许多社会分层与流动领域的学者,试图借鉴西方经典社会分层与流动研究的理论范式和分析工具,结合我国社会实际,探索并建构社会分层框架。最有代表性的有陆学艺提出的"十大阶层模型",①李强提出的"倒丁字形"结构和"土字形"结构,②李路路等提出的权威阶层体系,③林宗弘和吴晓刚提出的新马克思主义取向的阶层模型,④以及刘欣提出的以公共权力和市场能力为基础的城市阶层模型,⑤等等。

(二) 社会不平等扩大

改革开放以来,中国居民的收入水平和财富大幅度增长,我国的社会不平等程度开始出现扩大的趋势。社会不平等的变化呈现明显的阶段性。首先是收入不平等的变化趋势。从测量收入不平等的基尼系数来看(图2),1992年之前,我国的收入虽然呈现上升趋势,但一直处于低位(在0.4的国际警戒线下)。1992年以后的基尼系数开始突破0.4,进入21世纪以后开始出现较大幅度的上升,至2008年达到历史高位0.491。以上是官方公布的数据,一些学者根据2000年以后收集的几个全国抽样调查数据资料计算得出的基尼系数甚至更高。⑥虽然最近几年来收入不平等扩大的趋势得到一定程度的抑制,但仍处于较高的

---

① 陆学艺:《当代中国社会阶层研究报告》,北京:社会科学文献出版社,2002年,第9—23页。
② 李强:《"丁字型"社会结构与"结构紧张"》,《社会学研究》2005年第2期;李强:《我国正在形成"土字型"社会结构》,《北京日报》2015年5月25日。
③ 李路路、秦广强、陈建伟:《权威阶层体系的构建——基于工作状况和组织权威的分析》,《社会学研究》2012年第6期。
④ 林宗弘、吴晓刚:《中国的制度变迁、阶级结构转型和收入不平等:1978—2005》,《社会》2010年第6期。
⑤ 刘欣:《当前中国社会阶层分化的制度基础》,《社会学研究》2005年第5期;《协调机制、支配结构与收入分配:中国转型社会的阶层结构》,《社会学研究》2018年第1期。
⑥ Xie Yu, Zhou Xiang, "Income Inequality in Today's China," *PNAS*, vol. 111, no. 19 (May 2014), pp. 6928-6933.

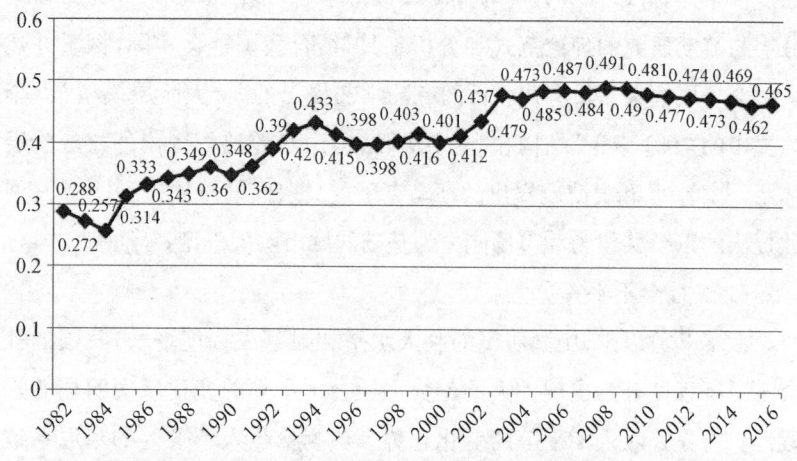

图 2 1982—2016 年中国人均可支配收入基尼系数

数据来源：1. 1982—2003 年的数据来自李培林、朱迪；①
2. 2003—2016 的数据来自国家统计局。②

水平。

其次是财富的不平等趋显。由于金融、证券、资本和住房等领域的深化改革，加上财产的积累过程，我国居民的财富分化程度也日趋扩大。实际上，与居民收入差距相比，居民财产的分化程度更加严重。根据北京大学中国社会科学调查中心发布的《中国民生发展报告——2015》显示，中国的财产不平等程度在快速上升，2012 年我国家庭净财产的基尼系数达到 0.73，顶端 1% 的家庭占有全国三分之一以上的财产，底端 25% 的家庭拥有的财产总量仅在 1% 左右。③

---

① 李培林、朱迪：《努力形成橄榄型分配格局——基于 2006—2013 年中国社会状况调查数据的分析》，《中国社会科学》2015 年第 1 期。
② http://www.stats.gov.cn/ztjc/zdtjgz/yblh/zysj/201710/t20171010_1540710.html.
③ 李建新等：《中国民生发展报告——2015》，北京：北京大学出版社，2015 年，第 196 页。

再次是教育不平等的出现。改革开放以来,我国的教育体制和政策经历了多次重大改革,对社会分层和阶层流动产生了很大的影响。1977年恢复高考具有里程碑式的意义,这也是改革初期社会向上流动率提升的最重要因素之一。教育作为地位获得的自致性因素,其发挥的作用越来越重要。随着教育改革的推进,尤其是九年义务教育法的实施和高等教育招生人数的快速扩张,国民平均受教育水平大幅度提高,我国从人口大国向人力资源大国迈进。以高等教育院校为例,在1999—2005年间,每年扩招速度在20%以上;截至2016年,全国各类高等教育院校在学总规模达到3699万人,高等教育毛入学率达到42.7%。尽管随着市场化和教育机会扩张,入学门槛降低,教育机会大大增加,但由于教育成本升高和优质教育资源分配不均等诸多因素的影响,教育获得的城乡和阶层差异并没有缩小,反而扩大了。①

收入、财富和教育作为衡量个体社会经济地位的最重要指标,其不平等程度的扩大对社会流动有很重要的影响。进入21世纪以来,社会流动开始趋于减弱。② 优势阶层可以更好地利用市场排斥机制达到阶层再生产的目的,从而导致未来中国社会的开放性很有可能会下降,即阶层固化的风险增加。③ 教育作为影响地位获得最重要的自致性因素,在改革开放初期是底层群体向上社会流动和促进社会平等的重要机制,但是近年来这种情况也发生了变化。一方面,随着教育制度改革和教育

---

① 李春玲:《高等教育扩张与教育机会不平等——高校扩招的平等化效应考查》,《社会学研究》2010年第3期;吴愈晓:《中国城乡居民的教育机会不平等及其演变(1978—2008)》,《中国社会科学》2013年第3期。
② Zhou Xiang, Xie Yu, "Market Transition, Industrialization, and Social Mobility Trends in Post-Revolution China," *SSRN Electronic Journal* (June 2017), https://ssrn.com/abstract=2905459.
③ 李路路、朱斌:《当代中国的代际流动模式及其变迁》,《中国社会科学》2015年第5期。

供给的扩张,教育获得对职业获得的作用在增加。现实中,是否获得高等教育已经成为首要和次要劳动力市场分割的重要标准。[①] 另一方面,教育回报尤其高等教育的市场回报快速上升。[②] 在这种情况下,教育成为社会各阶层激烈竞争的场域,高阶层家庭将其较丰厚的经济资本、社会资本和文化资本投入到子女的教育中,导致教育获得的不平等呈现扩大的趋势。教育逐渐成为不平等再生产的机制,"寒门难出贵子"一度成为学术界和大众所热议的话题。

(三) 中间收入群体扩大

中产阶层是指处于社会分层结构中间的群体,既区别于处于上流社会的政治或经济精英,也不同于文化、收入水平和职业地位较低的下层人群。这个群体受到重点关注的原因之一,是因为该群体规模的壮大被认为是社会结构朝着现代化方向的合理发展,即从"金字塔型"结构向"橄榄型"结构的过渡。中产阶级或中间阶层的边界并不清晰,即概念的定义较为模糊,不容易操作化。有的学者用职业来划分,有的同时兼顾职业、收入和教育来划分,还有的学者将消费水平、主观阶层定位和政治意识等因素纳入考虑。也有一些研究仅通过收入来测量,将收入处于中间位置(不同国家的标准不一)的群体称为"中等收入群体"。

进入 21 世纪以来,中间阶层成为我国社会分层研究中引人注目的话题。许多研究者通过不同的方法界定中间阶层,考察这个阶层的规模、客观特征以及主观态度。虽然不同研究使用的数据资料和界定依据存在差异,但大多数研究可以显示出一个共同的结果:中等收入群体规模呈现扩大的趋势。一项较早的研究根据职业、收入、消费和主观认同

---

① 吴愈晓:《劳动力市场分割、职业流动与城市劳动者经济地位获得的二元路径模式》,《中国社会科学》2011 年第 1 期。
② 李宏彬:《中国的教育回报率》,《决策探索》(下半月)2012 年第 10 期。

4个标准来界定中产阶层,发现我国只有4.1%的人符合通常意义上的现代中产阶层的标准。① 后续的一项研究以收入、职业和教育作为划分标准,发现中产阶级在全国占12.1%,在城市中占25.4%。② 还有一项研究区分了中产上层和中产下层,发现中产上层占7.6%,中产下层占22.8%。③ 最近有一项研究使用收入的相对位置来定义中等收入群体,发现中等收入者的规模近年来在27%—28%左右摆动。④ 李强通过比较2000年和2010年的全国人口普查数据,也得出了我国中间阶层规模扩大的结论。⑤

2008年金融危机以后,在经济转型升级、产业结构调整的背景下,中产阶层的发展出现了一些新的趋势。有研究者指出,我国城镇地区已经进入了"白领社会",白领从业人员数量超过全社会就业人口的一半,由白领为主体构成的中产阶层约占城镇人口的25%,城镇中产阶层与中等收入群体和高收入群体的重合度较高。中产阶层或中等收入群体有很强的消费意愿和消费能力,而且消费品味和蓝领阶层形成了一定的区隔。⑥

关于我国中间阶层的政治意识和态度,情况相对复杂。较早的一项研究发现,中间阶层具有政治上保守和消费上前卫的特点。⑦ 但后续的研究发现,与其他各阶级、阶层相比,中产阶层的社会批判意识渐趋显

---

① 李春玲:《中国当代中产阶层的构成及比例》,《中国人口科学》2003年第6期。
② 李培林、张翼:《中国中产阶级的规模、认同和社会态度》,《社会》2008年第2期。
③ 刘欣:《中国城市的阶层结构与中产阶层的定位》,《社会学研究》2007年第6期。
④ 李培林、朱迪:《努力形成橄榄型分配格局——基于2006—2013年中国社会状况调查数据的分析》。
⑤ 李强:《中国中产社会形成的三条重要渠道》,《学习与探索》2015年第2期。
⑥ 朱迪:《社会发展新阶段的消费品味特征》,《中国社会科学评价》2018年第1期。
⑦ 周晓虹:《中产阶级:何以可能与何以可为?》,《江苏社会科学》2002年第6期。

化,其政治态度也并不保守。① 还有研究发现我国中产阶级内部存在着不同的价值取向,既有自由主义的成分也有保守主义的成分。②

(四)新社会阶层出现

新社会阶层是我国分层研究中一个特有的概念,通常是指改革开放后出现的难以被传统的分层体系所纳入的群体。在改革开放初期,新兴社会阶层主要是指国有或集体体制外的就业人群,包括私营企业主阶层、个体工商户阶层以及就职于体制外的工薪阶层。但是进入21世纪以后,新社会阶层被赋予了特殊的"政治"含义。2002年,我国在政策领域第一次提出"新社会阶层"这一概念,民营科技企业的创业人员和技术人员、受聘于外资企业的管理技术人员、个体户、私营企业主、中介组织的从业人员、自由职业者等被定义为新社会阶层。

近年来,新社会阶层的内涵和外延得到了更加清晰的界定。2015年发布的《中国共产党统一战线工作条例(试行)》中,正式将"新的社会阶层人士"作为12类统战工作的对象之一。新社会阶层包括:私营企业和外资企业的管理技术人员;中介组织和社会组织从业人员;自由职业人员;新媒体从业人员。③ 据统计,2016年全国新社会阶层有5000多万人。④ 这些新社会阶层,由于其高流动性和多变性等特征,难以被纳入传统的分层体系,但他们的社会影响力在不断增强,已经成为我国分层与流动研究领域重要的研究对象。⑤

---

① 张翼:《当前中国中产阶层的政治态度》,《中国社会科学》2008年第2期。
② 李春玲:《寻求变革还是安于现状:中产阶级社会政治态度测量》,《社会》2011年第2期。
③ 李路路:《"新社会阶层":谱系·变革·挑战》,《统一战线学研究》2017年第4期。
④ 李培林:《改革开放近40年来我国阶级阶层结构的变动、问题和对策》,《中共中央党校学报》2017年第6期。
⑤ 张海东等:《中国新社会阶层:基于北京、上海和广州的实证分析》,北京:社会科学文献出版社,2017年,第1—3页。

(五)"住房阶级"诞生

住房是现代社会中家庭最重要的财产,因此常常被视为社会分层的一个重要指标。住房之所以与其他商品不同,在于它不仅反映了人们对城市空间资源的占有,而且会客观上激发重要的居住阶级意识。在计划经济时期,中国实行了社会和单位福利分房体制,按照"均等化"的原则分配住房。单位的所有制类型和行政级别很大程度上决定了个体获得住房的"好坏"。[1] 职工虽凭借单位福利获得住房居住权,但房屋所有权依旧归单位所有。这一时期的住房不平等多源自体制的分割。

1991年11月国务院下发《关于全面推进城镇住房制度改革的意见》,《意见》提出,由住户通过买房或租房取得住房的所有权或使用权,使住房作为商品进入市场。2000年,传统的单位福利分房制正式退出历史舞台,单位与住房相分离,住房市场化真正来临。商品房价格也随之大幅度跃升。根据中央经济网产业数据库提供的房地产开发企业商品房平均销售价格数据(图3),1991年我国商品房平均房价为994.66元/m^2,住宅商品房平均房价为996.4元/m^2。1999年商品房为2053元/m^2,住宅商品房为1857元/m^2,商业用房为3332.67元/m^2。截至2016年,商品房增长至7476元/m^2,住宅商品房增至7203元/m^2,商业用房增至9786元/m^2。

伴随着住房改革的推进和房地产价格的上涨,住房或房产开始被看作影响个体阶层地位的决定因素之一。住房不平等研究开始进入分层研究学者的视野。有研究发现,在市场转型背景下,住房资源分配虽然复杂多样,但住房资源的占有、住房区位和面积的分布仍被打上了阶层

---

[1] 边燕杰、刘勇利:《社会分层、住房产权与居住质量——对中国"五普"数据的分析》,《社会学研究》2005年第3期。

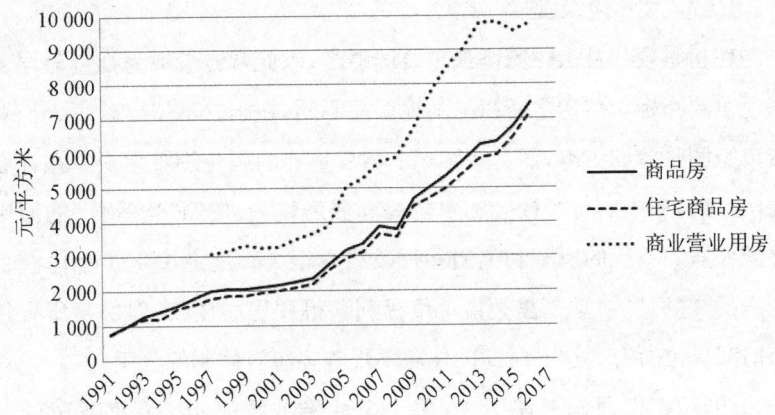

图 3 1991—2016 年中国房地产开发企业商品房平均销售价格变动
数据来源：中央经济网产业数据库。

分化的烙印，个人的政治资本、人力资本、职业状况及收入水平，对人们获得住房资源有显著影响。① 因此，房产在传统的职业分层之外构成了另一个重要的分层体系。②"住房阶级"成为一个新的分析视角，在社会分层与流动领域中的受关注程度不断凸显。除了探讨影响住房获得的各种因素之外，许多研究者开始关注住房不平等引发的社会后果，包括住房分层与社会不平等之间的关系、住房分化与主观阶层认同以及住房分层与社会态度和社会参与议题。另外，因为住房资源或居住空间与其他重要资源（如环境、卫生、教育资源和其他公共服务设施）之间的密切关联，因住房差异所导致的空间不平等问题，也成为社会分层和流动研究的重要议题。

---

① 边燕杰、刘勇利：《社会分层、住房产权与居住质量——对中国"五普"数据的分析》；刘祖云、毛小平：《中国城市住房分层：基于 2010 年广州市千户问卷调查》，《中国社会科学》2012 年第 2 期。
② 李骏：《城市住房阶层的幸福感与公平感差异》，《华中科技大学学报》(社会科学版)2017 年第 1 期。

四、总结与展望

从1978年开始,中国的改革开放已经进行了四十年。这场改革对中国社会结构和个人或群体利益关系的影响是空前的。与改革开放前相比,中国社会分层的制度基础和阶层结构以及社会流动模式已经发生了巨大的变化。这些变化可以归结为以下几点:第一,市场因素(收入、财富、人力资本等)成为决定个体阶层地位的重要因素,但并没有完全替代政治和权力因素。改革后,市场和政治权力共同形塑个体的阶层地位和流动空间。第二,身份制逐渐衰退,但仍有一定的影响力。随着户籍制度的深化改革,户籍身份不再是个体城乡流动的藩篱,但要完全消除与户籍挂钩的各种资源或福利(如教育、医疗和养老保障等)差异仍需时日。体制(部门)分割导致的身份差异也和户籍分割的变化趋势有相似之处。第三,新的职业群体或社会阶层涌现,中间阶层呈现扩大趋势。第四,改革初期,社会流动空间扩大,代际流动率和代内职业或身份流动率上升。但进入21世纪以来,地位代际继承愈发明显,社会流动减弱,阶层固化风险增加。第五,现代化的阶层体系逐渐成型,阶层之间的边界趋于明显,阶层内部认同感提升,但这并不意味着阶层结构完全定型。随着一系列"三农"政策的实施,以及城镇地区因科技发展而带动的产业结构的转型与创新,城乡分化、城乡流动以及农村和城市内部的分层和流动模式仍可能发生改变。

正如本文开篇所言,由于我国长时间形成的城乡二元结构,我国城镇和农村地区社会结构的变化虽然有很多共性,但其变化脉络和发展趋势有很大的差异。在这个过程中,经济和社会的变迁不是单调线性的。在不同的历史阶段,因全球宏观经济环境的变化以及我国经济和社会政策的变动,阶层结构和社会流动模式呈现非常明显的阶段性特征。在现阶段，对外开放仍是我国的基本国策。因此可以预计，在将来很长的时间内，"变迁"仍是我国的阶层结构和社会流动研究的"主旋律"。

我国社会学学科的恢复和发展可以说是和改革开放的进程同步的。由于其独特的理论视角和分析工具，社会学对记录和解释改革开放以来我国的社会变迁做出了巨大的贡献。尤其是社会分层的视角，关注个人和群体的利益关系及其在社会中的相对位置及其变化趋势，而这恰好是改革开放以来我国社会变化的核心内容。进入 21 世纪以来，大样本全国代表性抽样调查数据的收集，以及日益规范化和精细化的社会科学定量研究方法的应用和推广，促进了我国社会分层与流动研究不断取得突破性进展。自 2003 年以来，"中国综合数据调查"（中国人民大学）、"中国综合社会现状调查"（中国社会科学院）、"中国家庭追踪调查"（北京大学）等多个高质量共享数据资源，成了大部分研究社会分层与流动的学者观察社会变迁的窗口。

社会分层和流动研究的繁荣并不是偶然的，改革开放带来的社会变革是它源源不断的动力。随着改革的深入和社会学学科的发展，越来越多的学者进入社会分层领域，研究议题不断拓展，研究成果也不断丰富和积累。但值得思考的是，社会分层研究领域目前借鉴的理论视角和分析工具大多来自西方学界。鉴于我国历史和现实的独特性，探索更有利于理解和解释我国社会现实的分层理论、概念和分析框架，也将是这个领域的学者的重任之一。

第十章 性别与社会发展

佟 新

在中国早期的社会学研究中,有关性别的研究内容基本上为"妇女问题"所取代,1995年第四次世界妇女大会的召开,将性别研究的概念引入中国。1998年,教育部批准将女性学作为三级学科纳入国家研究生专业目录,北京大学社会学系建立了第一个女性学方向的硕士点。女性学教育正式地进入国家的教育体制。2016年北京大学社会学系建立了第一个女性学二级学科硕士授予点。2006年,中国社会学会成立了"妇女/性别社会学专业委员会",每年举办一次学术会议,形成了具有一定共识的性别社会学研究领域。目前,国家社会科学基金和教育部社会科学基金中都有相关的性别研究项目。随着全国性社会调查数据库的建立,以及十年一次的中国妇女社会地位调查数据的使用,相关主题的定量研究明显增多,职业的性别隔离、性别收入差等经典研究有了进级性的学术积累。

一、"男女有别"的传统性别角色范式

传统性别角色一直是中国社会学界性别研究的底色。费孝通先生

认为,在由差序格局维持的乡土社会中,充分了解个人的生理差别、永远划分人们生理差别的是男女两性。费孝通先生在讨论中国人"私"的毛病时,提出了著名的"差序格局"的概念。"中国乡土社会的基层结构是一种我所谓的'差序格局',是一个'一根根私人联系所构成的网络'。这种格局与现代西洋的'团体格局'是不同的。"①不同的场合需要不同程度的结合。在这些"私人联系所构成的网络"中有"男女有别的原则"。"'男女有别'是认定男女间不必求同,在生活上加以隔离。这隔离非但是有形的,所谓男女授受不亲,而且还是在心理上的,男女只在行为上按着一定的规则经营分工合作的经济和生育的事业,他们不向对方希望心理上的契洽。"②性别差异源自按性别分工合作的经济和生育事业,这一理论框架是中国特色的性别结构理论,它成为中国社会学界性别社会学发展的重要背景。

1994年,《社会学研究》期刊展开了有关"妇女回家"的讨论,揭示出男性学者对传统性别角色的普遍认同:

> 四十年来我们通过行政力量在社会生产中扶植弱者和女子,使其和强者与男子平等。被剥夺的男子以为他们在生产中真的不比女子贡献大,转而承担同样多的家务,双方合理高效的内外分工从此瓦解。……"男女平等"时期的最大收益是它普及了一种观念,即女子拥有与男子同样的权利,……但是它迅速走向极端,变追求机会平等为完全的平等,以至造成了一种新型的,更为荒诞的不平等:即弱者对于强者的剥夺。③

---

① 费孝通:《乡土中国》,北京:北京大学出版社,2012年,第51页。
② 费孝通:《乡土中国》,第76页。
③ 郑也夫:《男女平等的社会学思考》,《社会学研究》1994年第2期。

在工业化的阶段,一般都是妇女走回家庭;到了后工业社会的阶段,家务劳动实现了社会化,妇女又开始普遍走出家庭。我国目前所处的是典型的工业化的阶段,一方面家务劳动还没有实现社会化,另一方面,又要求男人全心全意地在外面工作,而不能像农耕时代那样劳动时间有很大的弹性。在这种情况下,妇女的普遍就业实际上是打乱了社会中的角色分工,结果是造成社会功能的紊乱以及其他的种种问题。因此,即使是从这个角度说,减少妇女就业的数量,使大部分妇女重新走回家庭,也是势在必行的。①

在追求现代化、发展经济和提高效率的前提下,妇女解放、男女平等带来的低效等话语被合法地建构出来。

1995年前后,传统性别角色受到了大批女性学者的批评,相关的声音几乎绝迹。但随着互联网信息的发展,类似的言论不断在网络中发酵。2017年11月3日《新京报》发文《一条微博引发一场骂战,教授冯钢成了女权的"敌人"》,报道了冯钢在2013年10月5日的一条微博。

"昨天面试免试推荐的研究生,居然5女1男,性别比例严重失调,结果前三名还都是女的。根据以往经验,女生读研后继续走科研道路的十不足一,读研期间也少有专心学问的,大多混个文凭准备就业。免推生就这样拿走了3个名额,正常考试的名额就只剩2个了,真为那些有心走学术之路的考生担心啊。"为了回应4年前的"性别歧视"的说法,冯钢回应说,"我从不歧视女生……真正的性别歧视在于工业文明本身"。

2017年10月29日,孙立平在"孙立平社会观察"的微信公众号上写道:"这里的问题是要不要承认女性在从事学术研究上具有的某种'现实

---

① 孙立平:《重建性别角色关系》,《社会学研究》1994年第6期。

上的劣势'？我是不否认的。这主要不是由性别决定的，而是由'现实中的角色分工'造成的。……我关心的是这样的工作对她们个人是不是更合适。在诸种考虑当中，我更看重的是她们有一份自己喜欢且优雅的工作。对毕业后学生的期待，有没有性别上的差异？答案：有。对于毕业后的学生，无论男女，当然会有一些共同的关心。但实际上还是有差别的。……在我的心目中，她们个人是否幸福，远比她们对社会做出什么贡献重要。"

上述种种表明，社会学学术共同体中传统性别角色观念根深蒂固。批评性的观点认为，"学术领域的性别偏见、男性气质的组织文化和性别阶层化强化了传统的性别关系"①。

二、结构功能主义范式的性别角色理论

结构功能主义的角色理论视性别为基本社会结构，认为性别不平等是结构不平等，该理论重视性别收入差和职业性别隔离等议题，在提问、文献、假设等方面以西方相关文献为主，再基于中国的数据进行测量和分析。

（一）性别收入差距

学者们认为，我国两性收入差明显。2005年人口抽样调查发现，在城市劳动力市场中，男性平均时薪约为 6.68 元，比女性平均高出 24%。② 对2005年中国综合社会调查数据的分析发现，城镇居民月收入

---

① 王俊：《大学组织文化的社会性别逻辑——对一所研究型大学的案例分析》，《妇女研究论丛》2012年第6期。
② 贺光烨、吴晓刚：《市场化、经济发展与中国城市中的性别收入不平等》，《社会学研究》2015年第1期。

均值的性别差异显著,女性的月收入均值只有男性的 78.3%。① 1995—2007 年,中国城镇职工的平均实际工资收入保持较高增长,但工资水平的性别差距不断扩大,2002—2007 年,工资性别差中非个人或就业特征等因素占比越来越大,说明性别歧视更加严重。② 1990 年城乡男女劳动收入差别显示,女性劳动收入分别是男性劳动收入的 77.5% 和 79.0%,2000 年城乡女性劳动收入分别是男性的 70.1% 和 59.6%,2010 年城乡女性劳动收入仅占男性的 67.3% 和 56.0%,反映出劳动力市场性别不平等现象长期存在。③

结构主义取向的理论认为,性别收入差主要是由于两性在教育、职业和社会资本等资源上存在的结构差异导致的。因受教育水平低、较多地进入第一产业和非正式劳动力市场,导致女性的低收入。但女性受教育的收益率高于男性,受教育程度的提升有助于女性进入高收入和性别歧视较低的行业和部门。④ 社会资本的性别差异可部分解释性别收入差,中高收入群体在社会资本上的性别差异更大。⑤

学者对北京、上海、广东三地性别收入差的研究发现,三城市性别工资差产生的因素并不相同。其一,家务劳动时间对性别工资差异有显著影响,女性每天做家务劳动时间比男性多,在一定程度上减少了女性对工作和学习培训的精力投入,减少了女性职位、职称晋升的机会;其二,

---

① 陈文府:《中国城镇居民收入性别差异》,《统计研究》2011 年第 11 期。
② 李实、宋锦、刘小川:《中国城镇职工性别工资差距的演变》,《管理世界》2014 年第 3 期。
③ 蒋永萍、杨慧:《妇女的经济地位》,宋秀岩、甄砚编:《新时期中国妇女社会地位调查研究》(上卷),北京:中国妇女出版社,2013 年,第 186 页。
④ 邓峰、丁小浩:《人力资本、劳动力市场分割与性别收入差距》,《社会学研究》2012 年第 5 期。
⑤ 程诚、王奕轩、边燕杰:《中国劳动力市场中的性别收入差异:一个社会资本的解释》,《人口研究》2015 年第 2 期。

私人部门比国有及公共部门的性别工资差更加明显;其三,受教育程度越高,感受到性别工资差异的程度越小;其四,职务、职称对性别工资差异的影响是不确定的。①

李春玲等人采用三次跨时段的全国抽样调查数据,考察性别收入差距变化的趋势和原因时指出,改革之初的 10 年里,影响性别收入差扩大的主因是市场机制;在此后的 10 年,性别歧视因素成为主因。②

王天夫等人使用了跨度 15 年的三个全国性数据,提出了"社会主义性别社会分层"的模型,社会主义时代的父权主义借助区隔主义的官僚政治,扭曲了再分配过程,其性别分层的结构表现为距离再分配中心的距离越远,受到的性别歧视就越严重。社会转型逐渐加重了对原来受到再分配体系保护的等级地位较高的女性的歧视。③

总之,无论是市场机制内生的性别结构因素导致的两性收入差距,还是性别歧视因素产生的两性收入差距,这一现象的加剧均表明职场环境的性别不友好。

(二) 职业性别隔离

有关健康与营养的调查分析发现,中国劳动力市场的职业性别隔离水平在 1989—2009 年间于小幅波动中稳定上升;与 1989 年相比,2009 年的职业性别隔离邓肯指数上升了 48%。④ 1982 年以来的 4 次人口普查数据显示,改革开放以来职业性别隔离始终存在,且程度持

---

① 胡雯、李建新:《中国城镇居民收入的性别差异研究——以北京、上海、广东三地为例》,《人口学刊》2014 年第 1 期。
② 李春玲、李实:《市场竞争还是性别歧视——收入性别差异扩大趋势及其原因解释》,《社会学研究》2008 年第 2 期。
③ 王天夫、赖扬恩、李博柏:《城市性别收入差异及其演变:1995—2003》,《社会学研究》2008 年第 2 期。
④ 张成刚、杨伟国:《中国职业性别隔离趋势与成因分析》,《中国人口科学》2013 年第 2 期。

续上升,这受到职业规模的影响。职业性别隔离较低的农业部门规模锐减,非农职业的性别隔离先升后降,这主要是受到职业内部性别构成的影响。①

职业性别隔离中的垂直隔离也很明显。2009年八大城市"社会网络与职业经历"调查表明,女性在各类职业中都集中于等级较低的岗位;而中性职业依然存在性别垂直隔离。② 在工作权威上亦存在性别差距。③

影响职业性别隔离的因素存在以下几种:

其一,社会网络/社会资本的作用。女性被分配到低收入职业岗位和"天花板效应"④的原因,可能是由于其缺少社会资本。社会网络有性别同质化倾向,人们倾向于和同性亲朋交往,这就导致女性利用强关系更可能进入到女性职业。⑤ 两性的社会网络在规模、资源和关系强度上存在差异;女性社会网络的效用更大;社会转型提高了女性职业流动的可能性。⑥

其二,家庭影响两性的职业升迁。女性地位的获得更受到家庭背景的影响,它是通过教育获得和职业地位反映出来的。白领女性遭遇的"玻璃天花板"相比国际水平处于较低位置;1990年后性别隔离状况出现总体下降趋势。⑦ 我国实行的计划生育政策减少了生育数量,家庭预

---

① 李汪洋、谢宇:《中国职业性别隔离的趋势:1982—2010》,《社会》2015年第6期。
② 童梅、王宏波:《市场转型与职业性别垂直隔离》,《社会》2013年第6期。
③ 李忠路:《工作权威层的性别差距及影响因素:监管权威的视角》,《社会》2011第2期。
④ 秦广强:《职业晋升中的性别不平等——基于CGSS2006数据的分析》,《社会学评论》2014年第3期。
⑤ 童梅:《社会网络与女性职业性别隔离》,《社会学研究》2012年第4期。
⑥ 张文宏、刘琳:《职业流动的性别差异研究——一种社会网络的视角》,《社会学研究》2013年第5期。
⑦ 李春玲、杨旻、石秀印:《性别分层与劳动力市场》,北京:中国社会科学出版社,2011年。

算约束的缓解改善了女性的教育获得。① 郑磊利用 CGSS2008 数据发现,家庭同胞性别结构与家庭资源分配的研究表明,拥有兄弟不利于个人教育资源的获得;同胞女孩比例越高越有利于个人教育资源的获得;儿子偏好对家庭资源的性别分配有着复杂的影响。② 根据 CGSS2008 数据的分析发现,大学扩招为父辈为初中学历的"次低文化层次"群体的女性带来了更多的高等教育机会,且有利于改善农村女性在受高等教育中的劣势地位。③

其三,性别角色分工的作用。女性所承担的家庭责任,使其因为生育而进入那些非正式的、有时间弹性的低收入职业。

城镇女性中有 30.8% 因为生育和照顾孩子的原因中断工作。④ 生育与女性劳动参与之间的因果关系是双向的。女性生育和养育孩子对女性就业和收入水平有明显的负面影响;女性劳动参与率的提高促使生育率下降。⑤ 通过 2004 年和 2006 年中国健康与营养调查数据发现,城乡女性受生育的影响有所不同。城镇已婚女性生育数量的增加会显著降低其劳动供给,降低了她们的工作时间和工资水平;而农村已婚女性的生育数量对其就业和工资皆没有显著影响,但显著降低了工作时间。⑥ "生育

---

① 叶华、吴晓刚:《生育率下降与中国男女教育的平等化趋势》,《社会学研究》2011 年第 5 期;吴愈晓:《中国城乡居民教育获得的性别差异研究》,《社会》2012 年第 4 期。
② 郑磊:《同胞性别结构、家庭内部资源分配与教育获得》,《社会学研究》2013 年第 5 期。
③ 张兆曙、陈奇:《高校扩招与高等教育机会的性别平等化——基于中国综合社会调查(CGSS2008)数据的实证分析》,《社会学研究》2013 年第 2 期。
④ 佟新、周旅军:《就业与家庭照顾间的平衡:基于性别与职业位置的比较》,《学海》2013 年第 2 期。
⑤ 宋健、周宇香:《中国已婚妇女生育状况对就业的影响——兼论经济支持和照料支持的调节作用》,《妇女研究论丛》2015 年第 4 期。
⑥ 张川川:《子女数量对已婚女性劳动供给和工资的影响》,《人口与经济》2011 年第 5 期。

工资惩罚"机制是存在的。① 已婚女性的家务劳动时间与其工作时间呈负相关,工作时间减少影响到女性的职场晋升,这从侧面反映了家务劳动对女性职业表现可能产生的影响。②

老人的家务分担有助于女性就业。基于东部九个省份的家庭调查数据的研究发现,多代同堂的直系家庭结构对女性就业有积极影响。多代同堂的家庭结构明显改善了女性的劳动参与率和工作时间,但对男性的劳动参与没有影响。其背后的机制是,老年父母尽力协助女儿料理家务,使她们有更多的工作时间。③ 反之,照料父母的女性劳动力参与率下降了23.80%。与父母公婆同住的女性,照料责任使城市女性的劳动参与率下降49.08%,农村女性的劳动参与率下降28.10%。④

(三) 性别观念与角色分工

现代社会,两性的性别观念处于传统与现代之间。女性的性别观念更趋现代,且年纪越轻其观念越现代。而男性的性别观念相对传统,且年龄间具有较高的一致性与稳定性。虽然影响性别观念的因素具有多元化的特点,影响两性性别观念的机制有所不同,女性通过努力获得的自致地位更有利于其形成现代的性别观念;对男性来说,夫妻间平等的家庭性别分工更能作用于现代性别观念的形成。⑤ 城乡间的性别观念存在差异,城镇女性表现得更为现代,农村男性表现得更为保守;受教育

---

① 於嘉、谢宇:《生育对我国女性工资率的影响》,《人口研究》2014年第1期。
② 於嘉:《性别观念、现代化与女性的家务劳动时间》,《社会》2014年第2期。
③ 沈可、章元、鄢萍:《中国女性劳动参与率下降的新解释:家庭结构变迁的视角》,《人口研究》2012年第5期。
④ 范红丽、陈璐:《替代效应还是收入效应?——家庭老年照料对女性劳动参与率的影响》,《人口与经济》2015年第1期。
⑤ 刘爱玉、佟新:《性别观念现状及其影响因素——基于第三期全国妇女地位调查》,《中国社会科学》2014年第2期。

程度和职业地位提升人们的性别观念;但是,经济的发展和收入提高未能提升人们的性别观念。①

性别意识的理论认为,家务劳动是性别关系的一种符号性表现。夫妻双方在劳动力市场和家庭中所花费的时间并非简单的权衡,而是根植于性别意识中的。家务劳动并不是中性的,而是定义与表现了特殊的性别期望。对 2010 年相关数据分析发现,宏观的性别意识形态与家庭观念影响家务劳动的分配。在城镇地区,由于性别平等观念的宣传和制度改变,使得女性对传统性别分工的认同度下降,而在农村地区,由于男女平等观念的推动不如城镇地区深入,大部分女性仍然持有较传统的性别与家庭观念,其对家务的议价能力受到其意识形态的限制。②

三、建构主义范式

建构主义的性别角色理论范式基于性别平等的观点,强调性别角色不仅是社会结构与功能分化的结果,更是男权社会建构的结果,其本质在于社会存在着性别利益分化,利益受益者总会利用文化与各类资源维持或强化自身利益。因此,对男权的批判成为首要任务,由此揭示出性别不平等得以产生和再生产的机制。这些批评文献呈现几种视角。

第一,人权与主体性的视角。李银河明确指出:"女人回家不回家(或说就业不就业)应当由她们自己决定,这是女性的基本人权之一。"③谭深指出:"部分妇女自愿选择回家……说明了社会有了更多的选择空

---

① 杨菊华、李红娟、朱格:《近 20 年中国人性别观念的变动趋势与特点分析》,《妇女研究论丛》2014 年第 6 期。
② 於嘉:《性别观念、现代化与女性的家务劳动时间》。
③ 李银河:《"女人回家"问题之我见》,《社会学研究》1994 年第 6 期。

间,是对过去'无可选择'模式的突破。"①吴小英指出,中国正在兴起的主妇化,是女性在遭遇制度、结构、文化三种机制下作出的人生规划和自我选择;应将抉择权交还给女性,为她们营造一个多元、开放的价值空间,使其能够在其中得到积极的身份认同;追求"为自己而活"的人生逻辑。②

是否存在可以自主做决定的女性"主体"呢?对中产阶层全职妈妈的研究表明,并不存在"自愿的选择",全职妈妈多从事兼职工作。母职认同与离职的选择间接巩固了市场化的儿童照顾体制。③

第二,方法论的批判视角。王金玲认为,性别社会学研究存在两种学术态度,一是特殊性态度,二是普遍性态度。特殊性态度是指将妇女作为特殊性的人群,却忽略了她/她们之所以成为一个/一群妇女的文化因素、社会背景及人生经历等;而普遍性态度则更多地注意到社会性别/文化在两性成长中的作用,妇女自身经验、感受及由此产生的思想、观念所固有的价值。妇女仅仅作为"妇女"的特殊性意义,正在逐渐被妇女作为"人"的普遍性意义所涵盖。④

第三,国家视角。2017年11月6日赵鼎新回应"冯钢事件",他把中国的性别不平等归因于:"中国的'妇女解放运动'——一开始就是带着很强的男权思想的男性为了救亡图存而发起的运动,而女性在这场运动中主要是被发动和被解放的对象。其后妇女地位的提高居多依赖国家的主动行为。女性在'妇女解放运动'中的从属性,或者说带有男权思想

---

① 谭深:《谁是选择的主体?》,《社会学研究》1994年第6期。
② 吴小英:《主妇化的兴衰——来自个体化视角的阐释》,《南京社会科学》2014年第2期。
③ 蔡玲:《结构限制下的个人认同、行为选择与母职实践——以中产阶层妈妈离职选择为例》,《社会发展研究》2018年第1期。
④ 王金玲:《社会学视野下的女性研究:十五年来的建构与发展》,《社会学研究》2000年第1期。

的男性在'妇女解放运动'中的主导性,以及国家在提高女性地位中的主动行为,在很大程度上决定了当前国内女权运动的边缘地位,决定了事业女性在社会生活中的尴尬处境,以及国人——尤其是男性——对与性别有关的各种话题不但缺乏敏感而且缺乏反思能力。"① 即使是女大学生就业,面对弥漫的、无所不在的性别歧视,她们也常常沉默地接受"第二性"地位,对广泛存在的有偏见的性别知识缺少批判性。② 知识再生产过程为有性别偏见的性别知识提供了合法化基础,并产生了知识界权力的性别化再生产。③ 父权制作用的发挥并不是强制的,而是在长期的社会化过程中将身体塑造得具有高下之分,复制了社会性别的等级制度。④

第四,嵌入性视角。中国的性别角色是嵌入在家庭体系和家庭利益中的。中国文化强调"家"观念,家庭利益具有整体性,女性看似在家庭内部分工中的自我牺牲,促进了丈夫在社会上的发展,并提高了家庭的社会地位。当家庭作为应对社会变迁、资源紧缺和各种结构限制的主要单位时,家庭会发展出积极的行动策略,而这些行动策略多是以家庭利益为主的,它使性别利益消失在家庭利益中。⑤ 以家庭暴力为例,可看

---

① 王丹阳:《赵鼎新隔空回应冯钢:女子读研不如男?》,2017 年 11 月 6 日,https://mp.weixin. qq. com/s? src = 11&timestamp = 1541643691&ver = 1231&signature = KBa6mQVnHaR0aHSpZVd6Rix0 * Xbhz7Qu5ohM2zln-Oe2juTP3YOjlcMRnGjminIRULUBW766WozVnePRLb5YNLenqlMRpKq3e91-abfNyDUhLhV4yqrG9NrDWeaJlmqE&new=1,2018 年 10 月 30 日。
② 佟新、梁萌:《女大学生就业过程中的性别歧视研究》,《妇女研究论丛》2006 年第 S2 期。
③ 佟新:《"男女有别"与知识的生产》,南京大学第二届社会学女教授论坛,南京,2017 年 11 月。
④ 郑丹丹:《身体的社会型塑与性别象征——对阿文的疾病现象学分析及性别解读》,《社会学研究》2007 年第 2 期。
⑤ 佟新:《社会性别研究导论——两性不平等的社会机制分析》(第二版),北京:北京大学出版社,2011 年,第 98—102 页。

出女性的容忍是源于资源的缺失,同时也会再生出性别暴力。①

第五,话语分析视角。话语是一个竞争的场域,女性可能从他者叙述向自我叙述转变。中华人民共和国成立后的 30 年间,国家的力量完成了对妇女性别角色的全新叙述,这种叙述使妇女承担起社会劳动者的新角色。通过两代女性的努力,完成了女性独立的身份叙述,女性成为独立的个体和社会劳动者。② 吴小英注意到,国家、市场与传统文化是构成性别话语的三个基本要素。转型期,性别话语发生了由国家主导的话语模型向市场导向的话语模型的转化。转型后的性别话语不再表现为一种由国家建构的、在实践中打了折扣的意识形态意义上的平等蓝图,而是表现为一种在现代性和个体自由的诉求中,利用国家、市场和传统文化的各方力量平衡,做出主体选择的精打细算的应对策略。③

第六,性别气质再生产的视角。假设性别刻板印象和传统的劳动性别分工根植于人们的日常生活,不断通过性别气质的生产再造性别不平等。

其一,母职的社会建构。王向贤指出,在中国工业化的过程中,通过劳动立法确立了以赚钱为主、照顾为辅的现代父职,和以照顾为主、赚钱为辅的母职。④ 转型社会中个体、家庭和国家的关系皆在重构。⑤

其二,性别气质的建构。肖索未对婚外包养现象的研究表明,为了

---

① 佟新:《不平等性别关系的生产与再生产——对中国家庭暴力的分析》,《社会学研究》2000 年第 1 期。
② 佟新:《话语对社会性别的建构》,《浙江学刊》2003 年第 4 期。
③ 吴小英:《市场化背景下性别话语的转型》,《中国社会科学》2009 年第 2 期。
④ 王向贤:《承前启后:1929—1933 年间劳动法对现代母职和父职的建构》,《社会学研究》2017 年第 6 期。
⑤ 杨可:《母职的经纪人化——教育市场化背景下的母职变迁》,《妇女研究论丛》2018 年第 2 期。

使男人的自我价值感、尊严和权威得到承认和确证,"二奶"们从事着巧妙而辛苦的家务劳动、情感劳动和身体劳动。在私人间互动关系中,亲密关系具有购买的性质,女性承担烦琐的、具有强制性的,甚至是痛苦的,但却看似自愿的,甚至乐在其中的劳动;这种劳动使关系中的男性气质得到肯定和赞赏。工薪阶层的男性,其市场经济地位使其社会地位边缘化,他们作为家庭经济支柱的男性气质需要被肯定,并在亲密关系中获得尊严感和价值感;而商人阶层的男性,在市场化过程中逐渐拥有了经济能力,试图获得更高的社会地位,亲密关系中拥有漂亮女人则能够彰显身份、权力和优势,其新贵阶层的男性气质得以被肯定。① 这种性别互动中的关系取向,对理解当代中国性别身份的建构具有重要的启发意义。

其三,生殖文化中的性别建构。计划生育政策的实施增加了女性人工流产率,还以"无痛人工流产"等话语剥夺了女性诉说的权利。避孕责任的女性化和扭曲的"人工流产"知识,将女性身体置于医疗风险和道德风险之下。② 林晓珊对城市女性的产前检查、身体经验与主体性的研究表明,现代城市中生育被健康话语主导,医疗技术的干预使孕妇自身的身体经验被不断贬低,并屈从于医学话语的建构,怀孕的身体被医学凝视,被客体化而失去自身的主体性,母职的体验变成经由现代医学健康方案所主导的想象。③ 医疗的知识化借着医疗论述与仪器检查,让医生进行着带有自身的价值观和利益的社会规范,并控制产妇的身体和选择。④

---

① 肖索未:《婚外包养与男性气质的关系化建构》,《社会学评论》2013 年第 5 期。
② 李桂燕、佟新:《将女性置于多重风险中的"无痛人工流产"研究》,《妇女研究论丛》2014 年第 2 期。
③ 林晓珊:《母职的想象:城市女性的产前检查、身体经验与主体性》,《社会》2011 年第 5 期。
④ 范燕燕、林晓珊:《"正常"分娩:剖腹产场域中的身体、权力与医疗化》,《青年研究》2014 年第 3 期。

四、"阴性"的中国：重构女性知识与智慧

性别研究对社会学研究最重要的贡献，是一批学者抛开固化的研究范式，走向日常生活，揭示女性在日常生活中使用的知识，彰显其智慧。在传统中国社会的知识界，女性一直是无声的存在，发现"阴性"的中国，发现女性的生活智慧是性别社会学研究最具创新力的部分。

（一）乡土女性角色的再现与重新解读

金一虹重新叙述了费孝通先生男性化的《江村经济》，再现了江村性别制度的生产和再生产揭示出其"阴性面相"。"女织"并不简单是"助耕"，其劳动价值贯穿在每个家庭的生活中。这意味着要用一双寻找社会真实的双眼去重新看待生活，并将其书写下来。费达生的乡村"合作经营的原则"是实践性的，并具有重要理论意义，它体现了乡村工业化历史中女性的经验和智慧。在资本不断逐利的过程中，费达生先生不仅倡导"打倒利润主义"，还坚持以非营利合作组织来抵抗巨型资本；让农村妇女分享了工业化的福利和工业化的新技术。① 这一知识与智慧至今依然弥足珍贵。

（二）重新认识社会主义对妇女解放的意义

社会主义以女性参加社会生产劳动为主的妇女解放之路，常常被解读为过度的和超前的；但这一实践有着重要的社会意义，对女性生活的改变是革命性的。郭于华关于农村女性对农村集体化过程的经历、感受和记忆的研究发现，广大的乡村女性不仅是重要的动员对象，也是重要的参与者，农村妇女由此获得了"心灵的集体化"。这段历史是她们通过

---

① 金一虹、杨笛：《现代性的另类追寻——费达生20世纪20—40年代的社会改革研究》，《社会学研究》2017年第1期。

对病痛、养育和食物的记忆而再现的。乡村妇女接受了"革命—解放"的支配性意识形态,她们在被工具化的过程中得到了"解放"的感觉,由此精神振奋。这里隐藏着国家—社会之间符号权力的支配关系,包括性别支配关系。①

高小贤对20世纪50年代陕西关中地区规模最大的一场以妇女为主体的劳动竞赛——"银花赛"为例的研究发现,国家的经济政策与妇女解放的策略是交织在一起的,在推动妇女走向社会的同时,制造并维持了社会性别差异和社会性别不平等,当女性替代了男人的劳作时,其报酬就下降了。同时,农村妇女参加社会劳动的妇女解放运动具有多重的复杂性和局限性。②

金一虹对"铁姑娘"的研究展示了"文化大革命"期间的社会性别与劳动并不存在一个本质的"性别属性",特定的社会情境、文化传统和性别互动过程建构了两性在社会中的位置。③

(三)工业化、城市化和性别

工业化和城市化对女性发展的影响是复杂的。金一虹对农村早期工业化过程的研究发现,劳动性别分工的再生产将优势就业机会分配给了男性。在以乡镇企业形式发展起来的"离土不离乡"的工业化中,非农就业机会的实施是以"户平等"的方式进行的,"先男后女,先长后幼,先内后外"的模式延续了传统的分配方式,使男性攫取了更多非农就业的机会。存在的梯级格局是:男性总是首先占据最好的位置,而女性只能

---

① 郭于华:《心灵的集体化:陕北骥村农业合作化的女性记忆》,《中国社会科学》2003年第4期。
② 高小贤:《"银花赛":20世纪50年代农村妇女的性别分工》,《社会学研究》2005年第4期。
③ 金一虹:《"铁姑娘"再思考——中国文化大革命期间的社会性别与劳动》,《社会学研究》2006年第1期。

永远处于男性的后面。性别分工的变化是随着经济结构的变化而进行的性别调整。性别分工充满了利益调整的弹性,男性获益总是大于女性,这成为调整性别分工的准则。这背后是新的性别分工解释系统在发挥作用。"这是让所有的人特别是处于被支配地位的妇女与现有的劳动制度安排认同,接受这种分工带来的社会定位的一种观念系统。"①

性别关系是一种社会机制,女性从事非农劳动过程中受到多元父权制的影响,如公共父权制、集体父权制和流动的父权。农村妇女处在传统性别关系想象之中,但她们却在资本、家庭制度和城乡关系中努力实践着自身的非农劳动经验。"流动的父权"不仅存在于流动中的农民家庭,也是父权制从形态到规则的流动变化,"是父权制一边被解构一边被重构的复杂过程"。②

对女性来说,外出打工更多地是为了家庭。对四川、安徽外出回乡妇女的调查发现,期望外出挣钱,获得较高经济收入是农村妇女初次外出的主要动因。走出家乡初衷主要是为了见见世面,锻炼自己。这一单纯的目的多数人都达到了。年轻妇女外出动机不是为了挣钱而是为了体验新的生活和学习技术,她们对农村生活的不满更强烈,也更希望再次外出。③

而城市化还存在着特殊的"小姐"职业。认同"小姐"身份而非"性工作者"身份的态度,表明了她们自身去污名化的策略,现代化主体、都市化主体和性主体的欲望,是其进入性产业的重要驱动力。"小姐"的身份

---

① 金一虹:《父权的式微:江南农村现代化进程中的性别研究》,成都:四川人民出版社,2000年,第110页。
② 金一虹:《中国新农村性别结构变迁研究:流动的父权》,南京:南京师范大学出版社,2015年,第8页。
③ 郑真真、解振明主编:《人口流动与农村妇女发展》,北京:社会科学文献出版社,2004年,第80页。

政治的不固定和模糊的自我身份认知构成了对阶层与性别制度规范桎梏的抵抗。①

(四) 关怀劳动的价值

长期以来家务与照料劳动(被统称为关怀劳动)被视作女性的天职而不被算作劳动参与,未纳入国民生产总值的计算。照料劳动包括了对老人、儿童、病人的照料工作以及各种志愿服务;这些工作主要由女性完成。打破公私领域分割的生产模式,回归人类再生产和对幸福生活的追求,需要重估女性关怀劳动的价值。②

利用3期中国妇女社会地位调查数据的分析发现,1990—2010年,18—55岁的在婚男女家务劳动时间呈下降趋势,但女性家务劳动时间均远超男性,说明女性在普遍参加社会劳动的同时,依旧是家务劳动的主要承担者。③ 对城镇双职工家庭的研究发现,城镇家务劳动量已大幅减少,但女性仍是家务劳动的主要承担者,她们的家务劳动时间是男性的2.4倍;约有三分之一的家庭是夫妻合作型家务劳动模式。④ 影响家务劳动分工的因素有:经济依赖关系、工作时间、工作收入、性别角色观念、城乡差别等。⑤

---

① 丁瑜:《她身之欲:珠三角流动人口社群特殊职业研究》,北京:社会科学文献出版社,2016年,第322—348页。
② 佟新、周旅军、马冬玲:《关怀经济学与投资女性——中国经济的新增长点》,《社会发展研究》2015年第2期。
③ 杨菊华:《传续与策略:1990—2010年中国家务分工的性别差异》,《学术研究》2014年第2期。
④ 刘爱玉、佟新:《城镇双职工家庭夫妻合作型家务劳动模式——基于2010年中国第三期妇女地位调查》。
⑤ 於嘉:《性别观念、现代化与女性的家务劳动时间》,《社会》2014年第2期;刘爱玉、佟新、付伟:《双薪家庭的家务性别分工:经济依赖、性别观念或情感表达》,《社会》2015年第2期;佟新、周旅军:《就业与家庭照顾间的平衡:基于性别与职业位置的比较》,《学海》2013年第3期。

老年女性的无酬劳动亦被重新认识。当代家庭内部的"严母慈祖"的分工和权力格局,祖辈作为"帮忙者"承担大量儿童照料和家务劳动工作,但在家庭事务决策和话语权上处于边缘位置。① 老人承担儿女的家务劳动不能被简单视为一种代际互惠。第一,当代家庭中权力关系发生了变化,儿子儿媳和孙辈的需要处于优先地位,儿子儿媳掌握着家庭决策权,传统意义上的代际互惠发生了改变,老人在承担大量家务工作的同时,却得不到情感支持和价值肯定;第二,代际互惠背后隐含着几种意识形态,即育儿和家务活是家庭内部事务,是女性的事情,且不具有社会价值,而工业化进程中家庭功能外移,这种意识形态将老年女性为家庭付出合理化,将社会问题私人化。②

家政工的工作将照料劳动的价值显性化,是一种典型的性别化劳动。原子化的工作和生活,外部感知的阶级视角与家政工的阶级觉悟之间存在差距。③ 家政工在家务劳动过程中经历着"身心分割"。④ 市场体制下的性别化劳动将生产劳动和照料劳动人为分离,将照料劳动分配给女性,照料劳动的女性化成为国家经济增长的重要基石。⑤

(五) 女性共同体的建设

在现当代社会,互联网提供了比传统媒体更新和更大的社会空间,使得颠覆性别刻板印象、改变性别权力关系的行动有了更多的可能性。

---

① 肖索未:《"严母慈祖":儿童抚育中的代际合作与权力关系》,《社会学研究》2014年第6期。
② 陶艳兰:《代际互惠还是福利不足?——城市双职工家庭家务劳动中的代际交换与社会性别》,《妇女研究论丛》2011年第4期。
③ 马丹:《私人生活的商品化:北京市家政工的劳动过程研究》,博士学位论文,北京大学社会学系,2012年。
④ 苏熠慧:《控制与反抗:雇主与家政工在家务劳动过程中的博弈》,《社会》2011年第6期。
⑤ 佟新:《照料劳动与性别化的劳动政体》,《江苏社会科学》2017年第3期。

互联网是集体创造知识的有力空间,新产生的知识体系将涵盖边缘人群的需求,是人性中更加柔性、个体性、非男权主义、非工具性、大众的体系。① 在互联网时代,女性进入网络和网络进入女性是一个双重过程。网络的虚拟功能满足了女性摆脱性别身份的负面体验的需求,为其提供了自行建设心理家园的可能。在女性家园里,她们重新建构具有反性别刻板印象的空间,这使女性们离不开自己的网站,女性网站成为女性与社会性别之间的保护带。②

市场化过程中,中国女工正在以一个阶层的面貌出现。③ 白领工作场所的工作压力既造成两性性别意识的压抑,又能使女性在工作中获得成就感,接受独立奋斗的观念,摒弃女性意识。"去性别化"的工作状态,既是资本主义工作过程对女性的异化,也是女性在异化中获得独立的过程。④ 在知识生产系统中,女性能动地建立起自身的知识共同体。⑤

对女性高层次人才的研究发现,在性别友好型的组织环境,即在从业组织中女性领导比例和女性从业者比例超过 30% 的组织中,是更少性别歧视的。国家干预对性别平等是有效的,领导层中女性性别比例的提升能起到积极作用的经验判断,能够支持配额制。⑥ 这意味着这是一种沿着性别分离的性别共同体的建设,但这也在一定程度上表明,男女

---

① 沈奕斐:《赛伯空间中的主体技术和性/性别政治》,《妇女研究论丛》2009 年第 1 期。
② 杨宜音、王甘等:《性别认同与建构的心理空间:性别社会心理学视角下的互联网》,中国社会科学院妇女研究中心编:《转型社会中的中国妇女》,北京:中国社会科学出版社,2004 年,第 149—181 页。
③ 李若建:《女工:一个重生的社会阶层》,《社会学研究》2004 年第 4 期。
④ 朱健刚、覃凯:《工作、权力与女性认同的建构——对广东一家外资企业的中国白领女性的个案研究》,《清华社会学评论》2001 年第1 期。
⑤ 佟新:《现当代知识女性共同体的发展》,《北京大学学报》(哲学社会科学版)2015 年第5 期。
⑥ 马冬玲、周旅军:《性别友好型组织环境保障女性人才成长》,佟新等:《中国女性高层次人才发展规律及发展对策研究》,北京:经济科学出版社,2017 年,第 144—145 页。

有别的社会区隔还在起作用。

五、评价与展望

改革开放四十年来,性别社会学研究有了长足的进展:从妇女问题,到社会性别及性别关系的研究;从关注不平等现状,到关注不平等的产生机制。它以女性为主体进行知识创新,极大地丰富了社会变迁与性别生产关系的知识。性别研究的各种观点存在着矛盾和冲突,后三种分类中有着诸多的重叠。以性别骚扰研究为例,有学者提出女性经验与感受,[1]也有学者用21世纪三次全国随机抽样的调查数据说明实际发生的性骚扰正在减少,来自权力关系的性骚扰并不多。当"反对性骚扰的话语"介入日常生活时,主体身份与话语建构之间存在的张力表明,中国社会中的权力、性别身份与性之间的关系发生了变化。[2] 这表明,定量研究、定性研究以及话语分析,对某一主题的研究呈现不同的观点,需要更多的碰撞与讨论。有些研究的认知尚缺乏社会性别视角,如认为家庭经济条件好、不工作又有主观幸福感的女性是被"家庭庇护"的;[3]但这样一种结论是否能够很好地通过定量研究加以表述尚有待商榷。在现实生活中,"不工作的太太"本身的幸福感或许就在于她对家务劳动的贡献或对"家庭的庇护",而这一群体本身就是多元身份的叠加。发现社会实践中丰富的未被叙述的性别知识,是这一学科发展的重要方向。

---

[1] 唐灿:《工作场所中的性骚扰:多重权力、身份关系的不平等——对20个案例的调查和分析》,唐灿、黄觉、薛宁兰:《走向法治:工作场所性骚扰的调查与研究》,北京:中国人民公安大学出版社,2012年,第1—20页。

[2] 黄盈盈、潘绥铭:《21世纪中国性骚扰:话语介入与主体建构之悖》,《探索与争鸣》2013年第7期。

[3] 吴愈晓、王鹏、黄超:《家庭庇护、体制庇护与工作家庭冲突——中国城镇女性的就业状态与主观幸福感》,《社会学研究》2015年第6期。

第十一章　宗教信仰:生态论和中国化

吴　越　卢云峰

　　改革开放以来,我国宗教领域最大的变化莫过于基督教(新教)[①]的兴起。根据1982年的《关于我国社会主义时期宗教问题的基本观点和基本政策》(即"19号文件"),截至中华人民共和国成立初期,我国基督徒人数为70万。在中华人民共和国成立后,历经30多年的发展,至改革开放初期(即"19号文件"时期),基督教信众的规模也不过300多万。之后的四十年见证了基督教在我国的勃兴。根据1997年发布的《中国的宗教信仰自由状况》(即第一份"宗教白皮书"),基督徒人数已达1000万。如今,改革开放已进入第四十个年头,根据2018年发布的第二份"宗教信仰自由状况白皮书",基督教在我国已有3800多万信徒。从300万到3800万,基督教作为我国五大宗教[②]中最后传入的宗教,以年均增长率6.5%的速度一跃成为仅次于佛教的第二大宗教,基督徒在我国已经形成"全国存

[①] 依据我国现行的政策和法规,基督教一般指代新教,而非包含天主教、东正教在内的基督类宗教。
[②] 我国目前有五类合法宗教:佛教、道教、伊斯兰教、天主教、基督教。

在、局部聚居"①的格局。因此,如何理解基督教自改革开放以来的快速兴起,成为中国宗教社会学以及整个宗教研究界最受重视的学术议题之一。

围绕基督教在当代中国的兴起这一主题,本文将对相关的学术研究进行梳理和辨析,大致分为三个部分。首先介绍学界对中国基督徒规模的讨论并给出我们的估算;然后介绍宗教生态论,这一理论试图回答基督教为什么会在当代中国兴起;最后讨论基督教中国化,这一主题关心的是"怎么办"的问题。"中国化"首先源于学术界对基督教的讨论,目前已经成为政策选择。

一、中国基督教规模的"数字之争"

当代中国有多少基督徒?对这个问题的回答言人人殊,以至于有学者认为中国基督教研究领域存在"数字之争"②。我国政府已经通过"宗教白皮书"等方式公布中国基督徒的规模,但国内外不少学者认为这些"官方数字"低估了基督徒在中国的人数。例如,2014年修远基金会的报告认为,我国"基督教信徒和认同基督教的人数应在1亿到1.5亿之间"③。此外,艾克曼(David Aikman)认为,中国至少有8000万基督徒,并且在未来30年以内,中国会有三分之一的人皈依基督教。④ 2010年,亚洲地区最有影响力的跨国基督教组织——亚洲丰收会(Asia

---

① 卢云峰:《当代中国宗教状况报告——基于CFPS(2012)调查数据》,《世界宗教文化》2014年第1期。
② 黄剑波、翟杰霞:《中国基督徒人数之争的学理与政治》,《道风:基督教文化评论》2011年总第35期。
③ 董磊明、杨华:《西方宗教在中国农村的传播现状——修远基金会研究报告》,2014年9月1日,http://www.xiuyuan.org/yjbgshow.asp?id=81,2018年10月30日。
④ David Aikman, *Jesus in Beijing: How Christianity is Transforming China and Changing the Global Balance of Power*, Washington D.C.: Regnery Publishing, 2003.

Harvest)的一份报告认为,中国有 8350 万基督徒。① 2011 年,美国皮尤数据中心发布了备受瞩目的全球基督教报告,认为中国基督徒的人数约为 5800 万。②

(一)"数字之争"背后的政治与信仰

可以看出,中国政府与海外机构对中国基督徒人数的估计存在巨大的差异,黄剑波和翟杰霞形象地称之为"数字之争"③。导致这一巨大分歧的因素大致有三个:统计范围存在差异,各方的现实考量有所不同,以及统计过程的不透明。

首先是统计范围不尽相同,海外机构认为中国政府的报告没有包含三自教会以外的基督徒,他们推测中国的地下基督徒数量远多于正式注册的基督徒,因而他们得出的数字自然会高于中国政府的估计。

其次是各方的现实考量有所不同。有人认为,从宗教管理部门角度来讲,他们不希望这个数字太大,因为基督教发展太快就意味着他们工作不力,所以各地宗教局倾向于少报基督徒的人数。④ 而海外机构,尤其是宣教机构,则倾向于高估中国基督徒的规模。一方面,"这些宣教机构出于筹款等实际原因的考虑,可能存在夸大自己服务和接触到的基督徒数量,从而作为自己工作成效的一种证明,或者作为自己合法性的一种注脚"⑤。另一方面,他们从信仰上希望"中华归主",因而从内心就乐

---

① Paul Hattaway, "How Many Christians are in China?" *Asia Harvest*, 2010, http://asiaharvest.org/how-many-christians-are-in-china-introduction/, Sept. 10, 2018.
② Conrad Hackett, Brian J. Grim, "*Global Christianity*: A Report on the Size and Distribution of the World's Christian Population," Dec. 19, 2011, http://www.pewforum.org/2011/12/19/global-christianity-exec/, Sept. 10, 2018.
③ 黄剑波、翟杰霞:《中国基督徒人数之争的学理与政治》。
④ Paul Hattaway, How Many Christians are in China? *Asia Harvest*, 2010.
⑤ 黄剑波、翟杰霞:《中国基督徒人数之争的学理与政治》。

意接受对基督徒规模的夸张估计。早在1983年,就有两位旅居美国的家庭教会成员估计当时中国有一亿基督徒。①

比较有意思的是,这种高估在中国国内得到了一些响应,比如上文提到的"修远基金会研究报告"。该报告认为,"以基督教为主体的西方宗教在经过近三十年的发展后,已经完全取代传统宗教和民间信仰形式,成为我国农村主导性的宗教并且具有唯一的合法性,这一过程还在加速进行",该报告估计,"基督教信徒和认同基督教的人数应在1亿到1.5亿之间"。在报告的作者看来,基督教作为一种外来宗教,具有极强的渗透性和扩张性:由于"新中国在农村的改造运动对传统信仰的毁灭性打击",反而使得基督教在中国的发展如鱼得水。报告指出,基督教一教独大直接破坏了宗教生态,"北方农村有10%—15%的人口被基督教囊括。……就国家承认的五大宗教而言,基督教信徒高居首位,在不少地方占宗教信徒的95%以上"。报告认为,显然基督教已经挤占了其他宗教的生存空间,因此要控制基督教在中国的发展。

导致基督徒规模"数字之争"估算相差甚大的第三个原因,在于数据收集的途径和方法不严谨。黄剑波和翟杰霞认为,无论是我国政府的官方数据还是海外宣教机构的估计,尽管在规模估计上相差甚远,但他们的数据收集方法是一样的:都是用"数人头"的方式进行的。政府在统计基督徒人数时,先让基督教三自爱国运动委员会及基督教协会(俗称"两会")向地方宗教局提交数据,然后由地方宗教局向上层层汇报,最后汇总至国家宗教局。海外机构的大多数估计没有明确公布数据的来源和收集方法,按照黄剑波和翟杰霞的研究,这些数字主要是根据

---

① Tony Lambert, "Counting Christians in China: A Cautionary Report," *International Bulletin of Missionary Research*, vol. 27, no. 1 (2003), pp. 6 – 10.

各地家庭教会的自报进行汇总估算,"其数据的随意性和不可靠性也是显而易见的"①。

(二) 基于CFPS的估计

以前各界对中国基督徒规模的估计有着很多的现实考虑和方法局限。有鉴于此,我们采用"中国家庭追踪调查"(CFPS)的调查数据作为数据基础,这是由北京大学中国社会科学调查中心执行的全国性、综合性、追踪性的社会调查项目,项目在基线普查之后,分别于2012、2014、2016年对所有家户和个人样本展开了三次追踪调查。限于篇幅,我们在此只能简要描绘我们的估计方法,数据细节可以参见我们最近发表的论文。②

在处理数据过程中,我们将基督徒分为"公开的基督徒"和"隐藏的基督徒"两部分,前者在调查中承认自己的基督徒身份,后者出于各种原因没有直接表明自己的身份,但我们可以通过数据有把握地猜测其基督徒的身份。首先,CFPS的三次追踪调查为我们提供了"公开的基督徒"在总人口中的比例,如表1所示,约总人口的2%。

表1　CFPS 2012—2016年我国宗教信仰分布(%)

	2012年	2014年	2016年
佛教	6.93	15.82	8.96
道教	0.33	0.74	0.45
伊斯兰教	0.38	0.38	0.50
基督教	1.78	2.05	2.06

① 黄剑波、翟杰霞:《中国基督徒人数之争的学理与政治》。
② 卢云峰、吴越、张春泥:《中国有多少基督徒?》,《开放时代》2019年第1期。

续表

	2012 年	2014 年	2016 年
天主教	0.35	0.32	0.46
其他	0.43	\	0.35
祖先崇拜	\	5.85	\
多信仰	\	0.74	0.05
无宗教信仰	89.80	74.10	87.17
总计	100.00	100.00	100.00
样本总数	30 859	29 572	30 550

注：三次数据均选用全国总样本，均经过权重调整。

然后，我们通过两种方法寻找"隐藏的基督徒"。其一是通过"宗教实践"的数据，那些声称自己没有宗教信仰却频繁去教堂做礼拜的人，可以被认为是"隐藏的基督徒"。其二是通过"问题转换"，因为真正的基督徒不会否认自己信仰耶稣基督。因此，在CFPS2012年和2016年两次调查中，我们将宗教信仰问题设置为"您属于什么宗教"，而在2014年则将问题转变为"您信什么"。由于CFPS是追踪调查，我们能找出在三次调查中"信仰耶稣却否认自己是基督徒"的人，我们将这部分人视为"隐藏的基督徒"。公开的基督徒加上隐藏的基督徒，就得到我们对我国基督徒整体规模的估计，大致是3997万。

另外一种估计方法是测算"名义上的基督徒"，也就是CFPS三次调查中只要有任意一次愿意承认自己基督徒身份或信基督上帝的人，这部分人占比2.89%，其对应的规模约为3969万。无论是"公开的基督徒＋隐藏的基督徒"的估计方式，还是"名义上的基督徒"的估计方式，我们得出的基督徒规模都比较一致，即将近4000万，我们认为这个数字应当较为接近当前中国基督徒的真实规模。无论如何,海外传教机构和修远报告所认为中国有1亿基督徒的说法确实值得质疑。

二、基督教兴起之谜:宗教生态论的解释及其不足

从改革开放初期的300万,到2018年的近4000万,基督教在过去四十年里的确经历了一个快速增长的过程。如何理解基督教在当代中国的兴起,学界有很多讨论,宗教生态论是其中一个非常重要的理论视角。宗教生态论以整体性的视阈和关系性的思维,考察宗教与宗教、宗教与其他社会存在之间的动态互动。宗教生态论从解释基督教的兴起出发,经过多年的发展,正逐步成为一种具有中国特色的宗教研究范式,但它也还存在许多不足之处,尚需时日才能羽翼丰满。

(一)宗教生态论的理论来源

宗教生态论有三种理论来源,分别是宗教生态学、城市生态学、结构功能主义,进而发展出了三种研究进路:宗教与自然生态、宗教与城市生态、宗教与社会生态。尽管这三种来源和进路彼此之间有着密切的联系,但本文所要介绍的宗教生态论,主要还是结构功能主义和社会生态意义上的宗教生态论。

宗教生态论的结构功能主义来源主要体现在两个方面:整体性视角和平衡取向。

所谓整体性视角,是指宗教生态论避开单独研究某种宗教的局限性,从整体上研究社会生态中宗教与宗教、宗教与其他社会存在之间的动态互动关系。杨庆堃的《中国社会中的宗教》对宗教生态论有很大影响。杨氏在书中以结构功能视角,联系中国的经济、政治和家庭制度,对中国宗教的结构地位和功能意义进行了分析。杨氏所提炼的两类宗教

结构形式——混合宗教(diffused religion)与独立宗教(institutional religion),①成为宗教生态论者必引的概念工具,这一点尤其体现在对基督教和民间信仰之关系的分析上。

所谓平衡取向,是指宗教生态论对平衡的社会系统的追求。宗教生态论者一直围绕着"失衡"和"平衡"来探讨中国宗教,他们认为,只有通过政策的变化,才能将基督教过快发展、本土宗教及民间信仰日渐衰落的"失衡"局面,恢复至传统中国"多元通和"的"平衡"状态。这种对平衡的偏好也招来了一些研究者的批评,这些学者认为,过于强调平衡会限制宗教的自由发展。②

(二)宗教生态论对基督教兴起的解释

中国社科院的段琦和陈进国以及中央民族大学的牟钟鉴,是较早使用宗教生态论解释"基督教兴起"的学者。他们认为,近代以来中国政府一直将基督教这类"制度性宗教"作为"宗教",而将民间信仰这类"非制度性宗教"作为"封建迷信",与民间信仰密切相关的佛、道教也遭到牵连。于是,在反封建、反迷信的历次政治运动中,本土宗教遭受重创,而基督教由于没有被贴上"迷信"的标签,加上海外势力的支援,在改革开放之后迅速占据了处于信仰真空状态的中国社会。基督教的扩张反过来进一步破坏了中国宗教的生态平衡。因此,要恢复宗教生态的"平衡",要抑制基督教的过快扩张,唯有改变当前

---

① 杨庆堃在《中国社会:从不变到巨变》一书中将这两个概念译为"混合宗教"和"独立宗教",我们认为这个翻译更准确地表达了他的原意,所以采用了杨氏自己的译法而非范丽珠在《中国社会中的宗教》一书中的译法。详细分析见卢云峰:《论"混合宗教"与"独立宗教"——兼论〈中国社会中的宗教〉之经典性》,《社会学研究》2019年第2期。

② 陈彬、高师宁:《对"宗教生态论"的回顾与反思》,《道风:基督教文化评论》2011年总第35期;李向平:《"宗教生态",还是"权力生态"——从当代中国的"宗教生态论"思潮谈起》,《上海大学学报》(社会科学版)2011年第1期。

的宗教政策。① 他们的观点可以被进一步浓缩为:改革开放前中国宗教政策的失误导致了宗教生态的失衡,从而为基督教排除了发展道路上的障碍,同时基督教的兴起又加剧了失衡的状况,使基督教得以加速发展。

宗教生态论者认为,基督教自民国创立"五大宗教制度"开始,就垄断了对"宗教"的定义,即具有独立组织、系统教义和排外信徒的宗教才是合法的宗教。而中国传统的民间信仰,如"敬天法祖"和对"传统神灵"的信仰,则因其与世俗组织的混合性,与佛、道教教义的综摄性,与象征封建落后的儒家思想的亲和性,以及信徒对其他宗教的非排他性,被政府视为"封建迷信"。这种宗教观历经中华人民共和国马克思主义"宗教鸦片论"的宣传,以及"文革"时期对"封建迷信"的大力打压,至改革开放时期已经深刻嵌入了我国的宗教政策,并在很大程度上影响了当代中国人对宗教的理解。由于"敬天法祖"和"崇拜传统神灵"被视为迷信,与清朝时期遭遇"礼仪之争"的天主教不同,基督教没有因为反对"祭祖"和"偶像崇拜"而受到民众的普遍排斥。相反,基督教被视为"正规宗教"的代名词,从而畅通无阻地在民间传播。与此同时,因历史上儒释道的合流,佛、道教被认为与"封建迷信"有着千丝万缕的联系,不断被政府要求祛除巫魅要素,从而在满足民众的宗教需求方面能力减弱。宗教生态论者认为,这番此消彼长的态势自近代以来便已开始,但在改革开放前由于战乱或者严格的宗教管制,其影响并不是很明显,而改革开放后宗教管制被放松,基督教便得以空前

---

① 陈进国:《宗教与自治:中国民间信仰的视角》,宗教与法治国际学术研讨会论文,北京,2008年;段琦:《宗教生态失衡与中国基督教的发展》,《当代中国民族宗教问题研究》2009年第4集;陈进国:《传统复兴与信仰自觉——中国民间信仰的新世纪观察》,金泽、邱永辉主编:《中国宗教报告(2010)》,北京:社会科学文献出版社,2010年,第152—189页;牟钟鉴:《基督教与中国宗教文化生态问题的思考》,《当代中国民族宗教问题研究》2009年第4集。

扩张,迅速崛起为我国的第二大宗教。

宗教生态论者进而提出,只有去除民间信仰"封建迷信"的标签,促进宗教政策的合理化,为民间信仰和本土宗教谋求与基督教同等的合法性空间,才能避免基督教一教独大,从而恢复中国宗教生态的平衡。可见,宗教生态论不仅是一种对"基督教兴起"的因果解释,也是一种为民间信仰正名的话语体系。同时,我们也可以发现,有些生态论者始终强调政府的介入对我国宗教整体发展状况的重要性。他们认为,合理的宏观干预符合中国宗教的历史和现实特征,而完全相信自由竞争则太过理想主义,其结果可能导致无序扩张和宗教垄断,甚至危及我国的"文化安全"。换言之,"宗教生态平衡"无法由宗教自身来实现,而是需要借助政府这一强大的"外力"来进行调控。这种对"平衡"的追求既来自生态论背后的结构功能主义渊源,也来自生态论者对传统中国宗教生态的肯定。牟钟鉴认为,传统中国宗教生态的特征是"多元、和谐、共存",与排他性极强的一神教(如基督教)不同,中国传统宗教带有儒家思想的包容性,强调"多元通和",反对"宗教冲突",从而为当今全球宗教如何"共存共荣"提供了典范。①

可以说,从解释"基督教的兴起"出发,宗教生态论显现了对基督教扩张的忧虑和对传统宗教、民间信仰的同情,体现出很强的"本土情怀"。在此过程中,它与来自西方的宗教市场论正面交锋,使自身带上了"本土化理论"的色彩。而宗教生态论对中国宗教"多元通和"模式的论证和肯定,更是表明了对外输出"中国特色"的理论抱负。

宗教生态论已初步获得了国际学界的肯定,海外汉学家高万桑(Vincent Goossaert)、宗树人(David A. Palmer)、柯若朴(Philip Clart)

---

① 牟钟鉴:《宗教生态论》,《世界宗教文化》2012年第1期。

都将宗教生态论视作中国宗教研究的新兴理论。① 然而,学界也存在很多针对生态论的不同的意见。

首先,基督教与传统信仰之间的竞争是否属于零和博弈值得商榷。宗教生态论认为,政府对传统信仰的"污名化"导致其衰落,为基督教的兴起创造了条件,同时基督教的发展又进一步挤压了传统信徒的生存空间。在他们看来,传统信仰代表了中国人的"精神世界",基督教的快速扩张将使中国人面临"身份认同"的危机。然而,这种将基督教和传统信仰对立起来的观点,受到了经验事实的挑战。唐晓峰发现,虽然一些区域调查(如开封市)似乎体现了基督教与传统信仰的不平衡发展,但是在更多的调查(温州、闽南等)中可发现,基督教的发展其实需要传统信仰作为土壤。在传统信仰薄弱的地方,基督教也难以壮大,这表明基督教和传统信仰对民众来说并没有本质区别。而且,更深入的调查表明,基督教恰恰是在吸收传统信仰的基础上发展起来的,它在快速增长的同时也被民间化了,成为中国宗教生态的一部分,而不是破坏和取代了原有的生态。②

另外,宗教生态论希望回归传统中国"多元通和"的宗教生态,但他们忽视了当代中国"宗教与国家"的关系已经与传统时期有了很大不同的现实。传统中国的"民间信仰"是与"官方信仰"相对应的,是经由"神道设教"而统合在"天命崇拜"的政治伦理信仰体系之下的组成部分,即与"官方信仰"一起为国家政权提供超自然的终极合法性。帝国体制被推翻后,我国已经不存在"天命崇拜"那样的"官方信仰","五大教"之所

---

① Vincent Goossaert, David A. Palmer, *The religious Question in Modern China*, Chicago: University of Chicago Press, 2011; Philip Clart, "'Religious Ecology' as a New Model for the Study of Religious Diversity in China", *Religious Diversity in Chinese Thought*, New York: Palgrave Macmillan, 2013.

② 唐晓峰:《中国基督教田野考察》,北京:社会科学文献出版社,2014年,第229—245页。

以成为"合法宗教",只是由于它们易于"标准化"地进行识别,易于"空间化"地进行行政管理(将宗教活动限制在宗教场所),而不是国家需要它们为其提供超自然合法性。在此背景下,想要通过提升民间信仰的地位来复现传统中国的宗教生态,实有沙上建塔的风险,因为今日之中国已非昨日之帝国。

三、基督教与中国社会的和谐共存:从"在中国"到"中国化"

按照我们的估计,当前中国基督徒的规模约为 4000 万,尽管远小于国内基督教威胁论者和国外传教机构所宣扬的"1 亿信徒",但它仍然表明了基督教在中国的兴起已是不容置疑的事实。宗教生态论在为这种"兴起"作出解释的同时,也提出了一套应对基督教快速扩张的方案,那就是扶持本土宗教和民间信仰。与此同时,另一批学者提出了不同的应对方案,他们并非试图扶持某种宗教来制衡基督教,而是希望从内部改造基督教,使"基督教在中国"走向"基督教中国化",从而实现基督教与中国社会的和谐共存。就目前而言,"基督教中国化"的方案已经从一种学术和神学上的讨论,转变为一种政策上的选择,并且已经进入实践层面。

(一)"基督教中国化"的缘起与发展

基督宗教自传入中国便开始"中国化",若只论基督教(新教),自它从 19 世纪传入后,在 20 世纪已经历了三波"中国化"运动,分别是自立运动、本色化运动和三自爱国运动。它们的共同点是都受到爱国主义运动的影响,都渴望摆脱外国教会的控制,实现中国教会的独立自主自办,并使基督教适应中国的文化传统。但我们在这里所聚焦的是"21 世纪的基督教中国化",它与上述的"中国化"有所相承,但主要是指 2012 年以来由学界发起的、得到宗教界响应和政界认可的"基督教中国化"。

2012年,学界正式提出了"基督教中国化"的概念。北京大学和中国社会科学院共同发起了"基督教中国化研究项目",并召开首届"基督教中国化"学术座谈会,邀请了政界、宗教界和学界三方人员共同探讨基督教与中国文化、中华民族、中国社会的关系和共存问题,自此拉开21世纪"基督教中国化"的序幕。

2014年,基督教全国"两会"举办"纪念中国基督教三自爱国运动委员会成立60周年暨基督教中国化研讨会",在此会上,时任国家宗教局局长的王作安明确将"基督教中国化"作为今后基督教工作的"重大课题"。同时,中国基督教三自爱国运动委员会主席傅先伟也将"基督教中国化"作为基督教自身的"必由之路"。可见,学界、政界、宗教界在2014年已基本达成了共识。

2015年5月,习近平总书记在中央统战工作会议上提出了八个"必须",其中包括"积极引导宗教与社会主义社会相适应,必须坚持中国化方向"。这一讲话标志着"基督教中国化"的学术话语已转变为"宗教中国化"的政治实践。2016年4月,在全国宗教工作会议上,习总书记指出,"积极引导宗教与社会主义社会相适应,一个重要的任务就是支持我国宗教坚持中国化方向"。

2017年,新修订的《宗教事务条例》发布,"宗教中国化"被作为重要内容而加入。《宗教事务条例》通过具体的规定,为"基督教中国化"指明了实践方向。同年12月,基督教全国"两会"发布了《推进我国基督教中国化五年工作规划纲要(2018—2022)》,标志着"基督教中国化"正式进入实践阶段。2018年4月,国务院新闻办公室发表了《中国保障宗教信仰自由的政策和实践》白皮书,将"宗教中国化"作为重要的新内容。

总体而言,在"基督教中国化"的缘起和发展过程中,学界发挥了自身的"桥梁"作用,向政界和宗教界推广这一话语。三界或联合或独自举办了全国性的会议,在不断的研讨中逐渐达成了共识。最终,习近平总书记的讲话标志着"中国化"话语正式被党和政府采纳,并从"基督教"上升至整个"宗教"。在它被写入多个重要文件之后,宗教界也开始正式从实践层面贯彻这一话语,这也意味着今后的学术研究将更多地关注它的实践效果。

(二)"基督教中国化"的主要思想

"基督教中国化"的主要思想可从三个方面进行论述:历史根源和现实背景、目标和内涵、前提和进路。

在历史上,基督教是伴随着西方列强的侵华战争而传入的,在传教过程中不断挑战中国法律和政府的权威,长期受外国差会的控制,而且在教义教规上也与传统文化习俗格格不入。而当前,伴随着基督教的快速兴起,它依然与中国社会保持着张力。文化层面如2010年曲阜建教堂引起大陆新儒家的强烈反对;"宗教生态论"认为基督教一教独大的趋势破坏了中国宗教生态的平衡,甚至对中国的文化生态也造成了消极影响。在这个层面上,21世纪的"基督教中国化"与20世纪的自立运动、本色化运动和三自爱国运动是一脉相承的,不同之处在于,20世纪所追求的教会主权的"中国化"已经在三自爱国运动中基本完成,当前需要的是基督教教义、神学和礼仪等更深入的"中国化"。

"基督教中国化"旨在将"基督教在中国"转化为"中国基督教",将"中华归主"转化为"主归中华"。具体而言,就是实现基督教对中国的政治、民族、社会、文化的认同、适应和融入。① 在这一语境中,政治和民族

---

① 张志刚:《"宗教中国化"义理沉思》,《世界宗教研究》2016年第3期;《"基督教中国化"研究的三重视野》,《世界宗教研究》2013年第2期;卓新平:《关于"基督教中国化"的再思考》,邱永辉主编:《中国宗教报告(2015)》,北京,社会科学文献出版社,2016年,第216—227页。

层面的认同是首要的。承认政治权威高于宗教权威、承认民族身份先于宗教身份,是我国政府对基督教的底线要求。而"基督教中国化"既让政府消除了对基督教作为"政治渗透工具"的忧虑,也让政府改变对立防范的意识,将基督教作为内在的积极力量,而非将其推向对立面。正是因为"基督教中国化"符合政府和民族的根本关切,它才得以超越学界和宗教界的理论探讨,最终上升为一种国家意志。第二,社会和文化层面的融入,是"基督教中国化"从口号式话语转变为实质性话语的首要原因。政教关系和身份认同在基督教的"第一次中国化"中就已基本完成,如今只是延续和深化,而社会适应和文化融合才是"第二次中国化"的重点,如果没有这两个层面的"中国化",那么政治和民族层面的"中国化"也只能流于形式。与主流社会和谐共处,与主流文化互相融合,也是"基督教中国化"从一种理论转变为实践的必由之路。

神学层面的持守和创新是"基督教中国化"最重要的前提和进路。要在实质上推动基督教的"中国化",要让基督教真正融入中国社会和文化,就必须在神学层面实现"中国化",这基本上是学界、政界、宗教界的共识。首先,对神学的强调使宗教界成为"基督教中国化"的主体,尽管这一话语由学界提出并由政界推动,但神学层面的中国化只能由教会和信徒来完成,学者和政府都无法代劳。正是在此意义上,"基督教中国化"才能得到宗教界的认同,也是它最终成为各界的指导性话语的重要原因。否则,若它有违基本的神学和信仰,无论它在学术上多么"合理",在政治上多"合利",都不可能成为一种实质性的改革,而只能沦为一种空洞的口号。其次,神学层面的中国化是基督教融入主流社会的前提。宗教对社会的贡献固然有助于它被社会大众所接受,许多学者也都提到了公益和慈善对于"基督教中国化"的重要性,但这种社会贡献只有建立在"神学中国化"的基础上,例如改变"信教"与"不信教"的二元对立,才能真正发挥基督教的积极意义。否则就只是洗刷"精神鸦片"的历史标签,甚至是借此传教而"化中国",这与"基督教中国化"的目标背道而驰。再次,"神学中国化"也是基督教真正融入中国文化的保证。离开了神学创新,基督教无论是以更富中国文化色彩的方式表达自身,还是吸收儒学进行人文化,或者对民俗文化的契合通融,都只是著名神学家赵紫宸在《基督教与中国文化》中所批判的"戴上儒冠、穿上道袍、蹈上僧鞋"的伪"中国化",而真正的"中国化"只能由基督徒自身的"内在"与"预备"来实现。

可以发现,正是因为"基督教中国化"的主要思想同时满足了学界的学理、政界的法理、宗教界的教理,它才能从学术话语转变为政治话语,并且得到基督教会和信徒的认可与实践。

(三)"基督教中国化"的潜在问题

尽管"基督教中国化"现已成为学界、政界、宗教界的共识,并已开始进入实践层面,但它在理论上还是存在着一些不得不重视的潜在问题。

其一是"基督教"与中国文化之间的异质性冲突。"基督教中国化"的主流观点强调基督教要"认同"和"融入"中国文化,要淡化自身的排他性,在中国的文化体系内形成基督教的一种新的模式。然而,一些学者认为,以中国为中心推动"基督教中国化",并不意味着要完全顺应中国本身所拥有的思想和观念,因为如果那样的话,基督教本身的自主性将会消失,也无法给中国社会提供任何"新"的东西,最终也无法完全融入中国社会之中,因而,"基督教中国化"同时需要有"边界",需要有自身的坚守,需要在回应中国社会问题的时候带来不一样的解决方案。① 这种

---

① 李兰芬、张清江:《民国广州基督徒知识分子与基督教中国化的努力——以钟荣光、张亦镜为例》,《开放时代》2017年第3期。

"更新"话语和"认同"话语的不同之处在于,"更新"强调中国文化对基督教的吸纳,而"认同"强调的是基督教对中国文化的学习。我们认为,尽管在"脱洋"的政治认同要求下,"文化认同"成为"中国化"的主流话语,但是,真正从文化发展的角度来说,"异质性"和"边界"也是值得重视的基督教与中国文化的关系。

其二是"基督教"与"中国化"之间的矛盾。在"防政治渗透"和"脱洋"的政治话语下,"基督教中国化"在主流话语中一直以"政治和民族认同"为核心,所谓"社会适应"也更加强调基督教淡化排他性、融入主流社会。作为教界的代表人士,傅先伟和曹圣洁在认可"基督教中国化"时始终强调这条道路不能淡化信仰色彩,同时也希望政府和社会以包容的态度对待基督教,强调接纳和适应的"双向性"。① 赵紫宸曾指出,强调"中国化"不可令宗教失其本真,中国基督教必然不同于西方基督教,但也不同于中国的其他宗教和其他社会组织。② 宗教界坚持"基督教中国化"不能只有"中国化"而忽略了"基督教",若不能满足教界的这一核心诉求,"基督教中国化"也将无法发挥实质性的作用。

总之,"基督教中国化"在实践层面还会面临许多复杂的困境,但它仍然不失为一次有益的学界、政界和宗教界的合作尝试。值得强调的是,"基督教中国化"与基督教在全球传教活动中普遍出现的"处境化"不同,它并非教会为了更好地在中国传教而提出的。当然,它也关注基督教的健康发展,但它更关注的是基督教与中国社会的和谐共存。因为"基督教中国化"不仅仅关乎教会的命运,而且关乎国家和社会的发展。

---

① 傅先伟:《继承爱国爱教优良传统推进基督教中国化》,《人民政协报》2014 年 8 月 14 日,第 4 版;曹圣洁:《基督教走中国化道路——下定决心,迎难而上》,张志刚、唐晓峰主编:《基督教中国化研究》(第三辑),北京:宗教文化出版社,2016 年,第 12—19 页。
② 蔡宏强:《对基督教中国化的若干反思》,《金陵神学志》2015 年第 4 期。

综上所述,改革开放以来基督教在中国的快速兴起是一个不争的事实,也是我国宗教领域所发生的最大变局。学界敏锐地抓住了这一重要的社会事实,从各种角度探讨"基督教的兴起"。当前中国基督徒的规模大约为 4000 万,也就是说,大约平均每 30 个中国人中就有 1 个是基督徒。此外,学界也积极探索"基督教兴起"的原因并提出相应的对策。宗教生态论作为一种受认可度较高的因果解释,认为我国改革开放前不合理的宗教政策导致传统信仰被铲除,这就为基督教崛起提供了空间和契机。而"基督教中国化"作为认可度较高的应对方案,主张基督教应当与中国的政治、民族、社会、文化实现认同、适应和融入。尽管这些讨论尚存在提升空间,但学术研究本来就是一个不断超越自身的过程,只有持续关注社会事实的动态发展,及时修正自己的假设和逻辑链条,才能不断接近真相。在这一点上,"基督教的兴起"还是"现在进行时",相关的研究也尚未达到得出最终结论的阶段,我们尚需要更多的实证调查来理解这一现象,也还需要更多的实践经验来完善对策建议。

第十二章 探寻"多民族中国"的可能性:"民族研究"的"本土化"实践

王 娟

在中国的社会科学学科体系中,"民族研究"是一个边界模糊的领域。与其关系最近者是民族学、人类学和社会学,[①]但历史学、考古学、语言学、政治学等,亦都与之具有相当紧密的关联。诸学科介入"民族研究"的视角有别,采用的方法各异,甚至对"民族"这个核心概念的理解亦颇不相同,但它们都拥有一个共同的背景——近代中国"救亡图存"和"民族—国家建设"(nation-building)的历史进程。如何在一个内部多元的"王朝"废墟上,重建一个"多民族的现代国家"?这实际上构成了不同学科的几代民族研究者共同的问题意识。

[①] 在学术史上,这三个学科之间存在复杂的历史关联,直到今天亦难以划清界限。相关问题可参见王铭铭:《民族学与社会学之战及其终结?——一位人类学家的札记与评论》,《思想战线》2010 年第 3 期;杨圣敏:《当前民族学人类学研究中的几个问题》,《广西民族大学学报》(哲学社会科学版)2012 年第 1 期。

一、复杂的遗产:改革开放前30年的"国家化"民族研究

20世纪50年代初,与民族研究关系密切的社会学、人类学被取消学科建制,而"民族学"则在将自身的目标重新定义为"为新中国的民族工作服务"后得以保留。这一变化为改革开放前30年的民族研究打下了深深的"国家化"烙印。

作为中华人民共和国的民族研究最重要的奠基人和引领者,费孝通在回顾这段历史时如是说:

> 自从新中国成立后,……为了实现民族平等,国家有许多工作要做。……这种需要向学术工作者提出了新的研究任务,要求他们对当时了解得很不够的各少数民族的社会历史进行科学研究。这项工作当时即称作民族研究。……后来民族研究又被称为民族学。这是中国民族研究和民族学产生和发展的历史背景。①

这项任务在当时具体化为两项规模宏大的社会调查工作:"民族识别"和"少数民族社会历史调查"。前者的最终成果是一份包含"56个民族"的名单,②并将中国超过99.9%的人口分配到了这个名单所列的民族类别中,③从而为中华人民共和国的"基本政治制度"之一——民族区域自治

---

① 费孝通:《中华民族研究的新探索》,费孝通主编:《中华民族研究新探索》,北京:中国社会科学出版社,1991年,第1—6页。
② 尽管"民族识别"工作在20世纪50年代初期就已经展开,并完成了大部分工作,但"56个民族"的名单直到1979年基诺族被确定为单一民族后才正式确定下来。
③ 在1982年的第三次人口普查中,未识别人口为79.97万,占全国总人口的0.08%。

制度——奠定了基础。后者则以马克思主义的唯物史观为标准,完成了对中国各民族的"社会性质"的判定,①从而为进一步的民主改革和社会主义建设提供了保障。②

从政治的角度看,"民族识别"和"少数民族社会历史调查",反映了现代中国重构"多民族国家"的政治与历史叙事的努力;而从学术的角度看,这两项工作则推动了对西方语境下产生的民族理论的"本土化"系统尝试。

具体而言,"民族识别"工作所涉及的正是民族学最基本的理论问题——如何认定一个"民族"及其边界?表面看来,这是一个"普遍性"的理论问题,但事实上,由于"民族"是一种在历史进程中生成的社会现象,因此,判定"民族"的标准及其边界的划定,总是与该"民族"形成的具体历史和社会环境密切相关。就中华人民共和国成立初期的情况而言,"民族识别"所面临的最大的理论挑战是:斯大林关于"民族"的经典定义中包含的四条"标准"——共同语言、共同地域、共同经济生活和基于共同文化的共同心理素质——是根据"资本主义上升时期"的欧洲历史经验总结出来的;而根据马克思主义唯物史观的判别标准,中国尚有若干"非汉"的社会群体处在原始社会、奴隶社会或封建社会早期。因此,如果严格按照斯大林提出的标准,这些社会群体只能被称为"氏族""部落""部族"等,③而

---

① "社会性质"即各民族在马克思主义唯物史观的社会发展"五阶段"(原始社会、奴隶社会、封建社会、资本主义社会、社会主义社会)中所处的位置。
② 参见李绍明:《西南少数民族社会历史调查——李绍明美国西雅图华盛顿大学讲座(二)》,《西南民族大学学报》(人文社会科学版)2010年第1期。
③ 费孝通:《关于我国民族的识别问题》,《费孝通民族研究文集》,北京:民族出版社,1988年,第158—187页;费孝通:《在国家民委召开的民族问题五种丛书工作会议上的讲话》,《费孝通民族研究文集》,第343—349页。

非更高形式的"民族"。①

然而,这样的等级式分类不但与中国共产党在革命时期的政治承诺相冲突,②不利于在新形势下增强边疆"非汉"人群对新政权的信任和支持,也与"民族"一词进入中文语境后的实际用法不相符合。③ 因此,"民族识别"的核心就是要发展出一套"本土化"的判定"什么是民族"的标准,从而能够将中国那些在人口规模、文化发展程度、社会发展阶段等方面差异巨大的群体都定义为"民族",使其在国家的民族制度体系中拥有平等地位。④ 在这个意义上,"民族识别"实际上是以制度的方式,对中国民族问题的复杂性进行了"强制简化"。

在某种意义上,今天已经成为中国人"常识"的"56 个民族"的分类体系,就是 20 世纪 50 年代中国民族学家构建"本土化"民族理论的最重要成果,它为此后 40 年的民族研究留下了一份内涵复杂的遗产。一方面,由"少数民族社会历史调查"和语言调查资料汇编而成的"五种丛书"达到了 9000 多万字的规模,⑤保留了大量珍贵的历史信息,是人类历史

---

① 事实上,苏联的"民族识别"即采取了这种等级式的分类方式,包含有部落(племя/tribe)、部族(народность/narodnost)、民族(нация/nation)等多个层次,而只有那些人口在 10 万人以上,具有自己的加盟共和国或自治共和国的族体,才被称为"民族"(нация/nation)。参见何俊芳、王浩宇:《俄语"民族"(нация)概念的内涵及其论争》,《世界民族》2014 年第 1 期。
② 例如毛泽东 1939 年在《中国革命和中国共产党》一文中明确提出:"我们中国现在拥有四亿五千万人口,差不多占了全世界人口的四分之一。在这四亿五千万人口中,十分之九以上为汉人。此外,还有蒙人、回人、藏人、维吾尔人、苗人、彝人、壮人、仲家(布依族的一种旧称)人、朝鲜人等,共有数十种少数民族,虽然文化发展的程度不同,但是都已有长久的历史。中国是一个由多数民族结合而成的拥有广大人口的国家。"
③ 费孝通:《关于我国民族的识别问题》。
④ 关于"民族识别"的具体内容,可参见黄光学主编:《中国的民族识别》,北京:民族出版社,1995 年。
⑤ 中华人民共和国国家民族事务委员会:《进行民族识别,确认 56 个民族成分》,2007 年 3 月 14 日,http//www.seac.gov.cn/seac/zcfg/200703/1071795.shtml,2018 年 10 月 30 日。

上最大规模的民族学调查的见证;但另一方面,国家的指导性意识形态和"民族工作"的具体实践,为这个"本土化"的理论体系打上了深深的"国家化"烙印,并由此形成了一种具有极强惯性的学科范式,这事实上为此后的民族研究套上了一副无形的"枷锁"。在某种意义上,改革开放后中国民族研究的理论创新和重要争论,都是围绕着对这副"枷锁"的反思乃至反抗而展开的。

二、费孝通的反思:从"藏彝走廊"到"中华民族多元一体"格局

自 1978 年起,费孝通在多个场合的发言、讲话中,都论及了前一阶段的两项工作。在肯定了"民族识别"和"少数民族社会历史调查"的成绩和意义的同时,他着重指出了"民族识别"的若干余留问题,包括"未识别民族"的问题、"平武藏人"是不是藏族的问题、壮族与布依族是不是两个单独民族的问题、彝族与其他彝语支民族是不是不同民族的问题等。① 在论及这些问题时,费孝通关注的重点并非这些民族是否"划错了",而是之前的民族研究存在的重要方法论缺陷。

费孝通指出,这个缺陷的核心就是"一个一个民族进行调查研究"②的学科范式。他用大量篇幅论述了产生上述余留问题的地区在历史上复杂的人群流动与民族交融,并认为这些"'分而未化,融而未合'的疑难问题"③,恰恰反映了中国民族问题的独特性,而"以现有的民族单位为范围"进行的民族研究是无法洞悉这种独特性的:

---

① 参见费孝通:《关于我国民族的识别问题》;《支持六江流域民族的综合调查》,《费孝通民族研究文集》,第 286—294 页。
② 费孝通:《支持六江流域民族的综合调查》,第 286—294 页。
③ 费孝通:《关于我国民族的识别问题》。

> 过去我们一个省一个省地搞，一个民族一个民族地搞，而中国少数民族有它的特点，就是相互关系深得很，分都分不开。……民族与民族之间分开来研究，很难把情况真正了解清楚。①

针对这个问题，费孝通提出的改革方案是"按历史形成的民族地区来进行研究"，并将"民族关系，特别是汉族同少数民族的关系"作为调查研究的重点。②"藏彝走廊"的概念就是在这一问题意识和研究思路下提出的：

> 从康定向东，在岷江上游是有如孤岛般存在着的，现在已被承认是单一民族的羌族。再向东在涪江上游和嘉陵江上游就是有人要求重新审定族别的"平武藏人"。从康定向南往西，在雅砻江和金沙江之间还有一种过去和"平武藏人"一样被称作"西番"的少数民族。解放后，他们在四川境内的被称为藏族，而在云南境内的则被称为普米族。事实上，四川境内的这部分藏族所说的语言不同于藏语而同于云南的普米语，而普米语又接近于羌语和嘉戎语。从这里向西，越澜沧江到怒江，有现在已承认是单一民族的怒族，但是怒族人说着不同的语言，其中一部分和其西的独龙语相通，都接近于其南的景颇语。……从怒江西岸越过独龙河和其间的山脉就是居住着需要识别的察隅的僜人。我们以康定为中心向东和向南大体上划出了一条走廊。把这走廊中一向存在着的语言和历史上的疑难问题，一旦串联起来，有点像下围棋，一子相联，全盘皆活。这条走

---

① 费孝通：《支持六江流域民族的综合调查》。
② 费孝通：《关于我国民族的识别问题》；《民族社会学调查的尝试》，《费孝通民族研究文集》；《支持六江流域民族的综合调查》；《在国家民委召开的民族问题五种丛书工作会议上的讲话》，《费孝通民族研究文集》。

廊正处在彝藏之间,沉积着许多现在还活着的历史遗留,应当是历史与语言科学的一个宝贵的园地。①

"藏彝走廊"是费孝通民族研究思想中一个非常重要的理论创见,它并不仅仅是一个地理概念,而是代表了一种与"分族写志"的传统相对立的新研究范式。除"藏彝走廊"外,费孝通又相继提出了"南岭走廊""西北走廊"等概念,主张将中国划分为几个大的区域,以区域为单位进行民族调查,而最终的目标是上升为对作为整体的"中华民族"的形成过程的理解。

这一目标凝结为相对完整的理论阐释,即1988年正式发表的《中华民族的多元一体格局》。② 该文依托于考古学和历史学的证据,描述了中国境内各民族从"多元的起源",到形成"地方性的多元一体",再到形成"南农""北牧"两个"初级统一体",最后发展为"中华民族多元一体"的历史进程,并以一个非常形象的表述,概括了中国境内各民族间的历史关联:"你来我去,你去我来,你中有我,我中有你。"

《中华民族的多元一体格局》是中国民族研究学科史上最重要的理论成就,它提供了一种与"分族写志"的传统相对立的整体性民族研究范式;而"你中有我,我中有你"的表述则委婉地表达了对"民族识别"的"强制简化"倾向的批评,隐含了一种将"复杂性"重新带回民族研究的努力。

然而,"国家化"的研究传统(依托于在这一传统下建立的研究机构

---

① 费孝通:《关于我国民族的识别问题》。
② 该文是费孝通于20世纪50年代初在中央民族学院所开设的一门民族史课程讲稿的基础上,1988年借在香港 Tanner 讲座的机会重新整理后发布的。收入费孝通主编:《中华民族多元一体格局》,北京:中央民族大学出版社,1999年。

和学者群体)具有强大的惯性。20世纪90年代以后,"多元一体"的表达方式迅速被吸纳为官方的民族话语,但其理论深意却没有被此后的民族学研究真正重视和遵循,尤其是其中暗含的对"民族识别"所构建的认知体系的批判,并没有成为引导改革开放后的民族学研究的关键线索。

在某种意义上,继承和发扬了费孝通的学术反思,并给民族研究带来新视野的,是改革开放后恢复重建的人类学和社会学,二者都遵循了一条将西方社会科学的理论范式引入中国田野,并与中国民族研究的具体实践相结合的路径。

三、"华夏边缘"与"中间圈":"民族研究"的人类学视野

改革开放后重建的"人类学"没有"民族学"这样的历史包袱,它迅速地开始了将之前30年"隔绝期"的西方学术进展引入中国田野的尝试。在这个意义上,改革开放初期的中国人类学研究,实际上代表了西方人类学的"问题意识"。当时,由具有海外留学经历的新一代中国人类学家所从事的本土人类学研究,大多将田野地点放在了被西方学者视为代表了"典型中国"的东部汉族社会。①

在20世纪90年代以后,随着海外中国研究领域出现了所谓的"族裔转向"(ethnic turn)②,中国的人类学者也开始将研究视野拓展到"少数民族地区"。在这一背景下,如何将中国民族研究的问题意识与西方社会科学的理论范式结合起来,构成了理解这一时期中国民族研究"本

---

① 王铭铭:《中间圈:"藏彝走廊"与人类学的再构思》,北京:社会科学文献出版社,2008年,第51页。
② James A. Millward, Ruth W. Dunnell, Mark C. Elliott, Philippe Forêt, *New Qing Imperial History: The Making of Inner Asian Empire at Qing Chengde*, London and New York: Routledge Cruzon, 2004, p. 3.

土化"的重要线索。王明珂关于"华夏边缘"的理论建构,①与王铭铭关于"中间圈"的学术构思,②代表了这条线索上最重要的成果。

台湾历史人类学家王明珂以《华夏边缘:历史记忆与族群认同》(以下简称《华夏边缘》)为代表的研究成果,对20世纪90年代以来的中国民族研究产生了重大影响。该研究具有明确的西方社会科学的理论视野,其应用的理论框架主要来自两个领域。其一为人类学的族群理论,核心是"客观特征论"与"主观认同论"这一对经典的对立范式。王明珂将之引入"民族史"研究领域,构造了一对新范式——"溯源研究"与"边缘研究",并在后者的基础上构建了一套从"华夏边缘"的形成、扩张和变迁的角度来理解"华夏"乃至"中国"之形成历史的新叙事。其二是社会学关于"集体记忆"和"结构性失忆"的理论。在这一理论的基础上,王明珂为历史上"华夏边缘"的演变过程提供了一种社会心理学的解释路径。

《华夏边缘》及其后续研究,体现了这个时期的人类学者在进行"民族研究"时一种相当普遍的学术取向——与西方人类学的理论传统进行对话的强烈愿望。以《华夏边缘》为例,该研究尽管在序论中以"什么是中国人"作为切入点,但"中国人"这个内涵复杂、外延模糊的群体是被作为一个"族群现象"来讨论的,其核心关旨是为发展一种更具一般性的族群理论提供经验材料,而非对"华夏"或"中国"这个复杂文明体特殊性的关怀。这一学术取向在王明珂的后续研究——2008年出版的《游牧者的抉择:面对汉帝国的北亚游牧部族》③一书中体现得更为明显。该研究并未将对"羌"的研究纳入或接续到"藏彝走廊"的学术脉络中,而是将历史上的"西羌"作为内亚"游牧社会"的一种形态,与蒙古高原的草原游牧、东北的森林游牧置

---

① 王明珂:《华夏边缘:历史记忆与族群认同》,台北:允晨文化事业股份有限公司,1997年。
② 王铭铭:《中间圈:"藏彝走廊"与人类学的再构思》。
③ 王明珂:《游牧者的抉择:面对汉帝国的北亚游牧部族》,桂林:广西师范大学出版社,2008年。

于一个理论框架中进行比较分析,从而接续了西方人类学关于游牧社会的研究传统以及海外中国研究领域方兴未艾的内亚视角。

相对而言,王铭铭的"中间圈"理论则更明确地体现了对费孝通学术思想的继承和构建"本土化"人类学理论的努力。王铭铭明确主张以中国"自身的历史经验为基础"来构建中国人类学的研究视野。他基于"中国古代世界秩序的理想",将中国人类学的研究对象划分为"三圈"——核心圈、中间圈及外圈:

> 从中国人类学角度看,核心圈就是我们研究的汉族农村和民间文化,这个圈子自古以来就与中央实现了再分配式的交往。……中间圈就是我们今天所谓的少数民族地区,在这个地带中的人,居住方式错综复杂,不是单一民族的,因人口流动,自古也与核心圈的东部汉人杂居与交融。……这个圈子与外圈结合着,有时是内外的界线,有时属于外,有时是内外的过渡。……第三圈就是所谓"外国",可以称这类人类学研究为"中国的海外人类学"。①

与"藏彝走廊"一样,"中间圈"并不是一个单纯的地理概念,而是一种关于中国人类学所应该具有的"世界观"的整体性学术构思。从方法论的角度看,这一概念试图构建一种关注"中间性"的论述框架。在对中国这样的复杂文明体进行解释时,它强调"关系""流动"和"传统区域世界的多层次性"。② 这一"关系主义民族学"的理论建构不仅延续了费孝通对"分族写志"传统的反思,而且更进一步地表达了对西方人类学"简单化

---

① 王铭铭:《中间圈:"藏彝走廊"与人类学的再构思》,第53—54页。
② 王铭铭:《中间圈:"藏彝走廊"与人类学的再构思》,第60页。

的'中心—边缘'二分法"①的批判。

从研究视野的角度看,这一构思提倡一种对"中国"进行整体性理解的问题意识。"中间圈"的意义并不在于其与核心圈及外圈的差异,而恰恰在于它与二者的联系。推而言之,"民族研究"的意义也不止于发现"少数民族"的文化与秩序的独特性,而更在于它对于"多层次"的中国文明所具有的意义。正是在这个层面上,"中间圈"的学术构思与"多元一体"的理论框架找到了汇合点:

> 将中间圈当成一系列社会来研究,能说明一个完整的"中国社会"何以不能不是"多元一体"的。如何使境内的核心圈与中间圈的研究得到并举,同时看到两个地带和元素对于整体中国构成的同等重要的作用,并看到寻找超越于二者的"凝聚力"的历史,是民族的人类学研究可以专注回答的问题。②

改革开放后的人类学为"民族研究"带来了新的理论视野和解释范式,极大地提升了"民族研究"的"学术化"程度。这一变迁的动力更多来自学术传统内部的自我反思与创新,尤其是西方学术成果引进后与"本土化"研究间形成的张力,但这些研究由于其历史性特点,与这一时期中国社会正在经历的重大变迁似乎关联不大。

四、"新方法"与"新思路":民族研究的"社会学化"尝试

与人类学不同,"社会学"介入"民族研究"的契机,与国家"民族工

---

① 王铭铭:《中间圈:"藏彝走廊"与人类学的再构思》,第70页。
② 王铭铭:《中间圈:"藏彝走廊"与人类学的再构思》,第69页。

第十二章 探寻"多民族中国"的可能性:"民族研究"的"本土化"实践

作"重点的转移和中国社会的变迁密切相关。20世纪80年代,随着"民族识别"工作落下帷幕,"少数民族如何现代化"的新问题,构成了新时期"民族工作"的重点。在这一背景下,重视"现实问题"的"社会学"开始在"民族研究"中获得地位。

在1981年和1982年的两次座谈会上,费孝通明确使用了"民族社会学"这个术语,认为"对少数民族的社会进行调查研究,这就是民族社会学";但关于"民族社会学"的研究视角、方法等问题,他并未给出系统的阐释,只是通俗地指出,以前的社会调查是"看见什么记什么",而今后的调查需要"有点计量的,有点比例的,有点数目的,准确一点。……要有一个轻重、多少,要有一个比例"①。在社会学学科恢复重建的初期,有"计量""比例""数目"的定量研究方法,代表了当时对"社会学"作为一门"科学"的直观印象。

从这种狭义社会学——现实问题、定量研究——的角度看,这一时期的民族研究的"社会学化",同样是由具有海外留学经历的新一代社会学家推动的,因此也在相当大的程度上体现了将西方的研究范式应用于中国田野的路径。

1987年,马戎在美国布朗大学完成了关于中国内蒙古自治区赤峰地区(今赤峰市)的人口流动与民族交往的博士论文。② 这是中国民族研究的历史上首次以社会学的定量研究方法、以较大规模的问卷调查的方式、以"民族关系"为主题进行的民族研究。在此后的十余年间,社会

---

① 费孝通:《谈深入开展民族调查问题》,《费孝通民族研究文集》,第295—305页。
② Ma Rong, *Migrant and Ethnic Integration in Rural Chifeng, Inner Mongolia Autonomous Region, China*, Ph. D dissertation, Brown University, 1987. 值得说明的是,以赤峰地区作为博士论文的田野地点,正是来自费孝通的建议,费孝通于1984年8—9月在该地区进行了近20天的实地调查,并撰写了《边区开发四题——赤峰篇》。

学的"民族研究"基本上都采用了类似的思路和方法,其中影响较大的是1988年北京大学社会学所与中国藏学研究中心合作从事的西藏调查,①和2000年前后在几个少数民族人口较多的城市(呼和浩特、银川、南宁、乌鲁木齐、昆明、西宁)进行的民族居住格局的调查。②

定量调查方法——尤其是"族群分层""居住格局"等测量多民族社会的族际关系的量化指标——的引入,开辟了中国民族研究的新路径,既突破了"民族志"的传统范式,提升了民族研究的"社会学化"的程度,也提供了在宏观层面探讨中国的民族关系、民族结构性特征的可能性。直至今日,关于族群分层的研究,依然是中国当代民族研究中的一个重要主题。③

然而,这种以"新方法"来推动"社会学化"的努力亦存在其自身的缺陷,核心即在于"问题意识"的缺失。定量化的测量指标直接借用自美国的族群研究成果,但美国以"种族"为基础、以移民国家和城市社区为场景的族群结构,与中国的民族构成具有相当大的差异,因此,这些定量化指标在中国的适用性相当有限。更重要的是,量化研究带有"去历史化"的倾向,隐含地建立在民族身份的"本质性"假设之上,即将"56个民族"默认为固定的、边界清晰的人群分类。在这个意义上,这其实偏离了"中华民族多元一体"的理论体系所确立的问题意识。

21世纪伊始,中国民族研究领域爆发了一场史无前例的大论战。论战的现实背景是中国社会的急速转型带来了国内民族格局、民族关系

---

① 马戎:《西藏的人口与社会》,北京:同心出版社,1996年。
② 马戎:《民族社会学——社会学的族群关系研究》,北京:北京大学出版社,2004年,第420—421页。
③ 代表性研究如吴晓刚、宋曦:《劳动力市场中的民族分层:对新疆维吾尔自治区的实证研究》,《开放时代》2014年第4期;马忠才:《中国新疆的社会结构:族群分层与流动机制》,北京:社会科学文献出版社,2016年。

的新变化：首先，人口大规模流动使传统的民族聚居形态发生了变化，"民族区域自治"的基础受到了挑战；其次，市场经济的发展，使政府以行政手段平衡民族利益、协调民族关系的能力下降，东、西部地区的经济差距拉大；再次，民众对"民族平等"理念之内涵的理解日益多元化，民族优惠政策的合理性开始遭到质疑。这些情况对中华人民共和国成立初期确立的、建立在"民族识别"基础上的民族制度和政策的有效性提出了挑战。

"去政治化"理论正是在这一背景下提出的。2004年，马戎发表长文《理解民族关系的新思路——少数族群问题的"去政治化"》。① 该文提供了一种类型学的分析框架，将多民族国家的民族制度与政策的思路区分为两类——"文化化"与"政治化"：

> 从人类社会历史发展中各国的情况来看，政府在如何引导族群关系方面大致体现出两种不同的政策导向：一种把族群看作政治集团，强调其整体性、政治权力和"领土"疆域；另一种把族群主要视为文化群体，既承认其成员之间具有某些共性，但更愿意从分散个体的角度来处理族群关系，在强调少数族群的文化特点的同时淡化其政治利益，在人口自然流动的进程中淡化少数族群与其传统居住地之间的历史联系。②

在这个分类的基础上，古今中外的多民族政治体都可以被置于这一分类

---

① 马戎：《理解民族关系的新思路——少数族群问题的"去政治化"》，《北京大学学报》（哲学社会科学版）2004年第6期。截至2018年8月，该文的引用频次已达536次，堪称21世纪中国民族研究领域的焦点之作。
② 马戎：《理解民族关系的新思路——少数族群问题的"去政治化"》。

框架中予以分析,并由此解释这些政治体内部民族关系的演变机制。其中,中国传统王朝时期的民族观和相应制度,与美国当前的少数族群政策被划为"文化化"的类别,而欧洲近代的民族主义浪潮、苏联的民族联邦制,以及——最重要的——1949年后中国的民族制度与政策,则被划为"政治化"的类别。

马戎的论据主要基于三点:第一,"民族识别"将原本边界模糊的"族群"由官方确认为边界清晰的"民族",并将个体的民族身份固定化;第二,民族区域自治制度把"民族"与地域正式挂钩,使各少数民族获得了某种独立的政治身份、政治权力和"自治地方";第三,少数民族优惠政策以"群体优惠"的形式赋予少数民族以超越个体性的公民权的特殊权利,并将少数民族身份与在国家政治体制中的资源获取联系起来。

在上述分析的基础上,这篇文章最终落脚于明确的政策指向。这里所谓的"去政治化",即指消除中国少数民族身份的政治意涵,而仅保留其文化意涵,具体体现为一系列政策建议,包括:将中国的"56个民族"改称为"56个族群",对应于西文中的"ethnic group"的概念,以区别于作为"政治共同体"的"中华民族"(Chinese Nation);在实现民族平等方面,以保障公民的"个体权利"取代民族的"集体权利";在优惠政策方面,逐渐以针对经济欠发达地区的"区域优惠"取代针对少数民族全体的"民族优惠"。

"去政治化"的主张对中华人民共和国成立后具有较强意识形态色彩的主流民族理论提出了尖锐批评,在民族研究领域引发了巨大反响,许多学者提出了反驳和批判意见,这些意见主要集中在两个方面。其一是对"政治化"与"文化化"的类型学框架的质疑。多位学者指出:民族问题是社会总问题的一部分,同时具有政治性、经济性和文化性等多维属性;①政治属性是民族共同体的核心内涵,②无论是将民族问题"政治化"还是"去政治化",都是国家支配的"政治行为"。③因此,在逻辑上,以"政治化"和"文化化"来区分多民族国家处理国内民族关系的制度思路,是不成立的;在实践上,"去政治化"也是不可能实现的。郝时远指出,事实上,"政治化"已经成为世界上的多民族国家的主流选择,国际社会在处理基于种族、民族、宗教、领土、语言等引发的冲突和战争时,都以"政治解决"作为化解冲突的规范。④

其二是对作为论据的"国际经验"之有效性提出质疑。首先,多位学者否认了美国的种族、族群政策可以被定义为"文化化"。郝时远指出,在美国的选举政治中,种族、族裔因素始终是讳莫如深却又不能回避的问题;⑤同时,美国尽管没有中国式的"民族识别",但同样存在官方的种族、族群分类标准,并以此为依据来实施具有"优惠""照顾"特点的"肯定性行动"。⑥其次,多位学者认为,苏联民族问题失败的原因,并不是民族联邦制的"政治化"制度安排;相反,恰恰是由于这一能够实现民族平等的制度,在实践中没有被真正有效地施行,高度的中央集权鼓励了大俄罗斯民族主义,才导致了非俄罗斯民族的离心离德。⑦因此,无论是

---

① 金炳镐、孙军、肖锐:《民族问题"去政治化""文化化":"新思路"还是"老套路"?——民族理论前沿研究系列论文之三》,《黑龙江民族丛刊》2012年第3期。
② 都永浩:《政治属性是民族共同体的核心内涵——评民族"去政治化"与"文化化"》,《黑龙江民族丛刊》2009年第3期。
③ 陈玉屏:《民族问题能否"去政治化"论争之我见》,《西南民族大学学报》(人文社会科学版)2008年第7期。
④ 郝时远:《构建社会主义和谐社会与民族关系》,《民族研究》2005年第3期。
⑤ 郝时远:《美国是中国解决民族问题的榜样吗?——评"第二代民族政策"的"国际经验教训"说》,《世界民族》2012年第2期。
⑥ 郝时远:《构建社会主义和谐社会与民族关系》。
⑦ 郝时远:《构建社会主义和谐社会与民族关系》。

作为"经验"的美国,还是作为"教训"的苏联,实际上都不能支撑"去政治化"的理论主张。

在以上两方面批判的基础上,反对"去政治化"的学者提出:民族区域自治制度符合中国国情,在半个多世纪以来的实践中发挥了保障少数民族平等权利、维护国家统一、巩固民族团结、增强民族互助、实现各民族共同繁荣发展的作用;①因此,坚持民族区域自治制度的族际政治安排,完善和发展民族优惠政策,才是构建多民族和谐社会的良方。②

这场关于中国民族制度的整体思路的大辩论,在十余年的时间里保持了相当的热度,影响范围甚至扩展到了其他领域。除"民族研究"领域的学者外,大量公共知识分子也参与其中,并将"少数民族'去政治化'"的议题与对中国政治体制的总体讨论联系在一起。③ 从结果来看,这场辩论尽管不可能盖棺定论地得出"对"与"错"的结论,但它在相当大的程度上动摇了民族研究领域长久以来的意识形态化特征。在某种意义上,这是社会学带给民族研究的最大贡献。但同时,这场辩论由于与国家制度和政策的联系过于紧密,其整体的学术性受到了影响。与"去政治化"这个概念的字面意义相反,正反双方的立场与关怀都是高度"政治化"的。在某种意义上,这场辩论延续了中华人民共和国成立初期民族研究的"国家化"取向,它毫不隐讳地服务于为国家的"民族工作"提供智力支持的应用性目标。或许正是由于这一原因,无论是"去政治化"的理论框架,还是反对这一主张的理论阐释,都没能与社会学的经验研究很好地结合

---

① 郝时远:《构建社会主义和谐社会与民族关系》。
② 陈建樾:《多民族国家和谐社会的构建与民族问题的解决——评民族问题的"去政治化"与"文化化"》,《世界民族》2005 年第 5 期。
③ James Leibold, *Ethnic Policy in China: Is Reform Inevitable*? Honolulu: East-West Center, 2013.

起来,从而也就缺乏在理论上继续推进的动力。

五、"何为中国?"——历史维度的新拓展

"历史学派"是近代中国"民族研究"中最重要的组成部分,自民国时期即在中央研究院历史语言研究所的体系中,完成了大量关于中华民族及中国境内各民族之起源和演变的研究。在20世纪50年代的学科调整中,"民族学"被定义为"历史学科"的一部分,"民族研究"大体上成了民族志、民族史和民族理论的综合体,其历史化倾向更为明显。① 费孝通于1988年提出的"中华民族多元一体"格局在总体上也是一个历史研究的理论框架。

然而,自20世纪90年代起,给民族研究带来新视野的并非传统的"民族史"研究,而是若干受到社会科学理论影响的新兴历史研究范式逐渐与"民族研究"产生的交集。

这类历史研究的学术脉络颇为多元。首先是"区域社会史"的脉络,这大体上可以视为"华南学派"的研究传统在地理范围上向西南地区的扩展。② 根源于"本土"的"区域社会史"视角正是费孝通所寄予希望的民族研究方法——在长程历史中观察一个较大区域的社会变迁和民族互动。它与"中华民族多元一体"的问题意识和理论关怀具有高度的契合性,其关于明清乃至宋元以降的西南地区的政治变迁、人群流动和文化交融历史的研究,在某种意义上实现了对"多元一体"格局的细化和深化;尤其对费孝通关于"汉族"作为凝聚多民族中国之枢纽角色的论述,

---

① 王建民:《从中国人类学民族学的发展看学科的世界性与本土性》,《西南民族大学学报》(人文社会科学版)2009年第4期。
② 代表成果如温春来:《从"异域"到"旧疆":宋至清贵州西北部地区的制度、开发与认同》,北京:三联书店,2008年,第1—38页。

提供了经验支持。但从另一方面看,"区域社会史"视角的民族研究成果大都局限在中国南方地区(以西南为主),这些地区大体上属于中原的农耕文明和儒家文化可以有效推进的范围,因此也是"汉化"模式可以解释的范围。而对于在区域历史、民族结构等方面情形迥异的西北、正北、青藏高原等被海外中国研究学者称为"内亚"的区域,这个研究视角尚未建立起有效的解释框架。

"内亚史"研究(其中影响最大的是"新清史"研究)则代表了另一条学术脉络。作为一种理论范式,"内亚史"秉持"边疆—中心观"的视角,强调"内亚"传统的连续性和相对于"中国"的独特性。① 它特别关注历史上由"内亚"游牧人群所建立的政权或王朝,主张从这些政权的内部视角来理解其历史进程及其与"中原"的关系。

如果说前述"区域社会史"的理论关怀在于探寻"多元一体"的形成机制,那么,主要由海外中国研究学者所推动的"内亚史"研究,则在相当大的程度上致力于解构这一叙事。这种带有明显后现代史学倾向的"内亚史"研究,不仅对传统的中国民族史研究产生了巨大冲击,更重要的是,它对整体的中国史叙事提出了挑战,因此引发了中国历史学家(并不局限于民族史学家)对边疆、民族问题的关注、思考与辩论。② 在这个意义上,这场"解构中国"的危机,反倒推动了中国的历史学界打破将"民族研究"狭义地定义为"对少数民族的研究"的局限,边疆、民族议题日益被视为理解传统中国的政治制度与文明体系的重要维度。

这样一种新视野的开拓,集中地体现在关于"何为中国"的讨论中。在这个主题下,"帝国""民族""民族—国家"等在西方的历史经验中生成

---

① 参见罗新:《黑毡上的北魏皇帝》,北京:海豚出版社,2014年,第66—74页。
② 文集《殊方未远:古代中国的疆域、民族与认同》(北京:中华书局,2016年)是较近一部显示了这个议题所具有的广泛吸引力的作品。

的社会科学概念在中国历史中的适用性问题,获得了富有批判性的讨论;同时,中国的"本土概念"——如"天下""华夏""蛮夷"等——则被置于新的研究视野下予以理解,以探寻突破"民族—国家"的认知模式,"重建有关'中国'的历史论述"①的可能性。从这个意义来看,这个方兴未艾的主题构成了"民族研究"领域最值得期待的理论机遇。

六、结语

对"多民族中国"之可能形态的探索,构成了近代以来中国民族研究的问题意识的基础。中华人民共和国成立初期的民族研究,依托于"民族识别"的工作,绘制了一幅整齐划一的民族地图,同时也在中国的社会科学学科体系中形成了一个以研究对象——少数民族——来划定边界的研究领域。

在某种意义上,改革开放后四十年的民族研究的推进,正体现在打破上述两种桎梏的努力上:一是要打破这幅地图所形成的简化且僵化的认知模式,将复杂性带回民族研究;二是要打破不合理的"学科分工",从而使"民族问题"能够在关于"中国"的整体性问题的讨论中呈现意义。

在历史取向的研究中,我们已经看到了这一努力所取得的进展,历史上复杂的人群流动和边疆形态演变,构成了历史学家理解中国作为一个复杂文明体的重要维度。然而,遗憾的是,在更关注现实问题的社会学领域,类似的成就还尚未显现。社会学家的田野很少会拓展到少数民族聚居区,即使偶有社会学家将在汉族社会的研究中形成的理论洞见置于少数民族社会中予以验证,其关怀也往往是该理论的适用性,而非对

---

① 葛兆光:《宅兹中国:重建有关"中国"的历史论述》,北京:中华书局,2011年。

中国的少数民族社会(包含其与汉族社会及国家的关系)的整体性问题予以观照,更非对"多民族中国"之可能形态的探究。

在这个意义上,改革开放以来的社会学所完成的"本土化",只是"汉族社会化"或"内地化",而非真正意义上的"中国化"。如何将"民族议题"包含进社会学对中国整体性问题的讨论,是一个重要但远未解决的难题。

第十三章 历史与社会

田 耕

在中国社会学过去四十年的历史中,社会学史和历史社会学都是相对较新的研究领域。它们的命运相似,都在20世纪90年代的学科规范化的大潮下获得了各自的首次发展契机,在和域外社会学对话中获得了灵感,也都在21世纪之后迎来了最有创造力的研究作品的涌现。两个研究领域都需要对历史中的人、事和思想展开研究,而它们对来自西学和中国思想两方面真问题的要求可能是最迫切的。形式上,社会学史可以无限逼近对理论和概念的历史社会学研究,而历史社会学也天然需要一把社会学史的开山利器,去在浩繁的历史遗存中找到属于自己的概念前驱。但就实质问题来说,两个研究领域在中国社会学重新审视自己的传统,并以最切实的研究发展之的时候,彼此的亲和力才是最大的。

一、社会学史

(一)社会学形成史

对社会学学说的内涵进行分析并追溯其源流,是社会学史的主要工作之一。随着社会学在改革开放初期的恢复,对这门学科的形成历史和学术遗产的整理,特别是它和重整旗鼓的中国社会学在 20 世纪前半期的实践是什么关系,也逐渐变成中国学者自觉承担的工作。① 中国社会学史的起点之一,正是考证以西学为基础的"群学"在译介(包括经由日语学界的转译)过程中,进入中国思想和社会的路径。其重心在讨论与"群学"或社会学有关的概念、说法或修辞的含义与传播渠道。② 对群学之路的探究和近代中国思想史议题大约重合,其研究大概也是最受概念形成之学(lexicography)影响的。③ 在概念引进和传播之外,对群学之路的探究还包括社会学学科的建制和沿革史。社会学学科在高等教育和研究体制内的建立,是其学科成长的首要标志,这一内容也是主流的社会学史专著的重点讨论对象。④ 同时,这个方向的研究也讨论对作为学科的社会学的认识是如何演变的。⑤

---

① 韩明谟:《中国社会学史》,天津:天津人民出版社,1987 年。
② 姚纯安:《社会学在近代中国的进程:1895—1919》,北京:三联书店,2006 年。
③ 王处辉:《中国社会思想史研究的历史回顾与瞻望》,《社会学研究》2000 年第 1 期;刘祥、周慧:《谭嗣同之"群学""社会学"辨析:兼论中国社会学一词的起点》,《社会学研究》2013 年第 4 期。
④ 杨雅彬:《中国社会学史》,济南:山东人民出版社,1987 年;《四十年代中国社会学的建设》,《社会学研究》1988 年第 1 期。
⑤ 左玉河:《从四部之学到七科之学——学术分科与近代中国知识系统之创建》,上海:上海书店出版社,2004 年;应星:《新教育场域的兴起:1895—1926》,北京:三联书店,2017 年,第 9—20 页。作为社会学建制沿革史的一个重要的面向,高等教育中的核心课程配置尤其体现一个机构和一个时代的学人对社会学知识的判断力。然而这部分的研究恐怕是社会学史较容易忽略的,也是到目前为止中国社会学史研究中特别薄弱的地方。目前,除了少数例外,我们对 20 世纪前半叶(截止到 1952 年)的社会学教育的研究,和恢复与重建至今的社会学教育的理念和体系仍然欠缺扎实的考证和梳理。关于重建时期社会学核心课程的内容,参见张龙:《社会学"南开班"(1981—1982)》,北京大学社会学系硕士论文,2016 年;以及本书由杨善华执笔的章节。特别重要的是,在人文和社会科学的课程中,授课者和课目几乎同样重要,因此对课程体系的研究除了要明确结构的变化,也需要对授课人的变化保持敏感。这方面,社会学史的工作与人文学的学科史和科学史学距离仍很明显,是社会学史研究中有较大展开空间的领域。

从 20 世纪 90 年代中期开始,各个大学在学术规范化和学科建设上的大量工作直接促进了学科的完善。改革开放初期高等教育领域变革迟缓、和社会其他环节脱节的情况,随着国家对高等教育的空前重视而改变,大学学术研究的生态开始发生了深刻的变化。[①] 学科专业化与改革开放初期的思想非专业化情形形成了强烈的对比。在这个过程中,学科发展的一个共同手段是对本学科的知识体统的整理和发掘。学者们从 20 世纪 90 年代中期开始对研究中国社会的专门学说和概念进行了谱系考察和检讨。这些学说,或是中国社会学的先驱学者的经典学说;[②]或是经过了其他的人文与社会科学的传播和流变,又回到社会学

[①] 1995 年,国务院批准了"211 工程"总体建设规划,一年后,全国哲学社会科学规划领导小组颁布了《国家哲学社会科学研究"九五"(1996—2000 年)规划要点》。1998 年,教育部《面向 21 世纪教育振兴行动计划》中提出了建设若干所世界一流大学的想法,成为"985 工程"的起点。在 20 世纪的最后一年,大学扩招和高校合并开始展开。

[②] 杨清媚:《知识分子心史——从 ethnos 看费孝通的社区研究与民族研究》,《社会学研究》2010 年第 4 期;阎明:《"差序格局"探源》,《社会学研究》2016 年第 5 期;周飞舟:《从"志在富民"到"文化自觉":费孝通先生晚年的思想转向》,《社会》2017 年第 4 期。有关燕京学派的"社区研究"的前提和方法,参见本书杨善华文第一节。对林耀华先生基于福建义序的宗族研究所提出的"宗族社会"学说,参见杜靖:《百年汉人宗族研究的基本范式——兼论汉人宗族生成的文化机制》,《民族研究》2010 年第 1 期;庄孔韶:《林耀华早期学术作品之思路转换》,林耀华:《义序的宗族研究》,北京:三联书店,2000 年,第 259—275 页;兰林友:《论结构—功能主义理论影响下的亲属制度研究》,庄孔韶主编:《汇聚学术情缘:林耀华先生纪念文集》,北京:民族出版社,2005 年,第 298—306 页。林耀华之说,可与启发华南社会经济研究的傅衣凌先生的文章《中国传统社会:多元的结构》(《中国社会经济史研究》1988 年第 3 期)相对照,傅先生的文字对理解公权力和私权力的区分尤其具有社会理论的意义。对曾在燕京大学执教的萧公权先生的"地方控制"论的解读,参见李怀印:《华北村治:晚清和民国时期的国家与乡村》,北京:中华书局,2008 年,第 10—13 页;何江穗、方慧容:《萧公权〈中国乡村〉刍议》,《读书》2017 年第 9 期。对瞿同祖先生"法律儒家化"学说的检讨,参见杜月:《社会结构与儒家理想:瞿同祖法律与社会研究中的断裂》,《社会》2012 年第 4 期。

视野当中的学说。① 此外,源于中国历史和田野经验的海外中国研究学说,也大量进入中国的人文和社会科学研究当中。②

中国社会研究学说的学术谱系的建立工作,在相当程度上促进了社会学的各分支学科对本领域研究传统的总结和反思。③ 自20世纪90年代后期开始,学者们开始有意识地对中国社会学经验研究的总体状况进行讨论,特别突出了社会学重建之后的经验研究和中国社会研究的经典概念、学说之间的关系。④ 在这些总结和思考中,学者们除了学说的铺陈,也对这些研究的方法论或方法问题进行了讨论。⑤ 对中国研究学说背后更为学科性的方法问题探索也在这个阶段获得成长。对区域研究

---

① 典型的代表是杨庆堃先生1934年在燕京大学读书时发表的论文《邹平集市研究》,该文依据杨先生1933年在山东邹平县的城关和乡镇市场调查而作。杨先生将基层市集分为"基本集"和"辅助集"两类,并阐述了基层市集的分化原因、形状和发生变形的条件。人类学家施坚雅(William Skinner)后来在四川的乡村市场研究中引用和借鉴了杨先生的早期作品,但在市场层级和市场形式以及市场辐射范围的描述上有了变化,而且走向了对中国社会的宏观结构研究。经过施坚雅的努力,区域市场结构成为历史和人类学基层研究的一个重要学说,参见王铭铭:《汉学与社会人类学——研究范式变异的概观与评介》,《世界汉学》1998年第1期;齐钊:《社区·区域·历史:理解中国的三种进路——对燕京大学社会学系学术传统与研究特色的再分析》,《开放时代》2013年第6期。

② 参见李猛:《从"士绅"到"地方精英"》,《中国书评》1995年第5期;杨念群:《从"士绅支配"到"地方自治":基层社会研究的范式转变》,《中层理论——东西方思想会通下的中国史研究》,南昌:江西教育出版社,2001年,第143—192页。王铭铭则对弗里德曼的华南宗族研究进行了整理,参见王铭铭:《社会人类学与中国研究》,北京:三联书店,1997年,第65—110页。

③ 典型的例子参见涂肇庆、林益民主编:《改革开放与中国社会:西方社会学文献述评》,香港:牛津大学出版社,1999年;边燕杰主编:《市场转型与社会分层——美国社会学者分析中国》,上海:上海三联书店,2002年;刘思达:《职业自主性与国家干预——西方职业社会学研究述评》,《社会学研究》2006年第1期;周雪光、赵伟:《英文文献中的中国组织现象研究》,《社会学研究》2009年第6期。

④ 蔡禾、赵巍:《社会学的实证研究辨析》,《社会学研究》1994年第3期;风笑天、田凯:《近十年我国社会学实地研究评析》,《社会学研究》1998年第2期。

⑤ 邓建鹏、刘雄涛:《假设、立场与功能进路的困境——对瞿同祖研究方式的再思考》,《法律史评论》2013年总第9期。

概念、方法、范式的思考进一步刺激了学者们对学科与区域研究之区别的认识。① 因此,社会学的经验研究领域也在这个时期开始着手完善本领域的知识体系,以教科书和导引性论著的形式重建各社会学分支领域的知识传统。② 这些努力都是经验研究范式思考的一部分,是经验研究想象力更新的必经之路,也是社会学史的研究者不能忽视的基础之一。

在这个阶段中,社会学学说史自然地跨出了社会学的学科界限。正因为如此,这个阶段的许多社会学史作品,非但不是社会学史研究者从事的,甚至也不是社会学家完成的。在不同的专业领域受到训练、从事特定实质研究的学者,成为推进社会学史积累和扩展的主力军。这一点与这个时期各个学科强调专业化,特别是强调和以英语文献为主的海外研究领域对话的趋势有直接关系。事实上,社会学各个分支学科大多从这一时段开始,经历了与海外中国研究的命题对话或辩难的阶段。这些经过整理和批判的中国研究学说,在20世纪90年代以后成为学生和学者研究的对话者。而中国社会学家很快地将这些研究学说纳入了立足于历史和田野的研究中。从学术谱系的建立到新的实证研究的增长,这二者之间的辩证关系成为学科专业化的一个重要的推动力。

(二) 社会学史的最新推进

在改革开放以来的四十年中,社会学形成史的一个重要的变化,是学者们不再拘泥于社会学概念和修辞的传播,跨越了"社会学"名目的边界,而进入无社会学之名,但有社会之实的思想本身。这体现在近十多

---

① 刘世定、邱泽奇的《"内卷化"概念辨析》(《社会学研究》2004 年第 5 期)对黄宗智研究华北和江南农业的"内卷化"(involution)思路进行了经济社会学批评。另见郭继强:《"内卷化"概念新理解》,《社会学研究》2007 年第 3 期;王铭铭:《超社会体系:文明与中国》,北京:三联书店,2015 年,第 71~100 页。
② 典型的代表是社会科学文献出版社出版的"清华社会学讲义"系列和"社会学教材教参方法"系列。

年来学者们对社会学的中西源流的新探索当中。在改革开放初期主导和参与社会学重建的前辈学人,主要围绕着吴文藻先生提出的"社会学中国化"命题展开了讨论。① 最近十多年来,学者们则越来越多地深入早期中国社会学人的实质研究中,讨论他们的学问在何种意义上形成了中国社会学的传统。② 这一拓展最直接的形式,就是对20世纪前期社会学"学派"的研究,也就是对以教育和研究为媒介的学人群体和研究体制的研究。③ 这些学派的范围大大超出了改革开放初期的视野,将20世纪前半期不同学科和不同体制的学问联系起来。④ 总体上看,研究者们吸收了此前社会学史的积累,非常熟悉这些学人和作品背后的中西学术背景。⑤

---

① 林南:《社会学中国化的下一步》,《社会学研究》1986年第1期;费孝通:《略谈中国的社会学》,《社会学研究》1994年第1期。
② 应星、吴飞、赵晓力、沈原:《重新认识中国社会学的思想传统》,《社会学研究》2006年第4期。
③ 关于学派的概说,参见安德鲁·阿伯特:《学术作为理念和学术作为日常工作》,王利平译,《北大教育评论》2017年第1期。
④ 李培林、渠敬东和杨雅彬编选的《中国社会学经典导读》(北京:社会科学文献出版社,2009年)分两册五编将民国时期从事社会研究的代表性学者及其主要作品一一进行介绍,拓展了传统社会学史对民国社会学的介绍。另参见王铭铭:《小地方与大社会:中国社会的社区观察》,《社会学研究》1997年第1期;马戎等编:《费孝通与中国社会学人类学》,北京:社会科学文献出版社,2009年。在燕京学派之外,参见周晓虹:《孙本文与20世纪上半叶的中国社会学》,《社会学研究》2012年第3期。杨清媚编选的《车里摆夷之生命环:陶云逵历史人类学文选》(北京:三联书店,2017年,第6—58页)介绍了和"魁阁"同时期的南开大学边疆人文研究所在西南的研究工作。另见杨清媚:《文化、历史中的"民族精神":陶云逵与中国人类学的德国因素》,《社会》2013年第2期。闻翔的著作《劳工神圣:中国早期社会学的视野》(北京:商务印书馆,2018年)则在劳工问题上对早期中国社会学的若干代表性研究历史进行了新颖的论述。
⑤ 阎明:《一门学科和一个时代:社会学在中国》,北京:清华大学出版社,2004年。另见吕文浩:《中国现代思想史上的潘光旦》,福州:福建人民出版社,2009年;杨清媚:《"燕京学派"的知识社会学思想及其应用:围绕吴文藻、费孝通、李安宅展开的比较研究》,《社会》2015年第4期;魏文一:《"刚"的人生态度与新知识分子——梁漱溟早期论中国文化的路向》,《社会学研究》2016年第4期;王利平:《知识人、国族想象与学科构建:以近代社会学和民族学为例》,《北京大学教育评论》2016年第3期。

更重要的是,这十年来的研究者们深入早期中国社会学家具体的研究经历中,试图在研究者分散在不同时空的研究行为和不同形态的著述文本之间建立关联,这不仅在局部重现了早期中国社会研究的丰富形态,而且为进一步探讨其中的知识学问题准备了方法。

这些重返社会学传统的学科史研究者,是特定社会学领域,特别是和历史与文化相关的研究领域的专家。社会学史和历史社会学的距离因此得以缩短。对历史传统本身的研究和对中国社会学传统的研究因此开始了更密切的相互印证,这有力地拓展了社会学史看待自身学术传统的视野,也因此对学术传统更深的根基提出了新的探索。① 近年来对中国经典思想中"社会学"特质最鲜明的礼制秩序的研究,突出地反映了学术传统和社会传统结合的倾向。②

而在西学的方向上,社会理论研究的变化直接改变了社会学史探求海外传统的路径。社会学史的研究对古典社会学兴起的思想史与社会史背景有了深入的观察,这一点既体现在西方社会学思想史的推进上,也体现在社会学经典作品的编选力度的改变上。③ 在西方思想史学术积累的前提下,近代中国思想的研究者对海外中国学之外的西学用力更多。与此同时,具有西学背景的中国学者开始加入社会学学说史的若干

---

① 费孝通先生晚年的文章《试谈扩展社会学的传统界限》(《北京大学学报》[哲学社会科学版],2003年第3期)已经触及了这一点。另见渠敬东:《返回历史视野,重塑社会学的想象力:中国近世变迁及经史研究的新传统》,《社会》2015年第1期。
② 周飞舟:《差序格局和伦理本位:从丧服制度看中国社会结构的基本原则》,《社会》2015年第1期;翟学伟:《伦:中国人之思想与社会的共同基础》,《社会》2016年第5期;凌鹏:《井田制研究与近代中国——20世纪前半期的井田制研究及其意义》,《社会学研究》2016年第4期。
③ 受篇幅和主题所限,本文对西方社会学史的部分不展开讨论,详情参见本书谢立中执笔的部分。

讨论。① 尽管目前数量不多，但是上述两者的彼此呼应动向是非常值得期待的，未来也许会是西学研究者和中国思想史学者合作的一个重要领域。

因此，社会学形成史的研究在过去四十年中的重要成就，是在社会学的名目之外，在奠定社会学基础的中国思想（特别是近代中国思想）和西学的经脉当中找到社会学原初和尚未被我们意识到的想象力。对早期中国社会学学术思想的整理在短时间内仍然会继续呈现勃兴的势头。笔者需要强调的是，社会学史对本学科源流的反思，本身是社会思想史不可替代的工作。社会学史面向中西思想源流的工作也不应该和社会学最重要的遗产即经典学说脱钩，而致力于寻找学科史上被遗忘的"前史"和"他山"——后者恰恰是分支学科过度专业化容易产生的焦虑。②

（三）社会学史的未来

随着中国社会学的研究生态与问题意识的转移，社会学史的工作也面临着一些充满挑战和意涵深刻的新问题，这些问题是这个研究领域在未来值得深入发掘的增长点。首先，从1995年至今，中国大学前所未有的专业化进程和资源获取力度对社会学乃至整个社会科学学科体系的变动有什么样的影响？这20多年时间对研究体制（research regime）提供了什么样的动力？后果是什么？为社会学知识范式的转化和社会学人的知识生产实践提供了什么样的环境？这些问题无一不是中国大学在过去20多年中经历的一部分，其对大学研究的改变之深已经成为学者们日常经验的一

---

① 如康子兴：《〈原富〉三味》，《读书》2015年第7期。而周伟驰对太平天国兴起的基督教资源的论述，揭示出晚清社会的西学表达要比我们想象的远为复杂，参见周伟驰：《太平天国与启示录》，北京：社会科学文献出版社，2013年，第1—44、465—477页。

② J. G. A. Pocock, "The Politics of History: The Subaltern and the Subversive," *The Journal of Political Philosophy*, vol. 6, no. 3 (Sept. 1998), pp. 219-234.

部分,如何研究这一经验,是社会学史研究面临的重要工作。①

其次,相比中国社会研究学说的知识积累,从学科的传统出发检讨各研究学说,特别是方法论意义的讨论相对滞后。在方法涉及的三个层面上(方法论、研究方法、研究手艺),过去四十年主要的努力似仍在第二个层面,②而结合了科学哲学和科学史的"方法论"讨论,以及和特定研究对象紧密结合的作用关键的相关论著,在社会学教育中都相对少见。③ 而这些领域,也将是社会学史研究者的一个值得用力的方向。

最后,目前社会学史对早期中国社会学学派的研究,主要以代表性的学者为研究对象,而缺乏以经验研究项目为对象的讨论。对于较为稳定或反复发生的经验研究项目,我们还欠缺专门的历史社会学考察和类型化的工作。对研究项目的历史社会学考察,典型的例子是"无锡、保定农村调查"④。而类型化的工作,典型的例子是 20 世纪上半期的社会经济调查、土地调查和民族调查等。来自完全不同的学术训练、旨趣差异很大的学术群体,投入到同一类型的实地研究中,恰恰说明这些在不同地点、由不同学者完成的经验研究有一些深刻的共性,这些研究通常也

---

① 项飚:《中国社会科学"知青时代"的终结》,《文化纵横》2015 年第 6 期。
② 参见风笑天:《社会学方法二十年:应用与研究》,《社会学研究》2000 年第 1 期;赵鼎新:《集体行动、搭便车理论与形式社会学方法》,《社会学研究》2006 年第 1 期;刘世定:《历史的理论研究路径和理论模型:对〈中国的集权与分权:"风险论"与历史证据〉一文的几点评论》,《社会》2017 年第 3 期;沈原、刘世定、李伟东等:《社区治理:价值匹配(NGT)分析方法》,北京:社会科学文献出版社,2017 年,第 11—31 页。
③ 前者参见叶启政:《实证的迷思:重估社会科学经验研究》,北京:三联书店,2018 年。后者参见彭玉生:《"洋八股"与社会科学规范》,《社会学研究》2010 年第 2 期;折晓叶:《"田野"经验中的日常生活逻辑:经验、理论与方法》,《社会》2018 年第 1 期;应星:《"田野工作的想象力":在科学与艺术之间——以〈大河移民上访的故事〉为例》,《社会》2018 年第 1 期。
④ 参见史志宏:《无锡、保定农村调查的历史及现存无、保资料概况》,《中国经济史研究》2007 年第 3 期。

在"不标准"的学术体制下,完成了对学院知识的检验和整合。① 找到这些深藏的共性,挑明这些"不标准"的学术体制,是有相当施展空间的社会学史工作。这些非标准的研究体制和经历高度专业化的大学研究体制,是否还可能存在学术意义上的关联? 这个答案有待于社会学史研究者打破专业化和非专业化在形式上的边界。②

需要指出的是,早期中国社会研究面对外国社会研究的即时性要远大于之后的时代,这不仅在早期社会研究者的心态上造成了差异,也提出了对早期中国社会研究与早期西方社会研究(带有强烈社会批判色彩)的比较问题。如果对中西社会学的早期历史作一对照,我们就会发现,社会调查和社区研究之间的紧张几乎是工业革命之后的普遍现象,而社会调查的"科学化",尤其是"二战"后大型调查机构的专门化,又是新的社会调查革除自己曾经的"道德与社会批判",从而重新占据学术主流的前提。少数研究者已经触及了这方面的思路,这也将是中国社会学史一个可能的发展方向。③

二、历史社会学

(一) 时间意识和基础概念

尽管在 20 世纪 80 年代的大型译丛中已有历史社会学的经典著作,④

---

① 例如,20 世纪前期的"边政"和"地政"就是这种所谓"不标准的"学术体制的典型,参见汪洪亮:《民国时期的边政与边政学(1931—1948)》,北京:人民出版社,2014 年。
② 参见应星、周飞舟、渠敬东编:《中国社会学文选》(上、下),北京:中国人民大学出版社,2011 年。
③ 闻翔:《劳工神圣:中国早期社会学的视野》,北京:商务印书馆,2018 年,第 203—218 页;田耕:《"社会调查"的内与外:思考早期社会研究的两种思路》,《学海》2017 年第 5 期。
④ 例如,"走向未来丛书"收入了默顿(Robert Merton)的著作《十七世纪英国的科学、技术与社会》(范岱年等译,成都:四川人民出版社,1986 年),"二十世纪文库"收入了摩尔(Barrington Jr. Moore)的名著《民主与专制的社会起源:现代社会形成中的地主与农民》(拓夫译,北京:华夏出版社,1988 年)。

但历史社会学的真正发展,还是最近 20 年的事情。从一开始,历史社会学就具有两个重要的学科身份。一方面,历史社会学被认为具有很强的理论建构色彩,执着于解释模式性的历史变化,并在时间过程中找到因果解释的基础。① 另一方面,因为植根于经验科学,历史社会学又被认为比起经典文史研究更主张"眼光向下",是文献和田野并重的重要倡导者,在某种程度上是最能体现"当代史"风格的社会科学。② 中国历史社会学就是从这两个充满张力但无法分开的形象中发展起来的。近年来学者们倾向于讨论历史社会学兴起背后的社会科学的"历史转向"问题,它和社会史研究旨趣的异同以及历史社会学和中国史的关系等。③ 20 多年来的历史社会学的努力证明,两者中的任何一者,都不足以理解历史社会学在当代中国的意义。

第二次世界大战之后的海外历史社会学——特别是立足于西方历史的研究和社会史——对 20 世纪 90 年代以来中国历史社会学的兴起产生了巨大的影响。④ 这个过程和上文所述的社会学学术谱系建立的工作在时间上有相当的重合。在这个过程中形成的历史社会学具有两个层面。一方面,以欧美历史社会学、年鉴史学和马克思主义社会史学为代表的典型的社会史,被作为广义的社会理论乃至西学教育的一部分,首先改变了中国研究者的一些理论想象力和话语,也激发了他们

---

① 参见赵鼎新:《国家、战争与历史发展:前现代中西模式的比较》,杭州:浙江大学出版社,2015 年,第 152—191 页。
② 桑兵:《从眼光向下回到历史现场——社会学人类学对近代中国史学的影响》,《中国社会科学》2005 年第 1 期。
③ 刘亚秋:《"总体性"与社会学的历史视野——"中国社会变迁与社会学前沿:社会学的历史视野"学术研讨会综述》,《社会》2013 年第 2 期;肖瑛:《社会学研究的历史转向》,中国社会科学院社会学研究所编:《中国社会学年鉴.2011—2014》,北京:中国社会科学出版社,2016 年,第 26—33 页。
④ 李里峰:《社会史与历史社会学:一个比较的反思》,《学海》2018 年第 3 期。

对方法的思考,但它大量激发经验研究的形态却是在21世纪以后。不过,在研究上具有迟滞作用的理论积累某种程度上抵制了简单的概念移植或中外比较。另一方面,历史社会学的若干概念范畴与思维定式,首先是在类似于中层史学工作中得以展开的。① 某种程度上,正是这些社会史工作开始呈现出作为描述范畴的历史社会学概念。②

历史社会学在改革开放之后首先开展的一系列工作,包含了对历史时间框架和基础性概念的探索。历史社会学基于时间框架提出的问题意识或可称之为"世变"的提炼。这项工作通过时段区分(periodization)和转折点(turning point)等社会变迁的时间框架,对中国历史中时间性的结构变化进行了问题化处理。时间线索是历史社会学研究者对历史时间变动的敏感,亦可以说是社会学对历史过程的经验感受力。历史社会学在比较研究的基础上提出的改革、转型与发展等框架,都是在"时变"方面进行的概念尝试。③ 一般来说,对"时变"的提炼以宏观提炼居多。④ 但历史社会学界通过对事件性历史(eventful history)和事件性时

---

① 参见杨念群:《中层理论——东西方思想会通下的中国史研究》,南昌:江西教育出版社,2001年,第99—142、192—231页。

② 杨念群主编:《空间·记忆·社会转型:"新社会史"研究论文精选集》,上海:上海人民出版社,2001年,第79—207、444—466页。

③ 孙立平等:《改革以来中国社会结构的变迁》,《中国社会科学》1994年第2期;《转型与断裂:改革以来中国社会结构的变迁》,北京:清华大学出版社,2004年,第77—136、284—296页;佟新、沈旭:《文革研究对认识中国社会的意义——一种国家与社会的视角》,《开放时代》2007年第2期;王绍光:《大转型:1980年代以来中国的双向运动》,《中国社会科学》2008年第1期;宣朝庆、王铂辉:《一九四〇年代中国社会建设思想的形成》,《中国社会科学》2009年第6期;渠敬东、周飞舟、应星:《从总体支配到技术治理:基于中国30年改革经验的社会学分析》;李怀印、黄英伟、狄金华:《回首"主人翁"时代——改革前三十年国营企业内部的身份认同、制度约束与劳动效率》,《开放时代》2015年第3期。

④ 例如赵鼎新:《东周战争与儒法国家的诞生》,夏江旗译,上海:华东师范大学出版社、上海三联书店,2006年,第165—182页。

间(eventful temporality)的思考,在微观意义上对时间框架的探索目前业已开始。①

历史社会学的另一项工作,是跨越较长的时间或较大的地域区分,来对社会形态、组织模式、制度沿革等主题进行探索。② 在过去的四十年当中,中国"单位制"③、央地关系中的地方财政能力、④嵌入性概念及其与产权之关系、⑤国家治理结构、⑥社会学意义上的官制,特别是行政官僚制度

---

① 参见孙立平:《"过程-事件分析"与当代中国农村国家与农民关系的实践形态》,《现代化与社会转型》,北京:北京大学出版社,2005年;应星:《从宏观比较历史分析到微观比较历史分析——拓展中国革命史研究的一点思考》,《江苏社会科学》2018年第3期;徐晓宏:《大时代有暴风眼》,《读书》2017年第12期。而微观意义上的"时变"最重要的理论资源之一则是马克思的《路易·波拿巴的雾月十八日》一文,参见应星:《事件社会学脉络下的阶级政治与国家自主性:马克思〈路易·波拿巴的雾月十八日〉新释》,《社会学研究》2017年第2期。
② 这一部分的工作在改革开放之前的典型例子见20世纪30年代的费孝通、吴晗等人关于传统中国统治权的著作《皇权与绅权》(天津:天津人民出版社,1988年)以及王亚南的《中国官僚政治研究》(北京:中国社会科学出版社,1981年)。
③ 例如路风:《中国单位体制的起源和形成》,《中国社会科学季刊》1993年总第4卷;李汉林、李路路:《资源与交换——中国单位组织中的依赖性结构》,《社会学研究》1999年第4期;李猛、周飞舟、李康:《单位:制度化组织的内部机制》,《中国社会科学季刊》1996年总第3卷;林盼:《红与专的张力:1949—1965年工人内部提拔技术干部的实践与问题》,《学海》2015年第3期;田毅鹏:《单位制与"工业主义"》,《学海》2016年第4期。
④ 周飞舟:《分税制十年:制度及其影响》,《中国社会科学》2006年第6期;《锦标赛体制》,《社会学研究》2009年第3期;周雪光:《运动型治理机制:中国国家治理的制度逻辑再思考》,《开放时代》2012年第9期;周飞舟、王绍琛:《农民上楼与资本下乡:城镇化的社会学研究》,《中国社会科学》2015年第1期。
⑤ 刘世定:《占有、认知与人际关系——对中国乡村制度变迁的经济社会学分析》,北京:华夏出版社,2003年,第1—32、71—92页;王汉生、申静:《集体产权在中国乡村生活中的实践逻辑:社会学视角下的产权建构过程》,《社会学研究》2005年第1期;折晓叶、陈婴婴:《产权怎样界定:一份集体产权私有化的社会文本》,《社会学研究》2005年第4期;张佩国:《"共有地"的制度发明》,《社会学研究》2012年第5期;折晓叶:《土地产权的动态建构机制:一个"追索权"的分析视角》,《社会学研究》2018年第3期。
⑥ 王绍光、胡鞍钢:《中国国家能力报告》,沈阳:辽宁人民出版社,1993年;渠敬东:《项目制:一种新的国家治理体制》,《中国社会科学》2012年第5期。

的等级与流动,①以及区域和文明构成等,②都是中国历史社会学在基础概念上努力的体现。

很明显,就实质内容来说,历史社会学首先是在离我们最近的20世纪上半期乃至中叶的变化上立足,然后再开始将更为久远的年代纳入分析的视野中。这个方式体现了历史社会学工作者对当前历史强烈的兴趣和执着。这个兴趣也促使学者将历史社会学和实质的社会研究领域的核心命题相结合,将种种历史和社会的概念从描述性范畴变成了解释性范畴。正是凭借过去四十年对"世变"和基础概念的提炼,中国历史社会学开始从社会史和史学中层理论共享的知识资源和研究传统中走出自己的新路,开始探索中国社会变迁的解释性机制。

(二)解释变迁机制

过去四十年当中,历史社会学是由近及远地将中国社会变迁纳入分析视野的。最早的历史社会学路子重视实践,因而带有浓郁的田野工作风格,而后,历史社会学试图将用于历史结构的学说变成解释现代中国变化的理论。③ 历史社会学在中国的实践方式,某种程度上按着"理

---

① 周黎安:《行政发包制》,《社会》2014年第6期;周雪光:《从"官吏分途"到"层级分流":帝国逻辑下的中国官僚人事制度》,《社会》2016年第1期。
② 王铭铭:《三圈说——另一种世界观,另一种社会科学》,《超社会体系:文明与中国》,北京:三联书店,2015年,第136—166页;张亚辉:《灌溉制度与礼治精神:晋水灌溉制度的历史人类学考察》,《社会学研究》2010年第4期。
③ 最具代表性的研究当属20世纪90年代中期孙立平教授主持下的对共产党革命的口述史写作,孟庆延在《从"微观机制"到"制度源流":学术史视野下口述史研究传统的力量、局限与转向》(《学海》2018年第3期)一文中对这个时期的口述史研究进行了较全面的总结。这一批研究的特点在于同时吸收了治理术的历史社会学理论和关于共产党国家的比较政治研究。通过对华北革命区的调查,解释共产党革命的合法性和过程,是在强烈的理论刺激下发展出独特的田野实践和追求解释机制的方向。在某些方面,它构成了早熟的历史社会学。这种不乏抽象理论色彩的国家和行动者概念,在社会学的第一波口述史高峰后继续下去,参见应星:《大河移民上访的故事》,北京:三联书店,2001年。

论—田野—档案"的顺序在进行。无论是"时变"框架的大大拓宽,还是基础概念的积累,都和改变自己或创造新的历史解释路径的动力直接相关。过去十多年历史社会学发展的首要变化,是历史社会学解释机制的发生,解释机制的核心是将具体的历史过程与基础性的概念建立联系。因此好的解释机制既可以丰富我们对历史本身的理解,也将概念变得更为实质。

整体上,中国历史社会学在过去10年间,和以英语文献为主的海外历史社会学研究的互动更为密切,不仅后者进入汉语学术圈的速度显著加快,而且学者们对后者的理论进展和分析框架以及核心概念的运用也更为熟练。[1] 同时,历史社会学也开始大量依托档案工作来进行研究,这充分反映在研究民国和中华人民共和国成立前后的历史作品中。在解释路径上,学者们开始整合群体身份和政治动员的身份,进而重新发现新的组织方式,[2]譬如解释社会关系的新范畴,对"价值"本身的道德和

---

[1] 参见徐进、赵鼎新:《政府能力和万历年间的民变发展》,《社会学研究》2007年第1期;张宏卿、肖文燕:《农民性格与中共的乡村动员模式——以中央苏区为中心的考察》,《开放时代》2010年第10期;冯仕政:《中国国家运动的形成与变异:基于政体的整体性解释》,《开放时代》2011年第1期;狄金华、黄伟民:《组织依附、双边预算约束软化与清末轮船招商局的发展——基于轮船招商局与清政府关系的分析》,《开放时代》2017年第6期;李钧鹏:《蒂利的历史社会科学——从结构还原论到关系实在论》,《社会学研究》2014年第5期;严飞、曾丰又:《历史社会学的本土自觉:革命、国家治理与教育再生产》,《学海》2018年第3期。

[2] 冯仕政:《国家政权建设与新中国信访制度的形成及演变》,《社会学研究》2012年第4期;杨可:《劳工宿舍的另一种可能:作为现代文明教化空间的民国模范劳工宿舍》,《社会》2016年第2期;龙圣:《明清"水田彝"的国家化进程及其族群性的生成:以四川冕宁白鹿营彝族为例》,《社会》2017年第1期;张静:《构造组织观念:自我检查和审干(1952—1960)》,《社会》2017年第5期;刘炜:《"民主评议"与岁入汲取:一种国家基础权力的强化逻辑》,《开放时代》2017年第6期。

伦理关系进行解释。① 此外，历史社会学研究重新回到了以往只是作为制度史沿革研究对象的诸多政治和社会体制中，探究这些被提炼的形态反复出现或长时间存在的理由（raison d'état），包括行动者在这些历史形态和制度中面临的处境，从而在制度解释中作出了超出制度主义（institutionalism）的努力。②

上述几种研究思路，只是 21 世纪以来历史社会学研究取向的代表，但我们可以看出，这些研究取向和历史社会学的时间意识及基础概念的探索关系密切，实际上是将社会组织方式和制度作为了思想和社会融合的单位，这为历史社会学未来进一步反思研究方法和思考新的历史社会学理论作了准备。

在很多方面，历史社会学和社会学史面临类似的局面。随着历史社会学背后的西学脉络的扩展，以及历史社会学对传统社会思想和中国史的打开，历史社会学解释机制的探寻面临的挑战会更加艰巨。但是，基础问题的提炼和解释机制的扩展这两个方向上的工作能否形成循环呼应，决定了历史社会学能否继续富有想象力地提出问题并进行解答。

毫无疑问，中国历史社会学仍然需要很多基础的理论工作要做。一

---

① 邱澎生：《市场、法律与人情——明清苏州商人团体提供"交易服务"的制度变迁》，《开放时代》2004 年第 5 期；郭于华：《作为历史见证的"受苦人"的讲述》，《社会学研究》2008 年第 1 期；丛小平：《左润诉王银锁：20 世纪 40 年代陕甘宁边区的妇女、婚姻与国家建构》，《开放时代》2009 年第 10 期；李放春：《苦、革命教化与思想权力——北方土改期间的"翻心"实践》，《开放时代》2009 年第 10 期；侯俊丹：《侠气与民情：19 世纪中叶地方军事化演变中的社会转型》，《社会学研究》2014 年第 3 期；何蓉：《中国历史上的"均"与社会正义观》，《社会学研究》2014 年第 5 期；齐小林：《"报"的逻辑在华北解放区参军动员中的多重呈现》，《开放时代》2015 年第 6 期。
② 王绍琛：《新官上任：清代地方政治秩序研究》，《社会发展研究》2014 年第 2 期；楼劲：《"官吏之别"及"官吏关系"的若干历史问题》，《社会》2016 年第 1 期；渠敬东：《中国传统社会的双轨治理体系：封建与郡县之辨》，《社会》2016 年第 2 期；周雪光：《从"官吏分途"到"层级分流"：帝国逻辑下的中国官僚人事制度》，《社会》2016 年第 1 期；付伟：《文以明道：清代地方政府公文系统的理念与实践》，《社会学研究》2017 年第 6 期。

方面,历史社会学的理论和西学理论、西洋史的关系是什么,需不需要再作澄清?许多西学或海外中国研究提出的概念,在历史社会学的实证研究中遭遇了挑战和质疑,接下来将何去何从?对和史学研究相关的西学基础理论如何继续下功夫?这些都是紧迫的任务。另一方面,建立在读史基础上的概念提炼工作,很自然地包含了熟悉史学史和在专门领域深入研读经典史家著述的努力。但对大多数的历史社会学者来说,对史料的整理工作仍然只取决于学者的需要和自觉。历史社会学如何在卷帙浩繁的中国史学史中找到能和自己研究旨趣相结合的史学传统,并且在一定程度上建立史料辩证(对近代史来说尤其重要)和研读的体系,是历史社会学不能回避的任务。历史社会学目前已经开始了从20世纪上半叶的历史向晚清和清朝中期历史的探寻,这个史学基础工作的任务尤其关键,也令人充满期待。

总之,社会学史第一阶段的用力方向,是"社会学名目"的传播和中国社会研究学说谱系的建立,而最新的进展则表现在西方社会思想史研究和早期中国社会研究的深入。西方社会思想史研究的深入,带动了西学研究者开始思考西学进入中国的路径问题。在历史社会学方面,正是凭借着对历史时段的新问题意识和不断构造新的基础概念,逐渐走出和史学中层理论工作共享的第一阶段。在这个过程中,历史社会学家在不断丰富历史社会学的解释路径,并将之作为解释中国社会变迁的一个重要手段,同时也开始逐步体现了历史社会学在西学和中国史传统之间培育自己整体社会观的倾向。如何在经典的西学思想和史学基础工作上下更深入的功夫,是这一领域的重要挑战。

第十四章 《社会》:学科启蒙与引领

肖瑛

《社会》创刊于1981年底,系国内恢复社会学学科之后创办的第一本社会学刊物。37年来,《社会》大致经过了三个阶段:1981—1985年,作为唯一公开发行的社会学期刊,在为社会学正名、启蒙国内民众和学者的社会学学科意识方面发挥着引领作用;1986—2004年,游移于通俗期刊和学术期刊之间,与社会学的专业化和学术化进展若即若离,出让了引导学科和学术进步的责任;自2005年改版回归学术以来,组织学术专题,引导学术争鸣,刊发高质量学术论文,在社会学学科内外产生了积极影响。

一、学科正名和启蒙

1952年,社会学被取消;1957年,部分社会学家被打成右派;1979年,邓小平提出社会学要尽快补课。为社会学正名并证明其意识形态合法性,是当时参与恢复与重建这门学科的先行者的首要任务,也是《社会》甫一面世就当仁不让的使命。《社会》创刊号刊发了多篇讨论何谓社会学、中国为什么需要社会学、社会学同历史唯物主义关系的稿件。其中,于光远系统论述了历史唯物主义同社会学之间的复杂关联、历史唯物主义社会学的形成过程,以证明社会学不仅仅是资产阶级的,也是为无产阶级所必需的。① 陈翰笙、李景汉、雷洁琼从发现和解决社会问题出发,阐明社会学是一门通过科学的社会调查方法发现、解释和解决社会问题的学科。② 费孝通从传统社会向现代社会转型亟需培养适应社会变化的现代公民角度,论述了社会学人才培养的紧迫性。③

此后几年,《社会》一方面继续讨论历史唯物主义同社会学的关联和区别,④另一方面则在发现、提出社会问题,并在构建用于分析和解决社会问题的社会学概念、理论、技术和想象力方面用功颇多。其所刊稿件大多敏锐地注意到社会变化中涌现的各种现象和问题,如家庭和婚姻、住房、人性和人本、收入分配、亚文化、社会心理变动、个体户、万元户、物价、自杀、官倒,等等;并在丰富的想象力激发下想出了很多分支学科名称,如医学社会学、军事社会学、文艺社会学、性社会学,等等。同时,它尝试使用科学的社会调查技术和分析方法来解剖这些现象和问题,如创刊号刊登的两份调查报告,就是社会学专业学生的一次小试牛刀;杨善华对"交互分类表"的使用,⑤也可能是量化方法初次进入重生的社会学

---

① 于光远:《坚持社会学的马克思主义传统》,《社会》1981 年第 1 期。
② 陈翰笙:《社会调查研究八题》,《社会》1981 年第 1 期;李景汉:《社会问题研究之我见》,《社会》1981 年第 1 期;雷洁琼:《重视社会问题的调查研究》,《社会》1981 年第 1 期。
③ 费孝通:《社会学系的培养目标问题》,《社会》1981 年第 1 期。
④ 这个问题在社会学恢复后的 5 年中一直缠绕着社会学,直到 1984 年中国共产党十二届三中全会之后才告一段落。1985 年 4 月在武汉举行的"社会学与社会改革"理论研讨会上,与会学者提出:"没有必要继续纠缠于历史唯物主义与社会学之间的关系,这样下去,不仅会流于空谈,还容易把历史唯物主义变成打人的棍子,关键是要按历史唯物主义所倡导的态度和方法研究现实问题。"参见余艳菊:《迎接挑战 全面改革——"社会学与社会改革"理论讨论会综述》,《社会》1985 年第 3 期。
⑤ 杨善华、骆菁:《上海家庭消费趋向试析》,《社会》1984 第 1 期。

领域。

但是,当时的《社会》并没有持续推进社会学的学科化和想象力形塑。个中原因,首先在于社会学专业队伍尚付之阙如,其次是把社会学简单地理解为发现社会问题,复次是不知何为"社会学想象力",如其"文艺社会学"专栏所刊稿件,在今天看来并无实质的社会学内涵,最后是把普及社会学理解为迎合普通读者和作者。如"改革"成主流意识形态后,杂志提出"每个现代人都是社会学家",在社会学的学科性待字闺中之时,声称向"冷漠的学术面孔"开战,"把社会学从课堂和研究室里解放出来,投身生活,面向大众"。虽然在社会学恢复十周年之际,庞树奇批评了"人人都是社会学家"所蕴含的"非学科化"倾向,①但未能扭转《社会》的学科弱化趋势。1992年底,《社会》再次强调自己的市场取向和时政定位。如此一来,在1986年《社会学研究》正式创刊后,《社会》在中国社会学学科建设中的地位就式微了。

有鉴于此,下文将聚焦于2005年《社会》正式改版为专业学术期刊之后刊发的稿件。

二、西方社会理论的重估和拓展

2017年,值涂尔干(Emile Durkheim)去世100周年之际,《社会》发表了一组专题论文,这些论文的视角虽各有差异,但都以现代社会中人的命运如何安置为终极问题。渠敬东构建了一个涂尔干的整体思想框架。他从失范的现代性根源入手,剖解了个人主义、民族主义以及帝国主义的深刻社会原因,以此表明涂尔干所要彰显的核心思想任务,是在构成现代社会的所有要件之间,重新搭建多重联结纽带,把人和政治重

---

① 庞树奇:《社会学在中国重建的十年》,《社会》1989年第9期。

置于具体社会之中。① "自杀"是涂尔干社会学研究的经典主题。赵立玮梳理了"自杀类型学"背后的人性基础和现实的社会病理学动因,认为这是涂尔干在《社会分工论》之后对个体与社会关系的进一步思考,揭示了现代人的生存境况。② 王楠同意赵立玮的基本判断,但延长了涂尔干的思想脉络,他一方面从自杀类型入手,联系涂尔干有关道德教育与原始宗教的著作,揭示涂尔干有关人性与社会之健康道德本原的思想;另一方面从文明史角度出发,结合涂尔干关于法国中等教育史以及政治和法律史的讨论,发掘涂尔干对西欧现代社会之源起和演进的思考。③ 在社会学思想史上,塔尔德(Jean Gabriel Tarde)和涂尔干之争是一段公案,但讨论不多。李英飞以两人都倚重的统计学方法为切入口,来探求其争辩背后的实质差异,即塔尔德从单子论而涂尔干从社会本体角度探寻现代社会的秩序基础。④ 魏文一从涂尔干的国家与祖国论述中探讨涂尔干的政治立场。⑤ 王铭铭讨论了莫斯(Marcel Mauss)的"文明"论述。"文明"是介于国族与世界之间的物质、制度、精神实体及它们的道德生境,莫斯基于此想象了一个超越疆界的文明分布总体图景。⑥ 对"文明"的这种想象,不仅在莫斯时代,而且在今天对思考全球秩序都具有重要的现实意义,在学术上则同涂尔干关于国家和祖国的思考对应。陈涛探讨的是涂尔干通过社会学重建道德科学的努力。⑦ 同其道德科

---

① 渠敬东:《追寻神圣社会:纪念爱弥儿·涂尔干逝世一百周年》,《社会》2017年第6期。
② 赵立玮:《自杀与现代人的境况:涂尔干的"自杀类型学"及其人性基础》,《社会》2014年第6期。
③ 王楠:《涂尔干:道德本原与现代潮流——以自杀类型为线索》,《社会》2017年第6期。
④ 李英飞:《道德统计学的社会观:塔尔德与涂尔干之争再考察》,《社会》2017年第6期。
⑤ 魏文一:《国家与祖国:涂尔干论政治社会的两个面向》,《社会》2017年第6期。
⑥ 王铭铭:《在国族与世界之间:莫斯对文明与文明研究的构想》,《社会》2018年第4期。
⑦ 陈涛:《社会学与伦理学的争执:涂尔干的道德科学》,《社会》2017年第6期。

学重建方案一致,涂尔干也是通过破除自然权利学说的基本观点来让"社会"涌现的。①

关于韦伯(Max Weber),王楠认为,其方法论蕴含着一种实质性使命,即既要用理性的方法培养人的清明,也要让人看到超越理性的价值信念,帮助人在抽象社会中以理性的态度坚守各种文明的核心价值。② 田耕指出,韦伯在《科学作为天职》中遭遇价值感受与价值理性化的紧张后,反对任何有机体学说意义上的文明和共同体,转而从"求真"方面来实现行动者对价值真正的"开明";但由于该立场将所有传统变成了异己传统,故留下了现代社会科学如何面对价值共同体的根本问题。③ 何蓉把韦伯的政治思想置于当时德国的工业化和城市化过程中以及国际局势下研究,以韦伯对"农业—政治"问题的讨论为核心,探讨其边疆、边界论述,指出存在社会取向的、以国民为核心的"国民—国家"观,后一观念包容多元,建立共识,赋予国民以平等权利,并以建立国民共享权责和符合国民基本特质的政体制度为谋。④

李猛的《自然社会》问世后,《社会》杂志编辑部组织了专题研讨。郑戈批评李猛论述中存在的一些知识空白,如古罗马人的自由概念与主体权利概念间的相似,平等而非权利对现代观念的构成性影响,并认为李猛放弃自己擅长的社会理论方法而纯粹从观念史角度思考伦理和政治问题是其原因。⑤ 陈涛指出,自然状态不仅是人性冲突状态或法权矛盾状态,还有积极的道德意涵,这体现于"自然权利"一方面凭借国家权力

---

① 李英飞:《涂尔干早期社会理论中的"社会"概念》,《社会》2013年第6期。
② 王楠:《价值的科学:韦伯社会科学方法论再探》,《社会》2014年第6期。
③ 田耕:《科学与指向价值的行动:韦伯〈科学作为天职〉一百年》,《社会》2018年第2期。
④ 何蓉:《边疆、边界与国家:韦伯的"农业—政治"研究的理论启发》,《社会》2017年第5期。
⑤ 郑戈:《自然法的古今之变:〈自然社会〉的思想史评析》,《社会》2016年第6期。

而存在,另一方面其"自然性"来源于人的自然本性的双重性上。① 张国旺把《自然社会》的核心问题理解为回答"孤独个体如何共同生活",他批评李猛在处理这些问题时的漏洞和模糊,相信自然状态在拆解传统之时也会给传统带来重生机会,因而现代人有信心能把握自身的处境和命运。② 面对各种学术批评,李猛在回应时强调:"《自然社会》并不认为现代社会的根本问题在于自由与平等导致人性中较低的视野取代了较高的视野,或者脱离价值取向的工具理性笼罩了人的全部生活。或许现代性的真正问题恰恰相反。……规范性不仅取消了生活方式,甚至取代了生活本身。"③

重视古典社会理论的追本溯源,一方面是为了接续社会理论的古今关联,另一方面则为多样化地思考和梳理社会理论的来源提供切入点。"家庭"是社会学的经典主题,但直到近年才超出经验研究而进入社会理论视野。冯小茫认为,奥古斯丁贬低家而圣化婚姻的关键节点是他用"团契"代替家而作为一种精神共同体,婚姻构成团契的组织单位。④ 李荣山从赫尔德(Johann G. Herder)出发,通过梳理其后的历史主义脉络节点,再现了德国特有的从历史个体到历史个体的普遍历史解释这一思想的形成过程。⑤ 张巍卓从滕尼斯(Ferdinand Tönnies)的 1880/1881 年手稿中读到了滕尼斯通过文化科学来重塑伦理生活,并将之落实到"共同体"中,以应对抽象个人主义与国家专制主义的现实困境的尝试。⑥

---

① 陈涛:《自然状态的道德意涵:定位现代道德的开端》,《社会》2016 年第 6 期。
② 张国旺:《孤独个体的共同生活:自然社会的"自然"与"社会"》,《社会》2016 年第 6 期。
③ 李猛:《未完成的"自然社会":现代社会的人性基础与规范构成》,《社会》2016 年第 6 期。
④ 冯小茫:《古典家庭的解构与婚姻的圣化:奥古斯丁对社会基本单元的新构建》,《社会》2018 年第 3 期。
⑤ 李荣山:《历史个体与普遍历史:历史主义脉络中的社会变迁》,《社会》2017 年第 1 期。
⑥ 张巍卓:《滕尼斯的"新科学":"1880/1881 年手稿"及其基本问题》,《社会》2016 年第 2 期。

在法国社会理论方面,陈涛通过重释《论法的精神》,厘清了现代政治科学是如何转换成社会学的。① 崇明对托克维尔(Alexis de Tocqueville)遗稿的解读再现了托氏对法国大革命中自由和平等两种主张的历史变换逻辑的分析。② 苏格兰启蒙思想的发掘对于完整理解欧洲社会理论的起源非常重要。杨璐探讨了英国政治社会思路从洛克到休谟所发生的重要转向。③ 徐志国对休谟关于派系政治的讨论可算是对杨璐这个研究的补充。④ 杨璐还把《鲁滨逊·克鲁索》纳入社会理论脉络中加以理解,认为这部小说是笛福在基督教传统无法安顿人心的时代,重新找寻一条自我治理的良知之路。⑤ 康子兴则跳过了上述研究普遍暗含的现代性下个人困境说,着力于考察亚当·斯密是如何通过重释"德性"和"人性"来推动世俗化进程的。⑥

帕森斯(Talcott Parsons)的《社会行动的结构》是现代西方社会理论的起点。与亚当·斯密类似,帕森斯以典型的"美国式"路径赋予19世纪末20世纪初的社会理论以积极、乐观的"美国精神气质",渴望构建一般性社会科学理论和普遍历史。⑦ 米尔斯(Wright Mills)不同于帕森斯,坚持政治导向的社会研究,以致落入学术和政治的双重"想象"困境。⑧ 闻翔先是关注"大众社会"图景如何影响米尔斯关于"社会学的想

---

① 陈涛:《政治与社会:基于对〈论法的精神〉的诠释》,《社会》2015年第6期。
② 崇明:《自由革命的专制命运:托克维尔的未完成革命著述》,《社会》2014年第5期。
③ 杨璐:《从洛克到休谟:论英国政治社会思路的转向》,《社会》2015年第6期。
④ 徐志国:《派系及其治理:休谟社会政治理论研究的一个视角》,《社会》2018年第1期。
⑤ 杨璐:《传统的变革与个体的重构:鲁滨逊的出走、改造与重返》,《社会》2017年第1期。
⑥ 康子兴:《社会秩序的护卫者:亚当·斯密论"正义"与"自然法理学"》,《社会》2012年第6期。
⑦ 赵立玮:《世纪末忧郁与美国精神气质:帕森斯与古典社会理论的现代转变》,《社会》2015年第6期。
⑧ 赵立玮:《社会学的想象与想象的社会学:帕森斯、米尔斯社会学研究进路比较论要》,《社会》2016年第6期。

象力"的论述,①后又从学术关注和写作风格出发系统性地评估米尔斯的学术遗产。② 孙飞宇在对舒茨(Alfred Schutz)的"主体间性"的研究中寻找社会学和社会何以可能的答案之后,③从现象学社会学角度梳理了忏悔发生的理论脉络,并将忏悔置于生活世界中理性与存在间难以调和的复杂关系之中来理解。④ 朱雯琤不关注福柯(Michel Foucault)的忏悔学说,而是从福柯对《俄狄浦斯王》的阐释中洞察其关于知识与权力的复杂关系的思想。⑤ 查尔斯·泰勒(Charles Taylor)是当代英语世界最重要的社会理论家。徐冰先后讨论了泰勒的道德地形学和修正的自由主义观,展现了泰勒在自由、自治和基于平等权利的规则之间寻求平衡和相互支持的学术追求。⑥ 叶启政是《社会》这几年少有的具有后现代倾向的作者,他从后现代社会和消费者社会的语境出发,批评"结构—能动"二元论无法处理当前社会普遍存在的正负情愫交融现象,而应从哲学人类学的存有预设出发构建新的社会学思维。⑦ 他还指出,社会学家只是编织故事的艺匠、都市漫游者,以不断分岔的方式编织"社会"的图像。⑧

---

① 闻翔:《从"大众社会"到"社会学的想象力":理解米尔斯的一条内在线索》,《社会》2012年第4期。
② 闻翔:《以"匠人精神",写"社会学的诗":米尔斯的社会学遗产之重估》,《社会》2016年第6期。
③ 孙飞宇:《方法论与生活世界:舒茨主体间性理论再讨论》,《社会》2013年第1期。
④ 孙飞宇:《现代忏悔的发生学:忏悔者与生活世界》(上),《社会》2017年第1期;《弗洛伊德的案例剧场:忏悔者与生活世界》(下),《社会》2017年第2期。
⑤ 朱雯琤:《"从无知到有罪":福柯论"俄狄浦斯王"中的三重"知识—权力"交织》,《社会》2018年第2期。
⑥ 徐冰:《"自我的道德地形学":一个具有心理学和社会学意涵的本体诠释学理论》,《社会》2012年第2期;徐冰:《本真性和公共领域:查尔斯·泰勒的自由社会观》,《社会》2017年第5期。
⑦ 叶启政:《拆解"结构—能动"的理论迷思:正负情愫交融现象的理论意涵》,《社会》2013年第4期。
⑧ 叶启政:《社会学家作为说故事者》,《社会》2016年第2期。

三、国家治理的动力、结构和机制

国家治理是近年来社会学界的热点论题,《社会》也积极参与其中,组织了多个专题。

周黎安对自己在 2008 年提出的"行政发包制"作了体系化和操作化阐述。他用这个概念指涉政府内部上下级之间的发包关系。行政发包制在行政权分配、经济激励和内部控制三个维度上呈现相互配合和内在一致的特征,适合概括中国政府间关系和治理模式的长期稳定性,有助于解释许多有关中国政府运行的特征和现象。行政发包制还可与"政治锦标赛"理论相结合,从纵向和横向两个维度拓展关于官员激励和政府治理的研究。[1] 周雪光针对"行政发包制"存在的效率与统治风险的目标冲突,提出替代性的集权与分权模型,并认为"行政发包制"只有作为整体性的帝国逻辑下的一个制度才有意义。[2] 张静不同意从"成本衡量"角度理解"行政发包制"的缘起,她提出了一个补充解释,认为中国行政体系特有的组织基础,包括组织结构、实际的组织关系、多元角色及目标,是行政发包制[3]的重要成因。[4] 冯仕政一方面肯定"行政发包制"推进了经济学的中国国家治理研究,另一方面批评"政治市场想象"重视国家的市场性而轻忽其政治性的倾向。[5]

从官员流动角度研究帝国逻辑是周雪光近十年的学术重心。在

---

[1] 周黎安:《行政发包制》,《社会》2014 年第 6 期。
[2] 周雪光:《行政发包制与帝国逻辑:周黎安〈行政发包制〉读后感》,《社会》2014 年第 6 期。
[3] 周黎安:《再论行政发包制:对评论人的回应》,《社会》2014 年第 6 期。
[4] 张静:《行政包干的组织基础》,《社会》2014 年第 6 期。
[5] 冯仕政:《政治市场想象与中国国家治理分析:兼评周黎安的行政发包制理论》,《社会》2014 年第 6 期。

评论"行政发包制"时,他就谈及中国官吏制度从"官吏分途"向"层级分流"的演变。他还进一步从"帝国逻辑"分析框架出发,认为从"官吏分途"到"层级分流"的人事制度变迁造成官僚体制的二元结构及其迥然不同的职业生涯、激励设置和利益群体,构成中国官僚体制运作的基本特点。① 后来,他又对"层级分流"模式作了实证检验。② 但周黎安对周雪光的帝国人事制度观点并不完全认可,他在 2014 年回应周雪光批评的基础上,重新梳理了行政发包制理论中"行政"与"发包"的关系,将政治晋升机制正式引入行政发包关系中,定义了行政内部发包与外部发包的组织边界,认为从秦汉到明清有一个"官吏分途"和"吏役合一"的双重过程,其实质是从"行政内包"向"行政外包"转变,其推力是帝国日益严重的财政压力。③ 楼劲指出,虽然魏晋以来官吏界线既有弹性又有明示,但总体趋势是从身份鸿沟走向界线松弛,相通性不断增强,使得明清吏员的生态仍在朝廷统官而官员统吏的框架下具有可控性,因此,要注意古今基层公务人员之况的可比和不可比。④ 刘建军从政治绩效角度将周雪光的理论发展为"群体三分",官吏之间在数量和规模上的不对称同目前官僚群体、派生群体和雇佣群体在数量和规模上的不对称是相通的。⑤

---

① 周雪光:《从"官吏分途"到"层级分流":帝国逻辑下的中国官僚人事制度》,《社会》2016 年第 1 期。
② 周雪光等:《中国地方政府官员的空间流动:层级分流模式与经验证据》,《社会》2018 年第 3 期。
③ 周黎安:《行政发包的组织边界——兼论"官吏分途"与"层级分流"现象》,《社会》2016 年第 1 期。
④ 楼劲:《"官吏之别"及"官吏关系"的若干历史问题》,《社会》2016 年第 1 期。
⑤ 刘建军、马彦银:《从"官吏分途"到"群体三分":中国地方治理的人事结构转换及其政治效应——对周雪光〈从"官吏分途"到"层级分流":帝国逻辑下的中国官僚人事制度〉一文的一个补充》,《社会》2016 年第 1 期。

在评论"行政发包制"时,曹正汉将周黎安的"行政发包制"、周雪光的"帝国的治理逻辑"及曹正汉的"中央治官、地方治民"列为国家治理研究三模型。① 后来,他详细论证了中央政府追求"统治风险最小化"的行为及其面临的约束条件是处理央地关系的动源。② 尤怡文提出风险治理的"不可能三角",用以补充"风险论"。③ 蔡永顺从政治学角度强调代理人才是削弱国家能力、损害政权合法性、引发社会风险的肇因,如何约束代理人是最高统治者绕不开的难题。④ 刘世定认为,风险论本质上就是效率论,不宜对立,关键是区分何种治理、何种效率、谁之效率。他建构了一个分析统治者风险治理效率和日常行政效率关系的理论模型,以考察两者之间的影响机制以及统治者收放权边界内外运作的差异。⑤

如蔡永顺所说,国家治理要关注"代理人"。张静再现了 20 世纪 50 年代国家改造干部的具体过程。通过一系列制度化改造,国家不仅推广了新的干部行为要求和用人标准,构造了干部与治理组织的新关系,而且为树立组织化的治理权威奠定了人事基础,对形塑干部的行为及表达之整体特征产生了深远影响。⑥ 李祖佩发现,在项目进村过程中涌现出一种"新代理人",他们脱离国家和乡村社会的双重规制,以利益为中心,促成村庄权力结构固化,再造了后税费时代基层治理的困境。⑦

---

① 曹正汉:《统治风险与地方分权:关于中国国家治理的三种理论及其比较》,《社会》2014 年第 6 期。
② 曹正汉:《中国的集权与分权:"风险论"与历史证据》,《社会》2017 年第 3 期。
③ 尤怡文:《中华帝国治理的"不可能三角"与治乱周期:从"风险论"出发》,《社会》2017 年第 3 期。
④ 蔡永顺:《代理人困境与国家治理:兼评"风险论"》,《社会》2017 年第 3 期。
⑤ 刘世定:《历史的理论研究路径和理论模型:对〈中国的集权与分权:"风险论"与历史证据〉一文的几点评论》,《社会》2017 年第 3 期。
⑥ 张静:《构造组织观念:自我检查和审干(1952—1960)》,《社会》2017 年第 5 期。
⑦ 李祖佩:《"新代理人":项目进村中的村治主体研究》,《社会》2016 年第 3 期。

四、社会学的历史转向

把历史思维和历史感引入社会学是《社会》的重要工作之一,并发表了不下 30 篇稿件。

渠敬东梳理了近代经史研究的新传统,包括康有为的三世说,王国维"以史治经"的综合演绎方法及其从制度、民情乃至思想精神入手对中国文明之本源、制度精神之普世价值的重塑,陈寅恪的"总汇贯通之法",①为当下的历史社会学研究开辟了新的思路,并在应星、侯俊丹等学者的研究中得到积极呼应,尤其应星的《"把革命带回来":社会学新视野的拓展》一文,明确声称他们是在韦伯和陈寅恪等人的启发下,提出对中国革命进行社会学研究的问题意识、分析框架和基本方法,其目的是围绕阶级路线、民主集中制和群众路线等重点,在借鉴实证史学资料收集法的基础上,运用"社会学的想象力"和实践社会学的方式,来深入理解中国共产党在革命时期建立的独特政治文化及其产生的复杂而深远的历史效果。② 这同渠敬东渴望引导的学术视野和研究路径可谓相得益彰。

在这一思路指引下,应星、孟庆延、马学军等人以革命史中的典型性人物为中心,将这些人物置于具体的历史场景和生平情境中,以具体事件为切入点,从组织社会学角度来阐述早期共产党的组织制度的来源、困难和变迁。代表作品有应星、李夏对万安暴动组织者曾天宇的研究,③孟庆延

---

① 渠敬东:《返回历史视野,重塑社会学的想象力:中国近世变迁及经史研究的新传统》,《社会》2015 年第 1 期。
② 应星:《"把革命带回来":社会学新视野的拓展》,《社会》2016 年第 4 期。
③ 应星、李夏:《中共早期地方领袖、组织形态与乡村社会:以曾天宇及其领导的江西万安暴动为中心》,《社会》2014 年第 5 期。

关于王观澜、彭湃的研究,①马学军对于安源工运中特派员李立三和刘少奇的工作效果的比较研究。② 这类研究的一个基本特点,就是将共产党的组织架构的形成和实践同处在具体社会情境中的不同担纲者的个人气质联系起来加以考察,使得组织不再是一个简单的自变量,而具有深刻的历史和个人特质。

侯俊丹的研究集中在太平天国运动之后人心与世风之变和重建上。地方社会为应对太平军冲击而进行的军事化运动促生了一种以"力"的无限扩张为法则的"任侠之气",与传统的礼仪制度及凝结在地权上的依附关系相反动,导致了社会的夷平化,为现代革命奠定了民情基础。③传统士人集团不会坐视这种风气之泛滥,从而竭力继承传统的学术思想开展伦理重建。但是,士人集团的内部分化恰恰孕育了现代社会结构转型的历史契机,即以普遍人格结构为心性基础的社会组织生活将成为现代民治政体的根本。④

中国西南地区的社会是历史人类学和历史社会学近几年聚焦的另一重点。杜树海阐述了"改土归流"后科举制度在广西推行对边疆建构和国家整合产生的积极效果。⑤但马健雄对铜金和尚的研究表明,地方

---

① 孟庆延:《"读活的书"与"算死的账":论共产党土地革命中的"算账派"》,《社会》2016年第4期;《"深耕者"与"鼓动家":论共产党早期乡村革命中的"农运派"》,《社会》2017年第3期。
② 马学军:《特派员制度与中共早期工人运动:以安源工运史为中心(1921—1925)》,《社会》2017年第2期。
③ 侯俊丹:《侠气与民情:19世纪中叶地方军事化演变中的社会转型》,《社会》2014年第3期。
④ 侯俊丹:《民情反思与士人的社会改造行动:晚清温州永嘉学派保守主义的实践及其困境》,《社会》2015年第2期。
⑤ 杜树海:《清代边疆地区社会阶层的变动与文化面貌的转变:以广西靖西县墓碑、石刻等历史资料为中心的考察》,《社会》2016年第1期。

权势并不一定会低眉顺眼地迎合帝国的要求和传统,而可能充分利用和构造时势来为自己谋取利益。① 胡东雯则以嘉绒社会土司利用宗教等制度在"改土归流"中重建自己的政治权威为例,再现了帝国政策遭遇地方制度和文化后出现的变形。② 陈志刚对明代上川南地区佛教如何促进汉藏社会整合的研究则佐证了宗教的上述力量。③ 郑少雄通过分析藏族作家阿来的作品,把藏族变迁放置在一个远为宏大的视野下来考察,展现了康区历史上的时间观和空间感的重大转型。④

五、个案研究的经验和技艺

帮助质性研究走出衰退和难以推陈出新的困境,也是《社会》这几年的重点所在。

杨善华谋求建立质性研究同现象学社会学之间的内在关联。现象学社会学将"日常生活"作为理解"生活世界"的中心,并通过感知与洞察来实现对"日常生活"的认知,从而获得对社会现象的相对深刻与准确的理解,正契合质性研究的追求。⑤ 据此,他提出"社会底蕴"概念,用以指涉历史变迁中中国社会自发保存的相对稳定的"恒常"因素,它们存在于生活智慧、家本位文化、道德伦理、人缘口碑等现象之中,在现代性变迁中不断与新的历史条件相结合,生发出建设性和包容性的面貌,影响甚

---

① 马健雄:《"佛王"与皇帝:清初以来滇缅边疆银矿业的兴衰与山区社会的族群动员》,《社会》2018年第4期。
② 胡东雯:《嘉绒藏人的房名制、内婚制与改土设屯:金川嘉绒社会的国家进程》,《社会》2016年第1期。
③ 陈志刚:《明代上川南地区的佛教与地方社会》,《社会》2018年第2期。
④ 郑少雄:《康区的历史与可能性:基于阿来四部长篇小说的历史人类学分析》,《社会》2018年第2期。
⑤ 杨善华:《感知与洞察:研究实践中的现象学社会学》,《社会》2009年第1期。

至决定着地方社会的秩序。要理解中国乡村社会秩序的内在运行机制,就需要把握"社会底蕴"。① 与"社会底蕴"异曲同工的是,折晓叶基于自己的"田野"经验,指出在经验与理论之间存在一个中间环节即"积淀根基",它深藏于日常生活的细枝末节之中,需要扎根田野、深入生活去发现和揭示。她还提出了把握"积淀根基"的具体方法,包括尝试实现从观察到理解、从疑问到提问、从易感性到分析性、从技术过程到社会过程、从讲故事到讲道理等几个重要环节的跨越。② 相对于折晓叶严格的实证主义田野路径,应星更强调田野工作的实证性格与人文气质相结合、科学探究与艺术想象相互支持的双重特性。他认为,田野研究的基本问题是由经典理论的问题域给定的,但田野实践中,理论的力量需要完全融化在对经验现实的敏感中。③

六、中国社会理论的可能性

中国社会理论之建构,可从三个角度理解:从历史社会学出发对中国社会从传统到现代的变迁机制和结构的整体把握;在中西古今框架下对民国社会理论的重构;基于过去四十年社会转型提出总体性的解释路径。这三个角度之间又是一体的。

渠敬东重提中国社会变动的"双轨制",属于第一种路径。他主张,考察中国社会要回到传统社会分析的古典范畴。其中,封建与郡县是一对基本范畴,由之不仅可以理解中国社会的变动和"公""私"之辨的变

---

① 杨善华、孙飞宇:《"社会底蕴":田野经验与思考》,《社会》2015年第1期。
② 折晓叶:《"田野"经验中的日常生活逻辑:经验、理论与方法》,《社会》2018年第1期。
③ 应星:《"田野工作的想象力":在科学与艺术之间——以〈大河移民上访的故事〉为例》,《社会》2018年第1期。

动,而且可以关联道统与政统、经与史等其他双轨制度。① 周飞舟从丧服制度出发对"差序格局"进行的重建,实际上是把"差序格局"建构成了研究中国社会关系和社会结构形成和变迁的总体性框架。② 林鹄从伦理社会角度出发对宗族的重新理解,③杭苏红对西汉家国同构的研究,④都可视为对这一理论的补充和经验佐证。周飞舟认为,费孝通晚年主张社会学和人类学研究应在"差序格局"中"推己及人""将心比心",实质上是重建中国社会科学的尝试。这种说法是在确定"差序格局"的社会规范效果后,进一步将之当作一种社会认识论。⑤

杨清媚和张江华对民国社会学和人类学的研究特别注重中西转化维度。在杨清媚笔下,作为第一位引入"文化"理论进行实地经验研究的中国学者,陶云逵做的实质性工作就是如何在中西之间开展"创造性转化"。⑥ 杨清媚还把这种视角用于对吴文藻、费孝通和李安宅在知识社会学方面的引介与消化的研究,展现他们在西方理论引导下如何重建不同的知识社会学的经验研究路径。⑦ 张江华也论证了费孝通扎根中国本土乡村,既不盲从西方学界的批评又高度重视和汲取批评中的养分,构建适合中国文明社会的人类学理论和方法。⑧

---

① 渠敬东:《中国传统社会的双轨治理体系:封建与郡县之辨》,《社会》2016 年第 2 期。
② 周飞舟:《差序格局和伦理本位:从丧服制度看中国社会结构的基本原则》,《社会》2015 年第 1 期。
③ 林鹄:《宗法、丧服与庙制:儒家早期经典与宋儒的宗族理论》,《社会》2015 年第 1 期。
④ 杭苏红:《帝室与外家:西汉政治中的家族伦理》,《社会》2012 年第 4 期。
⑤ 周飞舟:《从"志在富民"到"文化自觉":费孝通先生晚年的思想转向》,《社会》2017 年第 4 期。
⑥ 杨清媚:《文化、历史中的"民族精神":陶云逵与中国人类学的德国因素》,《社会》2013 年第 2 期。
⑦ 杨清媚:《"燕京学派"的知识社会学思想及其应用:围绕吴文藻、费孝通、李安宅展开的比较研究》,《社会》2015 年第 4 期。
⑧ 张江华:《"乡土"与超越"乡土":费孝通与雷德斐尔德的文明社会研究》,《社会》2015 年第 4 期。

渠敬东从占有、经营和治理三个维度构建起一个"总体性的解释框架",用以分析作为"总体性"社会现象的乡镇企业。这是其对"经典社会科学"的一次研究实践。重要的是,因这一框架的可迁移性以及乡镇企业本身在中国改革开放历史上的重要地位,这一实践也可被理解为建构中国社会变迁理论的尝试。① 赵立玮肯定了这一点。② 周飞舟提出的从企业经营过程及其与乡土社会的紧密联系来寻求"乡镇企业悖论"答案的建议,③使该理论建构更为丰满。周黎安的"官场+市场"理论也尝试对中国当代经济增长和社会变革作总体性解释。该理论把地方官员之间围绕辖区经济发展的官场竞争,嵌入在不同辖区企业之间的市场竞争之中,辖区企业参与的市场竞争又嵌入在官场竞争之中。为确保理论的解释效度,周黎安还讨论了政府与市场良性互动、政企有效合作的三个关键条件,它们在最积极的意义上实现了辖区内政治企业家与民间企业家精神的结合、政治精英与经济精英的结合、中国历史悠久的官僚政治传统与西方国家市场经济传统的结合,为揭示中国增长之谜开辟了新角度。④

七、小结

本文对《社会》刊文挂一漏万的介绍,不以管中窥豹为鹄的,而是试图通过文献和主题选择彰明一个观点:近些年来,我国社会学研究在加

---

① 渠敬东:《占有、经营与治理:乡镇企业的三重分析概念(上)——重返经典社会科学研究的一项尝试》,《社会》2013 年第 1 期;《占有、经营与治理:乡镇企业的三重分析概念(下)——重返经典社会科学研究的一项尝试》,《社会》2013 年第 2 期。
② 赵立玮:《理论化与制度精神:由〈占有、经营与治理:乡镇企业的三重分析概念〉引申的几点思考》,《社会》2013 年第 3 期。
③ 周飞舟:《回归乡土与现实:乡镇企业研究路径的反思》,《社会》2013 年第 3 期。
④ 周黎安:《"官场+市场"与中国增长故事》,《社会》2018 年第 2 期。

速分化的表象之外,一些至关重要的共识正在悄然达成,如对总体性视角和历史意识的接受等。总体性视角不排斥专业化而立基于专业化,历史意识并非保守主义而始于现代性诉求。所谓社会学的中国化、中国社会理论,已经蕴含在社会学担纲者们践行这些共识的学术活动之中。

第十五章 《社会学研究》:主题沿革

向 鸿

《社会学研究》是中国社会学学术研究的专业领军期刊,在中国社会科学院、南京大学、北京大学、武汉大学等4家期刊评价机构的学科排名中均名列第一。① 自1986年创刊以来,《社会学研究》刊载论文的主题变化既反映了中国社会学界的变化发展,也反映了中国社会的整体变迁。一些研究主题曾经受到重视,但随着时代的发展和学科内部的范式转换而逐渐被边缘化;一些主题一以贯之,贯穿了中国社会学发展的整个脉络;一些主题后来居上,成为当前社会学界的热点和主流。对过去的热点主题的忠实记录,有助于我们理解社会学人的探索历程,见证中国社会的发展。在此,我们通过对《社会学研究》刊载论文的内容分析,展示中国社会剧烈变迁背景下社会学的发展历程。

---

① 中国社会科学院社会学研究所编:《中国社会学年鉴.2011—2014》,北京:中国社会科学出版社,2016年,第632页。

一、早期主题:社会变迁与范式转换

在中国社会从总体支配走向技术治理的宏观变迁过程中,①一些主题在社会学发展前期曾经受到高度重视,如生活方式研究、发展理论与现代化研究、单位制研究、乡镇企业研究、小城镇研究等,但随着时代变迁引起的社会现实的变化和社会学学科内部的范式转换,这些主题在积累了一定的研究成果之后,逐渐被边缘化,或者干脆退出了学术舞台。

(一)生活方式研究

生活方式研究是《社会学研究》成立初期一个重要的研究主题,《社会学研究》1986 年刊载相关论文 10 篇,1988 年刊载相关论文 14 篇,此后则仅有零星出现,2000 年以后,几乎不再刊载这一主题相关文章。作为一个昙花一现的议题,生活方式研究之所以在社会学恢复重建早期受到重视,同社会学学科之所以能在中国得以恢复的社会背景是完全相同的。它们都是改革开放、思想解放、拨乱反正和我国社会运行走上社会主义现代化建设之路的产物。② 改革开放、解放思想后,随着整体社会目标的调整,生活领域成为人们关注的重点。随着经济的长足进步,人民生活水平的提高,与发达国家生活方式的示范性,人们思想和价值观也发生了相应的改变。在这种背景下,对生活方式的探讨自然呼之欲出。1984 年,中共十二届三中全会通过关于经济体制改革的《决定》,提出了"要努力在社会形成适应现代化生产力发展和社会进步要求的、文明的、健康的、科学的生活方式"的要求,这一文件进一步推动了生活方

---

① 渠敬东、周飞舟、应星:《从总体支配到技术治理——基于中国 30 年改革经验的社会学分析》。
② 王雅林:《生活方式研究评述》,《社会学研究》1995 年第 4 期。

式研究的蓬勃发展。①

这一阶段,《社会学研究》刊载的生活方式研究相关文章,既有对生活方式的理论探讨,也有对社会生活方式变迁的实证研究。

对生活方式的理论探讨,最重要的议题有两个。其一是从马克思主义出发,探讨历史唯物主义观点下的生产方式理论。对于生产方式和生活方式的关系,有学者认为,生活方式是生产方式的表现,有什么样的生产方式就有什么样的生活方式,生活方式和物质生活的生产条件总是统一的。② 对于生活方式的宏观社会变迁这一问题,王雅林从马克思的社会形态理论出发,认为马克思的三种社会形态分别对应了三种生活方式形态,它们共同经历了"肯定—否定—否定之否定"的螺旋式上升。③ 这一时期对生活方式的理论探讨,第二个要点集中于从社会现实出发,探讨生活方式研究应包含的社会范畴。根据王雅林的总结,这一时期社会学界对生活方式的研究至少包括三个层次,广义概念囊括劳动生活、生活消费、闲暇生活、文化宗教等全部社会领域;狭义概念则局限于人们日常生活中的家务生活、消费休闲等;此外,生活风格,即个人兴趣爱好、价值取向决定的生活方式的表现形态,也是研究的一种范畴定义。④

对社会生活方式变迁的实证研究,既有对社会生活总体变迁的描述,也有对不同社会群体生活方式变迁的经验研究。李超元从家庭婚恋方式、生活消费方式、时间支配方式、人际交往方式等方面,说明经济体制改革对生活方式的总体影响。他认为,经济改革导致了:家庭形态的核心化和小型化,家庭关系转变为了能者当家,婚恋观日益注重"人才"

---

① 王雅林:《生活方式社会学:回顾与反思》,《学习与探索》1990 年第 1 期。
② 时运生:《生活方式变迁初探》,《社会学研究》1986 年第 2 期。
③ 王雅林:《论生活方式的宏观社会变迁》,《社会学研究》1988 年第 2 期。
④ 王雅林:《生活方式社会学:回顾与反思》。

条件；消费观念转变，人们逐渐敢于消费；消费结构中，文化消费增加，消费逐渐商品化、社会化；人们时间观念开始增强，缩减劳动时间的意愿初现，对闲暇时间的支配方式出现了结构性变化——学习部分取代了家务和娱乐；人们提出了新的社会交往需求，社交活动逐渐与经济活动相融合等一系列生活方式的变化。[1] 对社会各群体的生活方式研究，对象广泛，包括广西南宁某村、湘南瑶族青年、内蒙古牧民等，甚至包括了基层军人。[2] 其内容也相当广泛，包含闲暇时间、家务劳动、家庭网络等。[3]

多年以后，我们再回过头来审视《社会学研究》创刊初期刊登的与生活方式研究有关的论文，可以发现，这部分论文的理论探讨，少有如今经常运用的社会学理论，而重在从马克思正统学说中找到生活方式研究的理论依据，为生活方式研究进行理论正名，从而为生活方式的进一步社会学研究做好理论准备。当时界定的生活方式研究主题，实际上包含了劳动社会学、消费社会学、家庭社会学、文化社会学等一系列分支学科的议题。之所以用生活方式对这些内容进行囊括，与其说是因为研究对象的学术相似性，毋宁说是出于思想解放、承前启后的目的。而且，从之后生活方式研究的发展看来，恐怕"承前"的意味远大于"启后"。

此后，曾经被生活方式这一主题所统合的消费方式、家庭生活方式、社会交往形式等议题，仍然在社会学界占有一席之地，但这一宏大主题

---

[1] 李超元：《论经济体制改革对生活方式变革的影响》，《社会学研究》1986年第2期。
[2] 蒙晨：《广西南宁市永宁村农民生活方式的变化》，《社会学研究》1986年第6期；孙秋云：《湘南瑶族青年劳动和消费生活方式》，《社会学研究》1991年第1期；乌兰察夫：《牧民生活方式考察与思考》，《社会学研究》1988年第3期；张维信：《当前基层军人闲暇生活方式的新变化》，《社会学研究》1988年第2期。
[3] 潘穆：《闲暇时间与城市老人生活方式》，《社会学研究》1986年第6期；翟年祥：《家务劳动方式》，《社会学研究》1988年第2期；潘允康：《家庭网和现代家庭生活方式》，《社会学研究》1988年第2期。

本身则不再在《社会学研究》上出现。这种变化,反映了中国社会学逐渐确立自己的学科地位,开辟具有学科独立性和专业性的研究领域、研究对象和研究方法的过程。当然,我们也不必因生活方式研究今日之式微而否定其在中国社会学发展过程中所起的历史作用。当时的许多生活方式研究,忠实地记录了改革开放以来我国社会生活方式的变迁历程。社会学者对生活方式的理论构建还"输出"到其他学科,成为我国社会学对人文社会科学发展有声有色的贡献之一。① 这些都是中国社会学发展过程中的宝贵财富。

(二) 发展与现代化研究

从《社会学研究》1986 年创刊开始,一直到 1995 年,这十年间,与现代化研究(狭义的发展研究)这一主题相关的研究总共有 63 篇,而 1996—2017 年 20 多年间,相关主题文章则只有 22 篇。同样,《中国社会学年鉴(1979—1989)》《中国社会学年鉴(1989—1993)》均有关于发展与现代化研究的专题综述文章,而 1994 年后的《中国社会学年鉴》则不再出现相关专题综述。② 可以看出,社会学界的"发展与现代化"研究在经历了相当长一段时间的研究热潮后,逐渐沉寂下来。今天,我们回过头来,对这一议题进行重新审视,探寻这一议题由热转冷的原因,将有助于我们理解中国社会学学科内部对于中国社会发展模式的探索和反思。作为回顾,这一时期现代化研究主要关注如下要点。

关于"什么是现代化"这一问题,李路路认为,社会现代化指科学技术发展带动下的,以经济发展为基础的,包括社会组织、社会价值观念等

---

① 王雅林:《走向学术前沿的生活方式研究》,《社会学研究》1999 年第 6 期。
② 中国社会科学院社会学研究所编:《中国社会学年鉴(1979—1989)》,北京:中国大百科全书出版社,1989 年,第 179 页;《中国社会学年鉴(1989—1993)》,北京:中国大百科全书出版社,1994 年,第 15 页。

社会生活各个方面的全面发展过程。① 张静指出,现代化是一种世界性社会现象的理论概括,这一现象与工业化相伴生,以历史上未曾有过的快速度传遍全世界,所到之处传统社会开始解体,原有的社会结构、价值观念、意识形态、行为规则等纷纷解构。因而现代化不是某个民族自己的事件,而是地域性国际分工条件(制约)所允许的可能机会。某一民族汇入这一世界性进程的现象可以被称作民族(或国家)现代化。② 现代化存在一个大致的前进方向,与经济发展、社会组织和价值观念的宏观变迁等因素有关,现代化国家有着某种可辨识的社会结构特征,是当时学者的共识。

对于中国现代化历史经验的认识,以1949年为界线,学者们大致将中国现代化探索分为前后两个阶段。对中国的早期现代化探索,张琢将1840—1952年视为现代化的准备和发展阶段。③ 吴忠民认为,这一阶段中国现代化的基本特征是现代化的低度发展。④ 虞和平则将这一阶段中国现代化的特点概括为格外显著的被动性、复合性、非自主性和非统一性。⑤ 对于中华人民共和国成立以后至改革开放前的阶段,吴忠民认为,这一时期,中国的现代化建设具有经济建设不规则的高速度推进、社会分化相对不足、现代知识和教育发展相对迟缓、开放的低程度进行等特征。⑥ 张琢则将这一阶段概括为"低水平、大波动的艰苦创业时期"⑦。可以看出,对于中国在改革开放以前的现代化建设,社会学学者们的评

---

① 李路路:《"社会现代化"理论论纲》,《社会学研究》1987年第3期。
② 张静:《关于现代化的概念》,《社会学研究》1990年第5期。
③ 张琢:《中国现代化的分期与发轫》,《社会学研究》1991年第6期。
④ 吴忠民:《关于中国早期现代化的几个问题》,《社会学研究》1991年第2期。
⑤ 虞和平:《试论中国近代化的概念涵义》,《社会学研究》1991年第2期。
⑥ 吴忠民:《关于中国现代化试步时期的若干问题》,《社会学研究》1991年第6期。
⑦ 张琢:《中国现代化的分期与发轫》。

价相对客观,既没有过分贬斥,也并不为历史包袱所束缚,基本做到了实事求是。

关于中国的现代化模式,基于历史和社会现实,后发外生型现代化是当时学者对于中国现代化模式的普遍判断。相较于早发内生型现代化,国家在后发外生型现代化模式中起着更为重要的作用。刘小军认为,由于传统社会的结构性障碍、复杂的国际环境等因素,具有现代取向的权力精英占据最高领导层,自上而下推广现代化,对于后发展国家的现代化至关重要。① 类似地,张静指出,政治(及政策)对后发社会现代化起着至关重要的作用,政治领袖的才干、眼光及其作为所影响到的,不仅是政治局面,而且是整个社会经济和社会发展的速度和结果,政治领导常常决定现代化的成败。② 与早发内生型现代化相比,后发外生型现代化既有明显劣势,也有其积极效果。一方面,由于后发外生型现代化具有明显的人为色彩,后发展国家的现代化面临着社会各部门发展不平衡、发达国家示范效应导致的政府压力等不利因素,③从而可能导致"社会失范"④。另一方面,从积极方面阐释,后发展国家可以通过传播、采借机制大胆吸收和消化发达国家的先进技术、先进管理经验,以加速自身发展步伐。⑤

对于如何描述现代化发展,孙立平选择了经济增长、收入平等、政治稳定、政治民主化、社会分化、社会整合、城市化等七个目标。⑥ 张静则认为,现代性特征包括经济以稳定数率持续增长、集中的公民社会的形

---

① 刘小军:《晚外发国家的现代化:困境与出路》,《社会学研究》1991年第6期。
② 张静:《"外发"型现代化及其特征》,《社会学研究》1988年第4期。
③ 孙立平:《迟发展效果与迟发展国家现代化的制约条件》,《社会学研究》1988年第2期。
④ 陈涛:《社会失范:晚外发国家现代化道路上的"陷阱"》,《社会学研究》1990年第5期。
⑤ 王雅林:《中国的"赶超型现代化"》,《社会学研究》1994年第1期。
⑥ 孙立平:《论现代化诸因素之间的关系》,《社会学研究》1990年第3期。

成、文化中世俗理性规范的扩散、成就动机的心理类型、城市化的生活方式等因素。① 除了对现代化发展的目标进行理论探讨外,也有学者利用数据对中国的社会发展指标进行测算。例如,朱庆芳等利用世界银行《世界发展报告》相关数据,估算中国社会发展水平的世界排名在 1985 年、1989 年、1990 年、1992 年分别为第 70 名、第 71 名、第 70 名和第 67 名。②

1995 年之后,《社会学研究》中以"现代化"作为篇名和关键词的文章明显减少,狭义的现代化研究/发展研究开始逐渐退潮。现代化研究热潮的退却,一方面源于 20 世纪 90 年代学术思想界出现的现代性反思趋向,其核心可概括为"对现代性理论的批判性审视";③另一方面,社会学界内部也不再将狭义的现代化/发展研究作为研究重点。当然,广义现代化理论的核心问题——经济技术理性在整个社会的弥漫,社会结构、社会关系、社会行动乃至社会价值观的改变,仍然构成了中国社会学发展的理论主线。④ 中国的现代化发展仍然是社会学界最为关切的重大理论和现实问题,只是这一主题已经融入了市民社会发展、城市社区发育、基层自治制度等一系列更为具体的社会学研究中。制度/结构、行动/过程、历史/脉络的分析框架取代了抽象经验主义,"现代化"以更加润物细无声的方式渗透进了社会学研究的深处。

---

① 张静:《关于现代化的概念》,《社会学研究》1990 年第 5 期。
② 中国社会科学院"社会发展与社会指标"课题组:《我国社会发展水平居世界第七十位》,《社会学研究》1989 年第 3 期;朱庆芳:《世界 120 个国家和地区 16 个社会指标的综合得分(1989 年)》,《社会学研究》1992 年第 4 期;《1990 年我国社会发展水平又回升到世界第 70 位》,《社会学研究》1992 年第 5 期;《1992 年中国社会发展水平已上升为世界 67 位》,《社会学研究》1995 年第 3 期。
③ 陶东风:《从呼唤现代化到反思现代性》,《二十一世纪评论》1999 年第 6 期。
④ 李路路、朱斌、李才香:《走向成熟的经验研究——写于〈社会学研究〉创刊三十周年》,《社会学研究》2016 年第 6 期。

二、当前热点:组织与分层

(一) 组织研究

组织研究在改革开放以来受到持续关注,一方面是因为在社会转型过程中,原有的重要组织形态——政府、国有企业、事业单位面临着重大挑战,开始主动或被动地进行结构调整和转型,从而为组织社会学带来了丰富的现实材料和理论思考空间;另一方面,伴随着市场化改革和社会改革的进程,新兴的组织形态和组织现象不断涌现,从而推动了组织社会学研究的发展。以下,我们分别对政府组织、企业组织和社会组织三类组织的相关研究进行主题梳理。

与政府或治理体系有关的组织社会学研究,主要涉及三个议题:一是对政府内部组织运行体系,尤其是中央地方关系的探讨;二是对政府的具体运作过程,尤其是地方政府在推动经济发展过程中的行为进行研究;三是对基层政权或治理单元的运行进行考察。

中央与地方围绕集权与分权产生的权力关系和治理模式,是中国社会学界政府行为研究的重点之一。周雪光和练宏借鉴经济学中的新产权理论,将这组关系的重点落在了对组织内部或组织间资产、活动的控制权上。他们认为,在效率和风险的双重约束下,控制权分配上的变化导致了央地关系的变化,从而表现出了不同的治理模式。[1] 曹正汉则提出了中国治理体制内部存在治官权和治民权两种不同的权力,从而构成了"上下分治的治理体制",这种体制通过分散执政风险和自发调节集权程度两个机制,有助于治理体制自身的长期稳定。[2] 除了上述对央地关

---

[1] 周雪光、练宏:《中国政府的治理模式:一个"控制权"理论》,《社会学研究》2012 年第 5 期。
[2] 曹正汉:《中国上下分治的治理体制及其稳定机制》,《社会学研究》2011 年第 1 期。

系的总体性研究之外,围绕着当前治理体系中最重要的机制之一——项目制,学者们也展开了多种层次和视角的社会学研究。例如,付伟和焦长权的研究发现,在"项目治国"的背景下,乡镇政权的资源和权力被上收,而同时又不得不为项目运行疲于奔命,乡镇政权由"悬浮型政权"走向了"协调型政权"。项目制未能在基层实现技术治理,反而导致了基层的制度性困境。①

地方政府在经济发展过程中的行为和效果,也是当前社会学界关注的重点之一。总的来说,学者普遍承认,地方政府在推动经济发展中起着重要作用。就其具体机制而言:一方面,通过土地财政化和金融化,地方政府垄断大量的地方性资源,形成了强大的投资能力,从而对地方的经济发展具有很强的直接干预能力;②另一方面,通过地方市场管理和调控、地方产业政策发展等方式,③政府实现了对市场和企业的间接引导。此外,地方的经济发展会会对政府及官员行为产生影响。熊万胜通过对乡村集体企业的回顾性研究发现,地方经济发展具有增强地方自主性的作用,集体企业之所以能从乡村社会中内发出来,正是因为处于集权体系最底层的基层政权为了扩展和维护基层自主性的结果。④ 耿曙和陈玮通过对招商引资活动的分析发现,政府和企业存在双向寻租的过程,政府对企业的"反向寻租"可能导致"过度补贴"的问题,从而导致招

---

① 付伟、焦长权:《"协调型"政权:项目制运作下的乡镇政府》,《社会学研究》2015年第2期。
② 刘长喜、孟辰、桂勇:《政府投资驱动型增长模式的社会学分析——一个能力论的解释框架》,《社会学研究》2014年第3期。
③ 刘成斌:《活力释放与秩序规制——浙江义乌市场治理经验研究》,《社会学研究》2014年第6期;冯猛:《基层政府与地方产业选择——基于四东县的调查》,《社会学研究》2014年第2期。
④ 熊万胜:《基层自主性何以可能——关于乡村集体企业兴衰现象的制度分析》,《社会学研究》2010年第3期。

商引资的"惨胜"。①

关于基层治理的社会学研究,在农村中,以村委会为主要研究对象,围绕着村民自治制度,学者们对于影响村庄民主的因素进行了探究。胡荣认为,经济发展有利于村委会选举制度的实施。② 孙秀林则进一步指出,村民的集体收入增加、本地非农经济发展会促进村庄民主,而单纯的村民人均收入增加、在外地的非农经济收入增加则不具有这一效应。③ 在村民自治的背景下,乡村精英仍然对村庄政治具有相当的影响力,精英动员仍然是农民参与村民选举的重要因素。④ 社会资本,尤其是其中的社团参与因素和社区参与因素,对村民的选举参与也具有重要影响。⑤ 对传统农村基层治理的研究,近年来出现了"从主体到规则的转向",即从重点关注士绅、地方精英等治理主体到以治理规则为主要研究对象的范式转换。⑥

在针对城市一级的基层治理研究中,居委会和业主委员会是主要研究对象。杨爱平和余雁鸿对城市社区居委会的日常运行过程进行了分析,他们将某些城市居委会通过选择性地弄虚作假、形式主义等方式应付上级工作压力的行为称为"选择性应付",并将这一行为归因于居委会自身的资源短缺、街道办事处的政绩需要和城市居民的经济理性——三

---

① 耿曙、陈玮:《政企关系、双向寻租与中国的外资奇迹》,《社会学研究》2015 年第 5 期。
② 胡荣:《理性行动者的行动抉择与村民委员会选举制度的实施》,《社会学研究》2002 年第 2 期。
③ 孙秀林:《村庄民主及其影响因素:一项基于 400 个村庄的实证分析》,《社会学研究》2008 年第 6 期。
④ 仝志辉:《农民选举参与中的精英动员》,《社会学研究》2002 年第 1 期。
⑤ 胡荣:《社会资本与中国农村居民的地域性自主参与——影响村民在村级选举中参与的各因素分析》,《社会学研究》2006 年第 2 期。
⑥ 狄金华、钟涨宝:《从主体到规则的转向——中国传统农村的基层治理研究》,《社会学研究》2014 年第 5 期。

方的共同态度最终造就了选择性应付。① 陈鹏对社区业主委员会从"市场专制型—他治政体"走向"业主主导型—自治政体"的发展过程进行了系统考察,认为以业主委员会为核心建制的社区政体系统能够促进和改善商品房小区的治理境况。②

在对企业的社会学研究中,企业的社会资本和社会网络因素对于企业的发展和日常运营的影响是一个重点主题。边燕杰通过对珠三角企业家的访谈发现,企业主创业过程中所需的商业情报、创业资金和首份订单等重要资源都深深嵌入于创业者的社会网络之中。③ 马磊通过对连锁董事网的研究表明,连锁董事网这一组织间关系网络对于理解公司治理、公司绩效、资本家阶级凝聚、商业精英阶级凝聚、商业精英政治行动等主题具有重要价值。④ 除了关注社会资本在企业创建和精英中的积极作用外,也有论者开始关注社会资本的负面效应。吴宝、李正卫、池仁勇通过对浙江企业的案例研究,从社会资本角度对发生在实体经济中的风险传染现象提出了理论解释。他们的研究证明,高社会资本会提高企业间融资风险网络的平均中心度,降低网络破碎程度,并会导致网络凝聚程度提升,进而加剧企业间的风险传染。⑤

社会组织研究主要被"国家与社会"二元框架下的"公民社会"和"法团主义"两大视角所主导。⑥ 例如,顾昕和王旭通过对专业社团垄断地

---

① 杨爱平、余雁鸿:《选择性应付:社区居委会行动逻辑的组织分析——以G市L社区为例》,《社会学研究》2012年第4期。
② 陈鹏:《城市社区治理:基本模式及其治理绩效——以四个商品房社区为例》,《社会学研究》2016年第3期。
③ 边燕杰:《网络脱生:创业过程的社会学分析》,《社会学研究》2006年第6期。
④ 马磊:《连锁董事网:研究回顾与反思》,《社会学研究》2014年第1期。
⑤ 吴宝、李正卫、池仁勇:《社会资本、融资结网与企业间风险传染——浙江案例研究》,《社会学研究》2011年第3期。
⑥ 纪莺莺:《当代中国的社会组织:理论视角与经验研究》,《社会学研究》2013年第5期。

位的考察发现,国家与专业性团体之间的关系仍然以法团主义式为主,由于国家的卷入,社会自主性尚未得到充分发展。① 但是,围绕着"国家与社会"这一单一维度的研究往往在社会自主性与国家主导之间择其一而论之,无法处理复杂的现实。② 因此,近年来社会组织研究出现了行动策略研究的转向,即将主要关注点从政府与非营利组织的关系逐渐转向了草根 NGO 的行动方式及其策略。③ 例如,姚华通过对上海某社会组织的案例分析指出,在"强国家弱社会"的背景下,社会组织通过有智慧、有成效、可复制的与政府妥协的策略,可以在双方互动的基础上建立双向互动的权力关系,从而推动"制度"与"生活"的相互建构。④

(二) 社会分层与流动

改革开放以来,随着中国社会经济、政治、教育、户籍等制度的变迁,传统的社会阶层结构处于持续不断的变动中。不断变迁的社会阶层结构促成了大量研究成果的诞生,有力地推动了这一领域的学术发展。这些研究大致可分为三类:第一类是对某一具体阶层的研究,包括农民工阶层、中产阶层等;第二类是对阶层分化和流动影响因素的探究,包括代际继承、宏观制度变迁、教育、社会网络和社会资本等;第三类则是对社会分层和流动后果的研究,包括收入分配不平等、教育不平等、社会分层对人们公平感和幸福感等主观感受的影响等。

王小章认为,对当代中国农民工的研究,经历了一个从生存论视角

---

① 顾昕、王旭:《从国家主义到法团主义——中国市场转型过程中国家与专业团体关系的演变》,《社会学研究》2005 年第 2 期。
② 纪莺莺:《当代中国的社会组织:理论视角与经验研究》。
③ 陈为雷:《从关系研究到行动策略研究——近年来我国非营利组织研究述评》,《社会学研究》2013 年第 1 期。
④ 姚华:《NGO 与政府合作中的自主性何以可能?——以上海 YMCA 为个案》,《社会学研究》2013 年第 1 期。

下的"生存—经济"叙事模式向公民权视野下的"身份—政治"叙事模式转变的过程,前者主要着眼于农民工基本生存需求的满足及其条件,后者则主要关注农民工在中国社会中的身份地位问题,关注农民工与其他社会主体之间的关系。① 按照学科视角区分,生存论更接近传统的劳动研究,而公民权视角则更接近我们通常认为的社会分层与流动研究。针对农民工向城市流动的过程,王春光提出了"半城市化"的概念,他认为,"半城市化"是一种社会身份的固化现象——农村流动人口介于农村和彻底城市化之间,在体制、社会生活行动和社会心理三个层面均无法整合进城市社会中。② 类似地,陈映芳指出,农民工作为一种由制度和文化共同建构的身份,已经构成了与"农民""城市居民"并存的第三种身份——对既有户籍制度的政策需要是农民工身份被长期维持的基本背景。③ 除了户籍制度等客观因素外,农民工的主观迁移意愿对农民工的社会流动也有重要影响。蔡禾和王进的研究发现,影响农民工愿意放弃土地,选择行为性永久迁移的因素,相对集中在更具个体性的人力资本因素和对城市生活方式的认同上;影响农民工愿意将户口迁入打工城市,选择制度性永久迁移的因素,则相对集中在地域和制度合法性压力等外部关系评价的社会因素上。④

针对中产阶层的研究,主要集中探讨中产阶层构成要素及对中产阶层实际规模的测算,中产阶层社会态度、政治态度与政治参与等主题。有关中产阶层的构成及规模测算,刘欣提出了一个以公共权力、资产控制权和技术资本为基础的阶层划分模型。他根据 2005 年 CGSS 调查数

---

① 王小章:《从"生存"到"承认":公民权视野下的农民工问题》,《社会学研究》2009 年第 1 期。
② 王春光:《农村流动人口的"半城市化"问题研究》,《社会学研究》2006 年第 5 期。
③ 陈映芳:《"农民工":制度安排与身份认同》,《社会学研究》2005 年第 3 期。
④ 蔡禾、王进:《"农民工"永久迁移意愿研究》,《社会学研究》第 2007 年第 6 期。

据测算得出,中产阶层在城市人口中所占比例在30%左右。他由此认为,中国城市社会阶层结构仍然呈现典型的"金字塔"形。① 李路路和李升根据再分配—市场转型的二元分析框架,区分出国有部门和非国有部门中的两类中产阶级,分别称之为"内源中产阶级"和"外生中产阶级"。两位学者基于2003年CGSS调查数据发现,这两类中产阶级在代际延续性、政治意识和消费意识方面具有明显差异。②

关于中产阶层的政治态度,刘欣和朱妍通过对2006年CGSS调查数据的统计研究发现,城市中产阶层,包括公职新中产、市场新中产、老式中产(小业主和自雇者)等在基层人大选举中,比工人更可能参与投票。他们将这一差距归因于经济利益和阶层地位归属的影响。③ 程金华和吴晓刚探讨了中产阶层的法律意识,他们用2005年CGSS的调查数据说明,中产阶层在民事纠纷的解决中,并不会更多地动用法律,中产阶层并没有呈现比其他社会阶层更愿意动用法律的偏好。④ 熊易寒在对上海郊区某中产阶层移民社区的个案研究中发现,在城乡接合部,中产阶层的政治参与很大程度上是由于公共服务不足引起的;年龄是比户籍更重要的分野,老年人更倾向于通过居委会参与公共生活,而年轻人更倾向于透过网络影响政府决策。⑤

在对地位获得和社会流动普遍性机制的探究中,围绕阶层继承的

---

① 刘欣:《中国城市的阶层结构与中产阶层的定位》,《社会学研究》2007年第6期。
② 李路路、李升:《"殊途异类":当代中国城镇中产阶级的类型化分析》,《社会学研究》2017年第6期。
③ 刘欣、朱妍:《中国城市的社会阶层与基层人大选举》,《社会学研究》2011年第6期。
④ 程金华、吴晓刚:《社会阶层与民事纠纷的解决——转型时期中国的社会分化与法治发展》,《社会学研究》2010年第2期。
⑤ 熊易寒:《从业主福利到公民权利——一个中产阶层移民社区的政治参与》,《社会学研究》2012年第6期。

"先赋—后致"视角仍然是重要的研究视角。张翼通过统计研究发现,尽管在影响中国人初职和现职获得的因素中,后致性因素比先赋性因素回顾系数高——这说明教育已经成为社会地位获得的重要中介变量,但"父亲职业地位"对子代的求职仍然具有重要影响力。① 李路路认为,除了阶层间相对关系模式的"再生产"外,结构化(阶层化)机制也是一种同等重要的社会分层结构变迁分析机制。他指出,在从再分配向市场体制的渐进式变迁过程中,市场机制的发展将导致政治身份在社会分层构造中的影响下降,社会分层模式的再生产特征将得以凸显。与张翼的结论类似,他也认为教育在此过程中将充当中介作用。② 社会资本和社会网络同样对社会流动过程具有影响,这一影响主要通过求职过程得以体现。吴愈晓通过对2009年JSNET调查数据的统计研究指出,上层劳动者主要通过"正式＋关系渠道"获得初职,他们进入的是体制内或人员规模较大的单位;下层劳动者则完全通过关系获得初职,他们更多进入体制外或小型单位。③

收入差距既是社会阶层划分的重要依据,也是社会分层的直接后果之一。李骏的研究发现,1996—2006年间,城镇社会组织规模对工资收入的影响效应翻了一番。④ 陈光金通过对1989—2008年间8次全国性住户抽样调查数据的统计发现,在对收入不平等的两种解释机制中,市场化机制的不平等效应对总体不平等的贡献份额至少可达50%,与社会结构—制度问题相关的非市场化机制的不平等效应所做

---

① 张翼:《中国人社会地位的获得——阶级继承和代内流动》,《社会学研究》2004年第4期。
② 李路路:《制度转型与阶层化机制的变迁——从"间接再生产"到"间接与直接再生产"并存》,《社会学研究》2003年第5期。
③ 吴愈晓:《社会关系、初职获得方式与职业流动》,《社会学研究》2011年第5期。
④ 李骏:《组织规模与收入差异——1996—2006年的中国城镇社会》,《社会学研究》2014年第5期。

贡献接近37%。① 教育既是社会地位获得的中介变量之一，②又是社会分层和流动的重要后果。洪岩璧和赵延东研究发现，城市中产阶级与底层阶级相比，在子代教育的资本投入上存在明显优势。③ 王进和汪宁宁的研究则指出，家庭资源主要通过对子女教育选择的作用间接影响其教育，家庭资源越多，其子女越倾向于作出积极的教育选择。④ 人们的主观心理因素，如公平感、幸福感、社会认同、社会态度等，同样会受到社会分层结构的影响。马磊、刘欣通过对2005年CGSS调查数据的研究发现，相对于建立在客观的社会经济地位之上的结构决定论，基于相对剥夺理论的局部比较论对人们的公平感更具有解释力。⑤ 边燕杰和肖阳通过对中英两国居民的主观幸福感比较分析发现，英国居民主观幸福感平均水平高于中国居民。与英国相比，我国人民的主观幸福感具有极强的工具理性倾向，即在主观幸福程度的比较中，就业者大大高于无业者，受教育程度较高人口大大高于受教育程度较低人口，收入水平较高者大大高于收入水平较低者，职业地位较高者大大高于职业地位居中者和偏低者。⑥ 邢占军也认为，高收入群体幸福感水平明显高于低收入群体。⑦ 此外，社会经济地位还对不同群体的健康状况有所影响。⑧

---

① 陈光金：《市场抑或非市场：中国收入不平等成因实证分析》，《社会学研究》2010年第6期。
② 张翼：《中国人社会地位的获得——阶级继承和代内流动》，《社会学研究》2004年第4期。
③ 洪岩璧、赵延东：《从资本到惯习：中国城市家庭教育模式的阶层分化》，《社会学研究》2014年第4期。
④ 王进、汪宁宁：《教育选择：理性还是文化——基于广州市的实证调查》，《社会学研究》2013年第3期。
⑤ 马磊、刘欣：《中国城市居民的分配公平感研究》，《社会学研究》2010年第5期。
⑥ 边燕杰、肖阳：《中英居民主观幸福感比较研究》，《社会学研究》2014年第2期。
⑦ 邢占军：《我国居民收入与幸福感关系的研究》，《社会学研究》2011年第1期。
⑧ 焦开山：《健康不平等影响因素研究》，《社会学研究》2014年第5期。

三、总结与反思

从《社会学研究》刊载的论文来看,改革开放四十年来,中国社会学的研究主题逐渐从单一走向了多元,从抽象走向了具体;研究的规范性、专业性、科学性也取得长足进步。但在研究主题逐渐精细、研究内容逐渐丰富的同时,理论建构和实证研究却日益呈现出碎片化的局面。新的概念层出不穷,新的理论不断被建构,它们或许都能解释一部分社会现实,或许对某一局部现象具有很强的解释力,但是它们之间的内部逻辑关系、概念自身精确的边界和理论自身的具体意涵却逐渐模糊,无法被纳入学术共同体的知识地层中为学术共同体的生长提供养分,而是孤立地漂浮在某一具体经验事实之上。此外,尽管社会学的研究主题从家庭、婚姻、分层流动、社区等传统领域逐渐拓展到了政府行为、产权、市场等交叉领域,但仍然存在明显的聚集效应。一些重点领域如组织社会学、政治社会学、经济社会学、社会分层与流动积累了大量研究,这些研究开始呈现内卷化的特征,即在难以突破现有问题意识和理论框架的条件下,研究越来越精致,格局也越来越小。[①] 因此,从学科建设的角度而言,有两点值得我们注意:第一,扩大各分支学科领域之间的交流,通过学术沟通达成一定程度的学术概念和理论共识,或至少形成对概念碎片化的反思意识;第二,引导学术风向,鼓励新兴学术领域的成长,使社会学研究尽量赶上或至少不要太落后于社会现实,为中国社会发展提供重要的知识支撑。

---

① 李路路、朱斌、李才香:《走向成熟的经验研究——写于〈社会学研究〉创刊三十周年》,《社会学研究》2016 年第 6 期。

参考文献

毕天云:《社会福利场域的惯习:福利文化民族性的实证研究》,北京:中国社会科学出版社,2004年。

边燕杰主编:《市场转型与社会分层:美国社会学者分析中国》,北京:三联书店,2002年。

蔡欣怡:《绕过民主:当代中国私营企业主的身份与策略》,杭州:浙江人民出版社,2013年。

陈锡文主编:《中国县乡财政与农民增收问题研究》,太原:山西经济出版社,2003年。

成伯清:《格奥尔格·齐美尔:现代性的诊断》,杭州:杭州大学出版社,1999年。

成伯清:《走出现代性:当代西方社会学理论的重新定向》,北京:社会科学文献出版社,2006年。

丁瑜:《她身之欲:珠三角流动人口社群特殊职业研究》,北京:社会科学文献出版社,2016年。

董海军:《塘镇:乡镇社会的利益博弈与协调》,北京:社会科学文献出版社,2008年。

费孝通:《费孝通民族研究文集》,北京:民族出版社,1988年。

费孝通:《费孝通全集》,呼和浩特:内蒙古人民出版社,2009年。

费孝通:《费孝通文集》,北京:群言出版社,1999年。

费孝通:《论小城镇及其他》,天津:天津人民出版社,1986年。

费孝通:《乡土中国》,北京:北京大学出版社,2012年。

费孝通主编:《中华民族研究新探索》,北京:中国社会科学出版社,1991年。

冯刚:《马克斯·韦伯:文明与精神》,杭州:杭州大学出版社,1999年。

葛兆光:《宅兹中国:重建有关"中国"的历史论述》,北京:中华书局,2011年。

国家信息中心:《2017年全球和中国信息社会发展报告》,北京:国家信息中心,2018年。

国家信息中心:《中国数字鸿沟报告(2013)》,北京:国家信息中心,2013年。

黄光学主编:《中国的民族识别》,北京:民族出版社,1995年。

加里·D.贝利卡普:《产权的缔约分析》,陈宇东、耿勤、秦军、王志伟译,北京:中国社会科学出版社,2001年。

金一虹:《父权的式微:江南农村现代化进程中的性别研究》,成都:四川人民出版社,2000年。

金泽、邱永辉:《宗教蓝皮书:中国宗教报告(2010)》,北京:社会科学文献出版社,2010年。

景天魁:《底线公平:和谐社会的基础》,北京:北京师范大学出版社,2009年。

景天魁等:《时空社会学:理论和方法》,北京:北京师范大学出版社,2012年。

景天魁主编:《基础整合的社会保障体系》,北京:华夏出版社,2001年。

肯尼思·约瑟夫·阿罗:《社会选择:个性与多准则》,钱晓敏、孟岳良译,北京:首都经济贸易大学出版社,2000年。

雷洁琼:《雷洁琼文选》,北京:开明出版社,1994年。

雷洁琼主编:《中国社会保障体系的建构》,太原:山西人民出版社,1999年。

李春玲、石秀印、杨旻:《性别分层与劳动力市场》,北京:中国社会科学出版社,2011年。

李德滨统稿:《我与中国社会学20年——中国社会学第一期讲习班回顾》,沈阳:沈阳出版社,2000年。

李怀印:《华北村治:晚清和民国时期的国家与乡村》,北京:中华书局,2008年。

李建新等:《中国民生发展报告——2015》,北京:北京大学出版社,2015年。

李路路、边燕杰主编:《制度转型与社会分层》,北京:中国人民大学出版社,2008年。

李猛编:《韦伯:法律与价值》,上海:上海人民出版社,2001年。

李强:《农民工与中国社会分层》,北京:社会科学文献出版社,2012年。

李强:《中国社会变迁30年》,北京:社会科学文献出版社,2008年。

李友梅等主编:《当代中国社会分层:理论与实证》,北京:社会科学文献出版社,2006年。

林聚任:《西方社会建构论思潮研究》,北京:社会科学文献出版社,2016年。

林耀华:《义序的宗族研究》,北京:三联书店,2000年。

刘克崮、贾康主编:《亲历与回顾:中国财税改革三十年》,北京:经济科学出版社,2008年。

刘世定:《经济社会学》,北京:北京大学出版社,2011年。

刘世定:《占有、认知与人际关系:对中国乡村制度变迁的经济社会学分析》,北京:华夏出版社,2003年。

刘拥华:《布迪厄的终生问题》,上海:三联书店,2009年。

陆学艺主编:《当代中国社会阶层研究报告》,北京:社会科学文献出版社,2002年。

陆学艺主编:《当代中国社会流动》,北京:社会科学文献出版社,2004年。

陆学艺主编:《社会主义初级阶段中的社会学》,北京:知识出版社。

罗纳德·伯特:《结构洞》,任敏、李璐、林虹译,上海:格致出版社、上海人民出版社,2008年。

罗纳德·哈里·科斯:《企业、市场与法律》,盛洪、陈郁等译,上海:上海三联书店,1990年。

吕文浩:《中国现代思想史上的潘光旦》,福州:福建人民出版社,2009年。

马克·格兰诺维特:《找工作:关系人与职业生涯的研究》,张文宏等译,上海:格致出版社、上海人民出版社,2008年。

马戎、刘世定、邱泽奇、潘乃谷编:《费孝通与中国社会学人类学》,北京:社会科学文献出版社,2009年。

马戎、王汉生、刘世定:《中国乡镇企业的发展历史与运行机制》,北京:北京大学出版社,1994年。

马戎:《民族社会学——社会学的族群关系研究》,北京:北京大学出版社,2004年。

马戎:《西藏的人口与社会》,北京:同心出版社,1996年。

马戎等编:《费孝通与中国社会学人类学》,北京:社会科学文献出版社,2009年。

马戎等合编:《九十年代中国乡镇企业调查》,香港:牛津大学出版社,1994年。

马忠才:《中国新疆的社会结构:族群分层与流动机制》,北京:社会科学文献出版社,2016年。

麦克·布洛维:《公共社会学》,沈原等译,北京:社会科学文献出版社,2007年。

曼纽尔·卡斯泰尔:《信息化城市》,崔保国等译,南京:江苏人民出版社,2001年。

曼纽尔·卡斯泰尔:《网络社会的崛起》,夏铸九、王志弘译,北京:社会科学文献出版社,2006年。

潘乃谷、马戎主编:《社区研究与社会发展》,天津:天津人民出版社出版,1996年。

裴宜理、塞尔登编:《中国社会:变革、冲突与抗争》,夏璐等译,香港:香港中文大学出版社,2014年。

邱永辉主编:《中国宗教报告(2015)》,北京:社会科学文献出版社,2016年。

渠敬东:《现代社会中的人性及教育:以涂尔干社会理论为视角》,上海:上海三联书店,2006 年。

塞缪尔·亨廷顿:《变动社会的政治秩序》,上海:上海世纪出版集团,2014 年。

沈原、刘世定、李伟东等:《社区治理:价值匹配(NGT)分析方法》,北京:社会科学文献出版社,2017 年。

沈原:《市场、阶级与社会》,北京:社会科学文献出版社,2007 年。

沈原主编:《经济社会学研究》第一辑,社会科学文献出版社,2014 年。

宋秀岩、甄砚编:《新时期中国妇女社会地位调查研究》(上卷),北京:中国妇女出版社,2013 年。

苏国勋:《理性化及其限制——韦伯思想引论》,上海:上海人民出版社,1988 年。

孙立平:《断裂:20 世纪 90 年代以来的中国社会》,北京:社会科学文献出版社,2003 年。

孙立平:《现代化与社会转型》,北京:北京大学出版社,2005 年。

孙立平:《转型与断裂:改革以来中国社会结构的变迁》,北京:清华大学出版社,2004 年。

唐灿、黄觉、薛宁兰:《走向法治:工作场所性骚扰的调查与研究》,北京:中国人民公安大学出版社,2012 年。

唐钧:《城市居民最低生活保障线制度研究》,南京:江苏人民出版社,1997 年。

唐晓峰:《中国基督教田野考察》,北京:社会科学文献出版社,2014 年。

田先红:《治理基层中国——桥镇信访博弈的叙事:1995—2009》,北京:社会科学文献出版社,2012 年。

佟新:《社会性别研究导论——两性不平等的社会机制分析》(第二版),北京:北京大学出版社,2011 年。

佟新主编:《中国女性高层次人才发展规律及发展对策研究》,北京:中国财经出版社,2017 年。

涂肇庆、林益民主编:《改革开放与中国社会:西方社会学文献述评》,香港:牛津大学出版社,1999 年。

汪洪亮:《民国时期的边郑与边政学(1931—1938)》,北京:人民出版社,2014年。

汪庆华、应星编:《中国基层行政争议解决机制的经验研究》,上海:上海三联书店,2010年。

汪庆华:《政治中的司法:中国行政诉讼的法律社会学考察》,北京:清华大学出版社,2011年。

王丰:《分割与分层:改革时期中国城市的不平等》,马磊译,杭州:浙江人民出版社,2013年。

王汉生、杨善华主编:《农村基层政权运行与村民自治》,北京:中国社会科学出版社,2001年。

王明珂:《华夏边缘:历史记忆与族群认同》,台北:允晨文化事业股份有限公司,1997年。

王明珂:《游牧者的抉择:面对汉帝国的北亚游牧部族》,桂林:广西师范大学出版社,2008年。

王铭铭:《超社会体系:文明与中国》,北京:三联书店,2015年。

王铭铭:《社会人类学与中国研究》,北京:三联书店,1997年。

王铭铭:《中间圈:"藏彝走廊"与人类学的再构思》,北京:社会科学文献出版社,2008年。

王绍光、胡鞍钢:《中国国家能力报告》,沈阳:辽宁人民出版社,1993年。

王思斌、阮曾媛琪、史柏年编:《中国社会工作教育的发展》,北京:北京大学出版社,2009年。

威廉·费尔丁·奥格本,《社会变迁——关于文化和先天的本质》,王晓毅、陈育国译,杭州:浙江人民出版社,1989年。

温春来:《从"异域"到"旧疆":宋至清贵州西北部地区的制度、开发与认同》,北京:三联书店,2008年。

闻翔:《劳工神圣:中国早期社会学的视野》,北京:商务印书馆,2018年。

吴宝科、佟新编:《袁方纪念文集》,北京:北京大学出版社,2005年。

西奥多·舒尔茨:《经济增长与农业》,郭熙保、周开年译,北京:北京经济学院出版社,1991年。

谢立中:《走向多元话语分析:后现代思潮的社会学意涵》,北京:中国人民大学出版社,2009年。

熊景明、关信基编:《中外名学者论21世纪初的中国》,香港:香港中文大学出版社,2009年。

阎明:《一门学科和一个时代:社会学在中国》,北京:清华大学出版社,2004年。

杨念群:《中层理论——东西方思想会通下的中国史研究》,南昌:江西教育出版社,2001年。

杨念群主编:《空间·记忆·社会转型:"新社会史"研究论文精选集》,上海:上海人民出版社,2001年。

杨团、杨体仁、唐钧:《中国社会保障制度的再选择》,北京:中央广播电视大学出版社,1996年。

杨雅彬:《中国社会学史》,济南:山东人民出版社,1987年。

姚纯安:《社会学在近代中国的进程:1895—1919》,北京:三联书店,2006年。

叶启政:《实证的迷思:重估社会科学经验研究》,北京:三联书店,2018年。

应星、周飞舟、渠敬东编:《中国社会学文选》(上、下),北京:中国人民大学出版社,2011年。

应星:《"气"与抗争政治:当代中国乡村社会稳定问题研究》,北京:社会科学文献出版社,2011年。

应星:《大河移民上访的故事》,北京:三联书店,2001年。

应星:《新教育场域的兴起:1895—1926》,北京:三联书店,2017年。

袁亚愚、詹一之主编:《社会学——历史·理论·方法》,成都:四川大学出版社,1986年。

詹姆斯·C.斯科特:《弱者的武器》,郑广怀等译,南京:译林出版社,2011年。

詹姆斯·M.布坎南:《民主过程中的财政》,唐寿宁译,上海:上海三联书店,

1992年。

詹姆斯·科尔曼:《社会理论的基础》,邓方译,社会科学文献出版社出版,1992年。

张海东等:《中国新社会阶层:基于北京、上海和广州的实证分析》,北京:社会科学文献出版社,2017年。

张静:《基层政权:乡村制度诸问题》,杭州:浙江人民出版社,2000年。

张静:《基层政权——乡村制度诸问题》,杭州:浙江人民出版社,2000年。

张静主编:《社会冲突的结构性来源》,北京:社会科学文献出版社,2012年。

张静主编:《社会组织化行为:案例研究》,北京:社会科学文献出版社,2018年。

张志刚、唐晓峰主编:《基督教中国化研究》(第三辑),北京:宗教文化出版社,2016年。

赵鼎新:《东周战争与儒法国家的诞生》,夏江旗译,上海:华东师范大学出版社、上海三联书店,2006年。

赵鼎新:《国家、战争与历史发展:前现代中西模式的比较》,杭州:浙江大学出版社,2015年。

赵鼎新:《社会与政治运动讲义》,北京:社会科学文献出版社,2006年。

郑杭生:《中国特色社会学理论的深化》(下卷),北京:中国人民大学出版社,2010年。

郑杭生:《中国特色社会学理论的应用》,北京:中国人民大学出版社,2005年。

郑莉:《理解鲍曼》,北京:中国人民大学出版社,2006年。

郑也夫、沈原、潘绥铭主编:《北大清华人大社会学硕士论文选编》,济南:山东人民出版社,2004年。

郑也夫:《神似祖先》,北京:中国青年出版社,2009年。

郑也夫:《信任论》,北京:中国广播电视出版社,2001年。

郑也夫:《阅读生物学札记》,北京:中国青年出版社,2004年。

郑永年:《全球化与中国国家转型》,郁建兴、何子英译,杭州:浙江人民出版社,2009年。

郑真真、解振明主编:《人口流动与农村妇女发展》,北京:社会科学文献出版社,2004年。

郑震:《另类视野:论西方建构主义社会学》,北京:中国社会科学出版社,2014年。

中国社会科学院社会学研究所:《中国社会学年鉴.2011—2014》,北京:中国社会科学出版社,2016年。

中国社会科学院社会学研究所编:《中国社会学年鉴(1979—1989)》,北京:中国大百科全书出版社,1989年。

中国社会科学院社会学研究所编:《中国社会学年鉴(1989—1993)》,北京:中国大百科全书出版社,1994年。

中华人民共和国国家统计局编:《中国统计年鉴—2017》,北京:中国统计出版社,2017年。

周飞舟:《以利为利——财政关系与地方政府行为》,上海:上海三联书店,2012年。

周伟驰:《太平天国与启示录》,北京:社会科学文献出版社,2013年。

周雪光、刘世定、折晓叶主编:《国家建设与政府行为》,北京:中国社会科学出版社,2012年。

周雪光:《中国国家治理的制度逻辑——一个组织学研究》,北京:三联书店,2017年。

朱晓阳:《面向"法律的语言混乱"》,北京:中央民族大学出版社,2008年。

庄孔韶主编:《汇聚学术情缘:林耀华先生纪念文集》,北京:民族出版社,2005年。

左玉河:《从四部之学到七科之学——学术分科与近代中国知识系统之创建》,上海:上海书店出版社,2004年。

Barry Naughton, *The Chinese Economy: Transitions and Growth*, Cambridge: The MIT Press, 2007.

Bian Yanjie, *Work and Inequality in Urban China*, Albany, NY: SUNY Press, 1994.

Bruce J. Dickson, *Red Capitalists in China: The Party, Private Entrepreneurs and Prospects for Political Change*, London: Cambridge University Press, 2003.

David Aikman, *Jesus in Beijing: How Christianity Is Transforming China and Changing the Global Balance of Power*, Washington D. C.: Regnery Publishing, 2003.

Howard Rheingold, *The Virtual Community: Homesteading on the Electronic Frontier*, Reading, Mass: Addison-Wesley Pub. Co., 1993.

Jacques Ellul, *The Technological Society*, by J. Wikinson, New York: Vintage Books, 1964.

James A. Millward, Ruth W. Dunnell, Mark C. Elliott, Philippe Forêt, *New Qing Imperial History: The Making of Inner Asian Empire at Qing Chengde*, London and New York: Routledge Cruzon, 2004.

James Leibold, *Ethnic Policy in China: Is Reform Inevitable?* Honolulu: East-West Center, 2013.

Kevin O'Brien, Li Lianjiang, *Rightful Resistance in Rural China*, New York: Cambridge University Press, 2006.

Martin King Whyte, *One Country, Two Societies: Rural-Urban Inequality in Contemporary China*, Cambridge: Harvard University Press, 2010.

Merle Goldman, *From Comrade to Citizen: The Struggle for Political Rights in China*, Cambridge: Harvard University Press, 2005.

NTIA, *Falling Through the Net Ⅱ: New Data on the Digital Divide*, Washington, D. C.: US Department of Commerce, 1998.

Ulrich Beck, Elisabeth Beck-Gernsheim, *Individualization: Institutionalized Individualism and Its Social and Political Consequences*, Thousand Oaks, Calif:

SAGE Publications Ltd, 2002.

Vincent Goossaert, David A. Palmer, *The Religious Question in Modern China*, Chicago: University of Chicago Press, 2011.

Xi Chen, *Social Protest and Contentious Authoritarianism in China*, New York: Cambridge University Press, 2014.

图书在版编目（CIP）数据

中国社会学四十年/张静主编.—北京：商务印书馆，2019.7（2022.4 重印）
（改革开放四十年与中国社会科学丛书）
ISBN 978-7-100-17217-2

Ⅰ.①中… Ⅱ.①张… Ⅲ.①社会学—研究—中国 Ⅳ.①C91

中国版本图书馆 CIP 数据核字（2019）第 054544 号

权利保留，侵权必究。

改革开放四十年与中国社会科学丛书
中国社会学四十年
张 静 主编

商 务 印 书 馆 出 版
（北京王府井大街 36 号 邮政编码 100710）
商 务 印 书 馆 发 行
江苏凤凰数码印务有限公司印刷
ISBN 978-7-100-17217-2

2019 年 7 月第 1 版　　开本 880×1240　1/32
2022 年 4 月第 3 次印刷　印张 10½
定价：65.00 元